2019 湖南创新发展研究院智库研究报告

创新引领高质量发展

彭文斌 曾世宏 等⊙著

Innovation Leads to
High-quality Development

经济管理出版社
ECONOMY & MANAGEMENT PUBLISHING HOUSE

图书在版编目（CIP）数据

创新引领高质量发展/彭文斌，曾世宏等著．—北京：经济管理出版社，2020.1

ISBN 978 - 7 - 5096 - 7044 - 6

Ⅰ.①创…　Ⅱ.①彭…②曾…　Ⅲ.①区域经济发展—国家创新系统—研究—湖南　Ⅳ.①F127.64

中国版本图书馆 CIP 数据核字（2020）第 021987 号

组稿编辑：高　娅
责任编辑：高　娅
责任印制：黄章平
责任校对：董杉珊

出版发行：经济管理出版社
　　　　　（北京市海淀区北蜂窝 8 号中雅大厦 A 座 11 层　100038）
网　　址：www. E - mp. com. cn
电　　话：（010）51915602
印　　刷：北京玺诚印务有限公司
经　　销：新华书店
开　　本：787mm×1092mm/16
印　　张：16.25
字　　数：318 千字
版　　次：2020 年 1 月第 1 版　　2020 年 1 月第 1 次印刷
书　　号：ISBN 978 - 7 - 5096 - 7044 - 6
定　　价：78.00 元

主要作者简介

彭文斌，湖南郴州人，复旦大学经济学博士、教授、博士生导师，湖南创新发展研究院院长。主要研究方向为环境经济与创新战略。E－mail：vpengwenbin@163. com。

曾世宏，湖南益阳人，南京大学经济学博士，中国社会科学院财经战略研究院产业经济学博士后、教授、博士生导师，湖南创新发展研究院副院长。主要研究方向为创新经济与创新政策。E－mail：sdzshh@163. com。

赵伟，湖北潜江人，首都经贸大学经济学博士、副教授、硕士生导师，产业经济与绿色创新研究所所长。主要研究方向为环境经济学、绿色发展、可计算一般均衡模型分析。E－mail：hnzhaowei@qq. com。

张松彪，湖南炎陵人，湘潭大学经济学博士、讲师、硕士生导师，区域经济与创新发展研究所所长。主要研究方向为区域经济与创新发展。E－mail：398622705@qq. com。

成名婵，湖南湘潭人，日本九州大学经济学博士。主要研究方向为ICT产业经济。E－mail：tuart2012@foxmail. com。

何洁，湖南桃江人，中国人民大学管理学博士、讲师。主要研究方向为企业创新。E－mail：jieh@hnust. edu. cn。

刘红峰，湖南湘乡人，湖南农业大学管理学博士，中国社会科学院经济研究所博士后、讲师。主要研究方向为农业经济管理。E－mail：892625216@qq. com。

李仁宇，河南商丘人，湖南大学经济学博士、讲师。主要研究方向为对外贸易高质量发展。E－mail：renyu0120@163. com。

李华金，湖南岳阳人，湘潭大学经济学博士、讲师。主要研究方向为公司治理与企业创新。E－mail：375654474@qq. com。

郭晓，河南汝南人，湖南农业大学经济学博士、讲师。主要研究方向为产业经济和创新发展。E－mail：xiaoguo815@126. com。

邝嫦娥，湖南郴州人，湖南科技大学经济学博士、讲师。主要研究方向为环境治理与绿色创新。E－mail：kuangchangep@163. com。

序　言

我国经济已由高速增长阶段转向高质量发展阶段，这是党中央对新时代我国经济发展特征的重要判断。2019年是新中国成立七十周年，也是推动我国经济迈向高质量发展的重要一年。习近平总书记指出："创新是引领发展的第一动力，是建设现代化经济体系的战略支撑。高质量发展要靠创新，我们国家再往前发展也要靠自主创新。面对严峻复杂的宏观经济形势，无论是促进形成强大国内市场，还是应对国际市场变化，特别是解决关键核心技术'卡脖子'问题，都需要牢牢把握创新发展主动权。"因此，以创新来引领高质量发展就抓住了我国经济发展的"牛鼻子"，就能够有效支撑我国"两个一百年"的奋斗目标的实现，进而推动我国由"富起来"到"强起来"转变。

区域经济高质量发展是构成我国经济高质量发展的重要支撑，科学测度和评价不同区域创新能力对于推进国家高质量发展具有重要的意义。本书以"创新引领高质量发展"为研究主题，既切合湖南创新发展研究院作为专业特色智库的战略定位，又紧扣当前我国经济高质量发展的主旋律，报告共有13章。第一章为中国城市创新能力评价与对策建议，主要运用熵权法分别对中国31个省（自治区、直辖市）和119个重点城市综合创新进行了测算与评价。第二章为湖南创新能力建设与经济社会高质量发展，主要对湖南省14个市州综合创新能力进行了评价，并对推动湖南经济高质量发展提出了具体建议。第三章为新旧动能转换比较与湖南创新引领对策，主要从需求侧、供给侧和结构转换视角构建评价指标体系，分析湖南省和江苏省新旧动能转换所处的状态，并提出了湖南创新引领的对策。第四章为中国城市绿色创新能力评价，主要对中国31个省（自治区、直辖市）和119个重点城市绿色创新能力进行了评价。第五章为城市绿色创新促进经济高质量发展的对策，主要选取中国270个地级市相关面板数据，实证检验了城市绿色创新影响经济高质量发展的空间效应。第六章为绿色创新引领农村高质量发展对策，从农业产业经济的绿色增长效率、农村资源环境的绿色承载能力、农村社会发展的绿色要素贡献水平和农村发展管理的绿色支持能力四个维度进行分项时空比较分析。第七章为数据垄断与平台经济高质量发展，主要研究了数字经济时代数据垄断带来的一些负面效应，并提出了促进平台经济高质量发展的相应对策建议。第八章为智能化与制造业高质量发展，从智能化的角度分析了智能化与制造业高质量发展的内涵和基本框架体系。第九章为乡村振兴视角的农业高质量发展测度研究，构建了我国各省份确保粮食安全、优化农业结构、完善市场机制、促进农业经济、创新驱动发展、完善基础设施、传承传统文化、建设生态文明、促进治理有效、发展成果惠民 10 个方面 75 个指标的农业高质量发展水平测度体系，并得出了相关研究结论和提出了建议。第十章为民营企业高质量发展与湖南对策研究，针对湖南的民营企业发展取得的成效与不足进行了分析，并提出了促进湖南民营企业高质量发展的具体对策。第十一章为湖南省高新技术企业高质量发展，主要分析了湖南省高新技术企业发展的现状、主要问题及成因，并提出了相关对策建议。第十二章为湖南省加工贸易企业高质量发展问题研究，主要选取湖南省加工贸易企业作为研究对象，分析加工贸易企业高质量发展的主要表现，揭示其高质量发展中存在的主要问题，并提出相应对策。第十三章为企业职工基本养老保险制度促进经济高质量发展的对策，主要阐释了企业职工基本养老保险制度对五大发展理念的影响机制，在此基础上对企业职工基本养老保险制度发展的主要成就和问题进行了分析，并提出了具体对策。

值得一提的是，本书是湖南创新发展研究院的第四本智库报告，既继承了前三本的许多可取之处，又进行了不少创新。第一，本书全部为我院成员分工撰写，不再是编写，因而这本书也是全体写作成员的一本合著。第二，本书除了延续原来对湖南省 14 个地州市综合创新能力的测算与评价之外，还增加了对中国 31 个省（自治区、直辖市）和 119 个重点城市综合创新能力和绿色创新能力的评价，这是一次全新的尝试，也代表着湖南创新发展研究院的研究视野进一步拓展到了全国层面。第三，本书更加注重学术研究与服务地方经济发展相结合，研究结论与评价结果的理论支撑更加坚实，做到了既"顶天"又"立地"。

当然，尽管我们团队为本书花费了大量心血，对最终成果的质量也是严格谨慎，但限于自身能力，以及部分数据资料难以获取，本书的研究还存在一些不尽如人意之处，部分成果还有待进一步深入研究。下一步，我们将进一步创造更好的条件来进行完善，并根据湖南省经济社会发展的实际和湖南省委、省政府决策的需要，发布下一期的湖南创新发展研究院智库报告。欢迎各界人士对我们的报告提出宝贵的建议！

闵银华

2019 年 12 月

于湖南创新发展研究院

目 录

创 新 发 展 篇

绿 色 发 展 篇

产 业 发 展 篇

企 业 发 展 篇

创新发展篇

第一章

中国城市创新能力评价与对策建议*

内容提要： 创新型城市既是推进国家创新体系建设和建设创新型国家的重要载体，也是探索城市发展新模式和推进城市可持续发展的迫切要求。本报告认为，在创新发展环境和创新平台支撑下，创新的过程可以分解为创新要素投入、创新成果产出和创新成果转化三个阶段。基于国内外主要机构发布的创新评价研究报告和主要评价指标，本报告构建了一套由两个层次指标构成的中国省（自治区、直辖市）、重点城市[①]创新能力评价指标体系，运用熵权法分别对中国 31 个省（自治区、直辖市）和 119 个重点城市进行测度，并对测度结果进行深入剖析，从而帮助政府等主体掌握区域创新水平，推进创新型城市建设，促进区域经济发展，提升区域经济创新实力。

关键词： 创新；熵权法；省份；城市

核心观点：

（1）2017 年，全国创新能力综合得分排名前五的省份分别是北京、上海、浙江、江苏、广东，都处于东部地区。其中，北京在东部地区中排名第一，湖北在中部地区中排名第一，陕西在西部地区中排名第一，辽宁在东北地区中排名第一。

（2）每百万人中博士生毕业人数、人均 R&D 外部经费支出额、每万人高新技术产业消化吸收经费支出额、每万人国家自然科学基金面上项目经费、每百万人拥有国家实验室数量、每百万人拥有国家自然科学基金面上项目数、每百万人"新三板"上市公司数量、每万人 SCI 和 EI 工程发文量、每万人外观设计专利申请数、每万人发明专

---

* 本章是湖南省社会科学基金智库专项重大项目（19ZWA41）、湖南省社会科学基金一般项目（18YBA168）、湖南省教育厅科学研究优秀青年项目（18B212）的阶段性成果。

① 本章中"重点城市"指中国大陆所有的一、二、三线城市。

利授权数、每万人外观设计专利授权数、每万人技术市场成交额 12 个指标是影响省级创新能力综合得分的重要因素。

（3）在全国 119 个重点城市中，2017 年全国创新能力综合得分排名前十的城市分别是深圳、北京、东莞、珠海、广州、中山、上海、南京、佛山、武汉。排名后 10 位（从第 110 位至第 119 位）的城市分别是湛江、郴州、遵义、上饶、揭阳、南阳、信阳、衡阳、商丘、阜阳。此外，北京在 4 个直辖市中排名第一；深圳在 15 个副省级市中排名第一；东莞、珠海、中山、佛山、苏州在 100 个地级市中排名前五。

（4）人均 R&D 内部经费支出额、每万人规模以上工业企业技术改造经费支出额、每百万人"新三板"上市公司数量、每万人 SCI 和 EI 工程发文量、每万人专利申请授权数、每万人高新技术产业新产品销售收入、每万人高新技术产业工业总产值、每万人拥有公共汽车数 8 个指标是影响城市创新能力综合得分的重要因素。

一、引　言

创新型城市是推进国家创新体系建设和建设创新型国家的重要载体，既是加快国家新型城镇化进程与新农村建设的重要路径，也是探索城市发展新模式和推进城市可持续发展的迫切要求。2010 年，中国国内生产总值首次超越日本，达到 5.8 万亿美元，成为世界第二经济大国。但是，在我国经济保持快速增长的同时，仍存在一些问题和矛盾。能源消耗过大、环境污染严重、产业结构不合理以及区域发展不平衡等问题制约着我国经济的发展，而提高创新能力是解决这一系列问题的重要方法。党的十八大、中共十九大以来，以习近平同志为核心的党中央将创新作为治国理政的核心理念，实施创新驱动发展战略。创新始终是我国发展的核心，各省、市要高度重视创新发展，结合实际情况，针对所存在的问题进行调整，这就需要对区域创新系统进行科学评价。本报告以此为研究切入点，针对各省份、各城市创新能力进行评价，提出针对性意见，切实提高区域创新水平，促进区域经济健康发展。

自 1999 年开始，中国科技战略发展小组开始对中国科技创新状况进行深入研究，并发表创新能力报告，在全国范围内掀起科技创新的热潮，具有较大的影响力。如何评价中国区域创新能力是一个较难的课题。因为角度不同，选择的指标体系不同，会得出不同的结论，我们为此借鉴了许多研究报告。

国际上，创新型城市评价的代表性指标有国家创新能力指数、欧盟创新记分牌、美国 3T 创新指数、创新能力指数以及全球创新指数等。在国内，创新型城市评价的代表性评判指标有科技部创新型城市监测评判指标、中国科学院科技发展战略研究小组中国区域创新能力评判指标、中国人民大学国家创新评判标准、中国科学院创新发展研究中心的区域创新能力评判指标、国家统计局创新城市评价课题组的中国创新城市评判指标、创新型国家建设报告课题组的创新型城市评判指标、国家创新体系建设战略研究组的创新型城市评判指标、中国城市竞争力研究会的创新城市评判指标、中关村创新指数、深圳创新指数和上海张江创新指数等。

从近期的研究成果来看，2011～2013年，中国科学院地理科学与资源研究所研究员方创琳领导的团队构建了由科技发展与自主创新、发展方式转变与产业创新、节能减排与人居环境创新、体制改革与机制创新4个二级指标，由创新平台建设、创新要素投入、创新成果转化、企业创新、结构创新、科技惠民、节能减排降耗、人居环境改善、创新服务与创新文化建设、政策创新10个三级指标和55个四级指标组成的中国创新型城市综合评估体系，对全国287个地级以上城市2009～2011年的综合创新水平进行了综合评估。

2016年2月29日，广东省社会科学院与南方报业传媒集团共同发布了"中国城市创新指数"。课题组通过数据分析，结合三链融合理念，找出衡量城市创新的三个关键维度——发展基础、科技研发和产业化，并筛选出8项核心指标，从创新角度反映了中国城市群的空间格局和发展潜力，也通过创新指数得分差异刻画出不同城市的创新特征差异。

2017年8月30日，科技部发布《中国区域创新能力监测报告（2016—2017）》和《中国区域科技创新评价报告（2016—2017）》。《中国区域创新能力监测报告（2016—2017）》基于政府统计调查数据，构建了创新环境、创新资源、企业创新、创新产出和创新效率5个子系统的监测指标体系，共124个监测指标。报告发布了反映全国各省、自治区、直辖市创新活动特征的客观数据。而《中国区域科技创新评价报告（2016—2017）》则从科技创新环境、科技活动投入、科技活动产出、高新技术产业化和科技促进经济社会发展5个方面设置一级指标，选取12个二级指标和38个三级指标组成了指标体系，对全国及31个省（直辖市、自治区）科技创新水平进行了分析比较。

2018年12月29日，四川省社会科学院和中国科学院成都文献情报中心联合发布《中国区域创新指数报告（2018）》。报告以全国286个副省级城市与地级市为评价对象，从"创新环境、创新投入、创新产出"三个维度构建区域创新综合指数。

这些创新型城市综合评价指标和标准为中国城市创新能力综合评价提供了有益的借鉴。

二、评价体系的构建

区域创新系统是一个复杂的系统。目前，国内外关于创新能力的测度没有一套统一的评价指标体系。我们认为，在创新发展环境和创新平台支撑下，创新的过程可以分解为三个阶段：第一个阶段是创新要素投入阶段，政府和企业为创新提供财力支持，科研院所和高等学校为科技创新提供人力资源支持，投入的科技创新资源协同作用，共同促进科技创新成果产生；第二个阶段是创新成果产出阶段，产出阶段需要区域各创新主体共同参与，促使创新资源合理配置，产、学、研有效结合，才能最大化科技创新成果转化；第三个阶段是创新成果转化阶段，创新成果产生后，必须要经过企业这个载体才能产生经济和社会效益，这也是创新推动经济发展最关键的一步。因此，本报告将区域创新能力定义为：区域通过创新要素的合理配置投入促进创新成果产生，利用企业为载体将创新成果转化为经济效益，以此来促进区域经济发展，提升区域经济实力。

（一）指标体系

基于国内外主要机构发布的创新评价研究报告和主要评价指标，本报告构建了由两个层次指标构成的中国省（自治区、直辖市）、地级及以上城市创新能力评价指标体系，如表 1-1 所示，以综合反映中国各地区之间的创新发展差异。其中，一级指标共 5 个，主要包括创新要素投入、创新平台支撑、创新成果产出、创新成果转化、创新发展环境。二级指标共 36 个，主要包括创新要素投入二级指标 11 个，创新平台支撑二级指标 8 个，创新成果产出二级指标 7 个，创新成果转化二级指标 4 个，创新发展环境二级指标 6 个。

表 1-1　中国省（自治区、直辖市）、重点城市创新能力评价指标体系

一级指标	序号	二级指标
创新要素投入（11 个）	1	每万名从业人员中科技活动人员数（人/万人）
	2	每万名从业人员中 R&D 人员数（人/万人）
	3	每百万人中博士生毕业人数（人/百万人）
	4	科学技术支出占地方一般公共预算支出的比重（%）
	5	教育支出占地方一般公共预算支出的比重（%）
	6	人均 R&D 内部经费支出额（万元/人）

一级指标	序号	二级指标
创新要素投入（11个）	7	人均R&D外部经费支出额（万元/人）
	8	每万人规模以上工业企业新产品开发经费支出额（万元/万人）
	9	每万人规模以上工业企业技术改造经费支出额（万元/万人）
	10	每万人高新技术产业消化吸收经费支出额（万元/万人）
	11	每万人国家自然科学基金面上项目经费（万元/万人）
创新平台支撑（8个）	12	每百万人拥有国家高等学校数量（所/百万人）
	13	每百万人拥有国家实验室数量（个/百万人）
	14	每百万人拥有国家高新区数量（个/百万人）
	15	每百万人拥有R&D机构数（个/百万人）
	16	每百万人拥有规模以上工业企业R&D项目数（项/百万人）
	17	每百万人拥有国家自然科学基金面上项目数（个/百万人）
	18	每百万人拥有国家社会科学基金项目数（个/百万人）
	19	每百万人"新三板"上市公司数量（个/百万人）
创新成果产出（7个）	20	每百万人SCI、EI工程发文量（篇/百万人）
	21	每百万人发明专利申请数（件/百万人）
	22	每百万人实用新型专利申请数（件/百万人）
	23	每百万人外观设计专利申请数（件/百万人）
	24	每百万人发明专利授权数（件/百万人）
	25	每百万人实用新型专利授权数（件/百万人）
	26	每百万人外观设计专利授权数（件/百万人）
创新成果转化（4个）	27	每万人技术市场成交额（万元/万人）
	28	每万人规模以上工业企业新产品销售收入（万元/万人）
	29	每万人高新技术产业新产品销售收入（万元/万人）
	30	每万人高新技术产业工业总产值（亿元/万人）
创新发展环境（6个）	31	每百人拥有互联网宽带接入用户数（户/百人）
	32	每万人拥有公共汽车数（辆/万人）
	33	每百名学生拥有专任教师人数（人/百人）
	34	每百人拥有医院床位数（张/百人）
	35	每百人拥有商品房销售面积（平方米/百人）
	36	每万人年末金融机构贷款余额（亿元/万人）

（二）指标解释

（1）每万名从业人员中科技活动人员数（人/万人）：科技活动是指在科学技术领

域内，与科技知识的产生、发展、传播和应用密切相关的、有组织的系统活动，主要分为三类，即 R&D 活动、研究与发展成果应用活动、科技服务活动。科技活动人员则指直接从事科技活动以及专门从事科技活动管理和为科技活动提供直接服务的人员。"R&D"的详细解释见下一条内容。

（2）每万名从业人员中 R&D 人员数（人/万人）：R&D（Research and Development，研究与开发），指在科学技术领域，为增加知识总量（包括人类文化和社会知识的总量），以及运用这些知识去创造新的应用所进行的系统创造性活动，包括基础研究、应用研究、试验发展三类活动。

（3）每百万人中博士生毕业人数（人/百万人）：博士研究生即攻读博士学位的研究生，简称博士生，是研究生学历的最高一级，也是高等学历教育中最高的教育等级。这里的"百万人"及之后指标中的人口均按"年末户籍人口"计算。

（4）科学技术支出占地方一般公共预算支出的比重（%）：该指标反映国家财政管委会对科技活动的支持及营造良好创新创业环境的情况。

（5）教育支出占地方一般公共预算支出的比重（%）：教育支出，即财政性教育经费，又称公共教育经费，是一国或一地区教育发展的重要保证，公共教育投入规模与速度可以反映国家或地方政府对教育的重视程度。财政教育投入占地方财政支出比重可以反映教育经费投入的强度。

（6）人均 R&D 内部经费支出额（万元/人）：指研究与开发机构用于本机构内部的实际支出。

（7）人均 R&D 外部经费支出额（万元/人）：指研究与开发机构委托外单位或与外单位合作而拨给对方的经费。

（8）每万人规模以上工业企业新产品开发经费支出额（万元/万人）：指规模以上工业企业进行新产品开发所发生的费用支出。其中，新产品是指采用新技术原理、新设计构思研制生产的全新产品，或在结构、材质、工艺等某一方面比原有产品有明显改进，从而显著地提高了产品性能或扩大了使用功能的产品。

（9）每万人规模以上工业企业技术改造经费支出额（万元/万人）：指规模以上工业企业进行技术改造而发生的费用支出。

（10）每万人高新技术产业消化吸收经费支出额（万元/万人）：指高新技术企业对引进技术的掌握、应用、复制等方面开展工作，以及在此基础上的创新所产生的费用支出。

（11）每万人国家自然科学基金面上项目经费（万元/万人）：面上项目是科学基金最基本的资助项目类别，其经费额约占科学基金总额的 60%。此项指标数据同样可以在国家自然科学基金委员会 2017 年度报告中找到。

（12）每百万人拥有国家高等学校数量（所/百万人）：大学是一个国家发展竞争力、城市创新发展潜力的重要标志。大学为城市的经济社会平稳健康发展、跻身全国城市前列提供了坚实的人才保障和强大的智力支持。

（13）每百万人拥有国家实验室数量（个/百万人）：国家实验室是以国家现代化建设和社会发展的重大需求为导向，开展基础研究、竞争前沿高技术研究和社会公益研究，积极承担国家重大科研任务的国家级科研机构。

（14）每百万人拥有国家高新区数量（个/百万人）：国家高新区，即中国高新技术产业开发区，是国务院批准成立的国家级科技工业园区。高新区以智力密集和开放环境条件为依托，主要依靠国内的科技和经济实力，充分吸收和借鉴国外先进科技资源、资金和管理手段，通过实施高新技术产业的优惠政策和各项改革措施，实现软硬环境的局部优化，最大限度地把科技成果转化为现实生产力而建立起来的集中区域。

（15）每百万人拥有 R&D 机构数（个/百万人）：R&D 机构即研究与开发机构。

（16）每百万人拥有规模以上工业企业 R&D 项目数（项/百万人）：规模以上工业企业是指年主营业务收入 2000 万元及以上的工业法人单位。R&D 项目即研究与开发项目。

（17）每百万人拥有国家自然科学基金面上项目数（个/百万人）：面上项目也叫一般项目，是国家自然科学基金研究项目系列中的主要部分，支持从事基础研究的科学技术人员在国家自然科学基金资助范围内自主选题，开展创新性的科学研究，促进各学科均衡、协调和可持续发展。此项指标数据可以在国家自然科学基金委员会 2017 年度报告中找到。

（18）每百万人拥有国家社会科学基金项目数（个/百万人）：国家社会科学基金与国家自然科学基金一样，是我国在科学研究领域支持基础研究的主渠道，面向全国，重点资助具有良好研究条件、研究实力的高等院校和科研机构中的研究人员。国家社会科学基金现由全国哲学社会科学工作办公室负责管理。此项指标数据可以在"国家社科基金项目数据库"中检索并整理得出。

（19）每百万人"新三板"上市公司数量（个/百万人）："新三板"市场源于 2006 年中关村科技园区非上市股份有限公司进入代办股份系统进行转让试点，因挂牌企业均为高科技企业而不同于原转让系统内的退市企业及原 STAQ、NET 系统挂牌公司，故形象地称为"新三板"。"新三板"上市公司均为高科技公司。此项指标数据可以在"CSMAR 经济金融研究数据库"检索并整理得出。

（20）每百万人 SCI、EI 工程发文量（篇/百万人）：SCI 是指美国"科学引文索引"（Science Citation Index，SCI），目前国际上三大检索系统中最著名的一种，许多国家和地区均以被 SCI 收录及引证的论文情况来作为评价学术水平的一个重要指标。EI

是指美国"工程索引"（The Enginnering Index，EI），作为世界领先的应用科学和工程学在线信息服务提供者，一直致力于为科学研究者和工程技术人员提供最专业、最实用的在线数据、知识等信息服务和支持。SCI、EI 工程发文量可以在"中国知网"检索并整理得出。

（21）每百万人发明专利申请数（件/百万人）：专利是专利权的简称，是对发明人的发明创造经审查合格后，由国家知识产权局依据专利法授予发明人和设计人对该项发明创造享有的专有权。专利主要反映拥有自主知识产权的科技和设计成果情况。专利申请数是指发明人向国家知识产权局提出专利申请并被受理的件数。在我国，专利分为"发明""实用新型"和"外观设计"三种类型。"发明"是指对产品、方法或者其改进所提出的新的技术方案。

（22）每百万人实用新型专利申请数（件/百万人）：实用新型是指对产品的形状、构造或者其结合所提出的实用的新的技术方案。

（23）每百万人外观设计专利申请数（件/百万人）：外观设计是指对产品的形状、图案或其结合以及色彩与形状、图案的结合所做出的富有美感并适于工业应用的新设计。

（24）每百万人发明专利授权数（件/百万人）：是指获得发明专利权的申请数。

（25）每百万人实用新型专利授权数（件/百万人）：是指获得实用新型专利权的申请数。

（26）每百万人外观设计专利授权数（件/百万人）：是指获得外观设计专利权的申请数。

（27）每万人技术市场成交额（万元/万人）：该指标主要反映技术转移和科技成果转化的总体规模。

（28）每万人规模以上工业企业新产品销售收入（万元/万人）：指规模以上工业企业销售新产品实现的销售收入。

（29）每万人高新技术产业新产品销售收入（万元/万人）：指高新技术产业新产品实现的销售收入。

（30）每万人高新技术产业工业总产值（亿元/万人）：高新技术产业是以高新技术为基础，从事一种或多种高新技术及其产品的研究、开发、生产和技术服务的企业集合。这种产业所拥有的关键技术往往开发难度很大，但一旦开发成功，却具有高于一般产业的经济效益和社会效益。高新技术产业是知识密集、技术密集的产业。

（31）每百人拥有互联网宽带接入用户数（户/百人）：反映了一个城市知识扩散与应用的能力。互联网的发展既是科技发展直接的成果和体现，又是创新活动的基础条件。此指标反映了人们的信息化环境。

（32）每万人拥有公共汽车数（辆/万人）：城市公共汽车在一定程度上减少私家车、摩托车等交通工具的使用，并减少汽车尾气污染排放。此指标反映了人们的生活环境。

（33）每百名学生拥有专任教师人数（人/百人）：专任教师指主要从事教研工作人员，有效促进科研发展的同时也补充和更新教学内容，提高教学质量。此指标反映了人们的教育环境。

（34）每百人拥有医院床位数（张/百人）：医院床位数在一定程度上更能说明医疗机构的服务水平和所拥有的医疗资源，可能比医疗机构的数量更能反映医疗资源的分布情况。此指标反映了人们的医疗环境。

（35）每百人拥有商品房销售面积（平方米/百人）：指房地产开发企业本年出售商品房屋的合同总面积（双方签署的正式买卖合同中所确定的建筑面积）。此指标反映了人们的住房环境。

每万人年末金融机构贷款余额（亿元/万人）：在中国 GDP 从高速增长转为中高速增长的新常态下，引导多元化的社会资金进入，为增长动力提供更多元化、更持久的资本支持，为经济发展提供新的稳定增长点。此指标反映了人们的金融环境。

（三）评价对象

中国省（自治区、直辖市）、地级及以上城市创新能力评估样本的广泛性和典型性，关系到评估与研究结论的准确性和价值。本报告在考虑城市统计数据的可得性、准确性和标准性的基础上，选取中国大陆 31 个省（自治区、直辖市）和 119 个重点城市进行量化研究。具体的城市样本选取标准包括以下三个方面：第一，城市统计数据的可得性、准确性和标准型；第二，城市在所在省份的社会经济地位和代表性；第三，城市的研究价值。依据以上标准选择的 119 个重点城市，涵盖了全国一、二、三线城市，基本体现了中国不同区域和不同经济发展水平的城市状况，具有很强的代表性。

"一线城市"指的是在全国政治、经济等社会活动中处于重要地位并具有主导作用和辐射带动能力的大都市。根据《第一财经》（CBN）旗下"新一线城市研究所"发布的《中国城市商业魅力排行榜》，中国"一线城市"共有 19 个，分别为北京、上海、广州、深圳、成都、杭州、重庆、武汉、西安、苏州、天津、南京、长沙、郑州、东莞、青岛、沈阳、宁波、昆明。

"二线城市"多为省会城市、副省级城市、东部地区的经济强市或经济发达的区域性中心城市。根据"新一线城市研究所"发布的《2019 中国城市商业魅力排行榜》，中国"二线城市"共有 30 个，分别为无锡、佛山、合肥、大连、福州、厦门、哈尔滨、济南、温州、南宁、长春、泉州、石家庄、贵阳、南昌、金华、常州、南通、嘉兴、太原、徐州、惠州、珠海、中山、台州、烟台、兰州、绍兴、海口、扬州。

"三线城市"是根据城市规模、人口数量、经济发展水平和 GDP 总量等多个指标综合评估的具有战略意义、经济较发达、经济总量较大的大中城市。它们一般多为东部地区的经济较发达的地级市，中部地区的省域副中心城市、区域中心城市或经济强市，西部地区的省会城市。根据"新一线城市研究所"发布的《2019 中国城市商业魅力排行榜》，中国"三线城市"共有 70 个，分别为芜湖、阜阳、蚌埠、马鞍山、安庆、滁州、莆田、宁德、龙岩、三明、南平、汕头、揭阳、江门、湛江、肇庆、清远、潮州、梅州、桂林、柳州、遵义、保定、唐山、廊坊、邯郸、沧州、秦皇岛、宜昌、襄阳、荆州、大庆、三亚、洛阳、南阳、信阳、商丘、新乡、衡阳、株洲、岳阳、湘潭、郴州、吉林、盐城、镇江、泰州、淮安、连云港、宿迁、赣州、上饶、九江、鞍山、呼和浩特、包头、银川、绵阳、潍坊、临沂、济宁、淄博、威海、泰安、咸阳、乌鲁木齐、湖州、舟山、丽水、漳州。

对中国省（自治区、直辖市）、重点城市创新能力进行量化评估，要求各样本数据完整、来源权威，基本数据必须来源于公认的国际组织机构和国家官方统计调查。本报告力争采用最新数据分析中国省（自治区、直辖市）、重点城市当前创新能力情况，相关数据主要来源于《中国统计年鉴》《中国城市统计年鉴》《中国科技统计年鉴》《中国火炬统计年鉴》等国家、地区、城市政府公布的统计年鉴、统计公报等官方出版物，部分缺失数据采用插值法进行填补。除官方公布的统计数据外，也从国际知名研究机构和网站获取部分数据，如中国知网、CSMAR 经济金融研究数据库等。

三、评价方法、测度结果及评价分析

（一）评价方法

从目前的参考文献看，评价体系的权重确定可分为两大类：一类是主观赋权法，即根据专家的经验主观判断确定，如德尔菲法、层次分析法等；另一类是客观赋权法，即根据评价指标的实际数据确定，如主成分分析法、熵值法、相关度法等。本研究采用熵权法（Entropy Weight Method，EWM）综合评价中国大陆 31 个省（自治区、直辖市）和 119 个重点城市的创新能力水平。熵权法是一种基于计算指标信息熵来相对客观地确定指标权重的一种赋权法，由于其能够避免人为因素对指标权重带来的随机性与臆断性的影响，且具有较高精度和适应性强等特点，因此被广泛运用于确定指标权重的过程中。熵权法的具体步骤为：

（1）原始数据 x_{ij} 标准化处理：

$$x'_{ij} = \frac{x_{ij} - \min x_{ij}}{\max x_{ij} - \min x_{ij}} \quad (1-1)$$

其中，x_{ij} 为原始数据，x'_{ij} 为标准化后的数据，$\max x_{ij}$ 为原始数据的最大值，$\min x_{ij}$ 为原始数据的最小值。

（2）将各指标同度量化，计算第 j 项指标中各样本 i 的比重 p_{ij}：

$$p_{ij} = \frac{x'_{ij}}{\sum_{i=1}^{n} x'_{ij}} \quad (i=1,2,\cdots,n;j=1,2,\cdots,m) \quad (1-2)$$

其中，n 为样本（省份/城市）个数，m 为指标个数。

（3）计算第 j 项指标的熵值 e_j：

$$e_j = -k \sum_{i=1}^{n} p_{ij} \ln(p_{ij}),\text{其中,}k = \frac{1}{\ln(n)} \quad (1-3)$$

（4）计算第 j 项指标的信息效用值 g_j：

$$g_j = 1 - e_j \quad (1-4)$$

（5）计算各指标 j 的权重 w_j：

$$w_j = \frac{g_j}{\sum_{j=1}^{m} g_j} \quad (1-5)$$

（6）计算各样本 i 的创新能力综合得分 F_i：

$$F_i = \sum_{j=1}^{m} w_j x'_{ij} \quad (1-6)$$

通过以上六个步骤，即可以测算出中国大陆 31 个省（自治区、直辖市）和 119 个重点城市的创新能力综合得分 F 值。

（二）中国大陆 31 个省（自治区、直辖市）的测度结果及评价分析

通过运用熵权法对中国大陆 31 个省（自治区、直辖市）的测度，各指标的权重结果及中国 31 个省（自治区、直辖市）2017 年创新能力综合得分及排名结果分别如表 1-2、表 1-3 所示。

从表 1-2 的权重可以看出，权重超过 0.03 的指标有 12 个，分别为每百万人中博士生毕业人数、人均 R&D 外部经费支出额、每万人高新技术产业消化吸收经费支出额、每万人国家自然科学基金面上项目经费、每百万人拥有国家实验室数量、每百万人拥有国家自然科学基金面上项目数、每百万人"新三板"上市公司数量、每万人 SCI 和 EI 工程发文量、每万人外观设计专利申请数、每万人发明专利授权数、每万人外观

设计专利授权数、每万人技术市场成交额。根据信息熵的概念，指标波动的幅度越大，权重也就越大。这说明上面 12 个指标是影响省级创新能力综合得分的重要因素。从这些信息可以看出，R&D 相关人员、经费投入、支撑平台、专利申请授权数、技术市场成交额等是提高省级创新能力的重要途径。

表 1-2　中国省（自治区、直辖市）创新能力评价指标体系及权重

一级指标	序号	二级指标	权重
创新要素投入（11 个）	1	每万名从业人员中科技活动人员数（人/万人）	0.0168
	2	每万名从业人员中 R&D 人员数（人/万人）	0.0115
	3	每百万人中博士生毕业人数（人/百万人）	0.0611
	4	科学技术支出占地方一般公共预算支出的比重（%）	0.0186
	5	教育支出占地方一般公共预算支出的比重（%）	0.0095
	6	人均 R&D 内部经费支出额（元/人）	0.0283
	7	人均 R&D 外部经费支出额（元/人）	0.0362
	8	每万人规模以上工业企业新产品开发经费支出额（万元/万人）	0.0213
	9	每万人规模以上工业企业技术改造经费支出额（万元/万人）	0.0160
	10	每万人高新技术产业消化吸收经费支出额（万元/万人）	0.0696
	11	每万人国家自然科学基金面上项目经费（万元/万人）	0.0477
创新平台支撑（8 个）	12	每百万人拥有国家高等学校数量（所/百万人）	0.0130
	13	每百万人拥有国家实验室数量（个/百万人）	0.0517
	14	每百万人拥有国家高新区数量（个/百万人）	0.0153
	15	每百万人拥有 R&D 机构数（个/百万人）	0.0231
	16	每百万人拥有规模以上工业企业 R&D 项目数（项/百万人）	0.0229
	17	每百万人拥有国家自然科学基金面上项目数（个/百万人）	0.0473
	18	每百万人拥有国家社会科学基金项目数（个/百万人）	0.0121
	19	每百万人"新三板"上市公司数量（个/百万人）	0.0382
创新成果产出（7 个）	20	每万人 SCI、EI 工程发文量（篇/万人）	0.0612
	21	每万人发明专利申请数（件/万人）	0.0268
	22	每万人实用新型专利申请数（件/万人）	0.0264
	23	每万人外观设计专利申请数（件/万人）	0.0383
	24	每万人发明专利授权数（件/万人）	0.0382
	25	每万人实用新型专利授权数（件/万人）	0.0246
	26	每万人外观设计专利授权数（件/万人）	0.0406
创新成果转化（4 个）	27	每万人技术市场成交额（万元/万人）	0.0696
	28	每万人规模以上工业企业新产品销售收入（万元/万人）	0.0103
	29	每万人高新技术产业新产品销售收入（元/万人）	0.0278
	30	每万人高新技术产业工业总产值（亿元/万人）	0.0210

一级指标	序号	二级指标	权重
创新发展环境 （6个）	31	每百人拥有互联网宽带接入用户数（户/百人）	0.0123
	32	每万人拥有公共汽车数（辆/万人）	0.0024
	33	每百名学生拥有专任教师人数（人/百人）	0.0125
	34	每百人拥有医院床位数（张/百人）	0.0098
	35	每百人拥有商品房销售面积（平方米/百人）	0.0070
	36	每万人年末金融机构贷款余额（亿元/万人）	0.0110

我国地域广阔，各省份间存在地理位置、资源禀赋、文化风俗等各种因素上的区域差异。根据国家统计局的划分标准，将我国分为东部地区、中部地区、西部地区及东北地区四大区域，其中，东部地区包括北京、天津、河北、上海、江苏、浙江、福建、山东、广东和海南10个省（直辖市）；中部地区包括山西、安徽、江西、河南、湖北和湖南6个省；西部地区包括内蒙古、广西、重庆、四川、贵州、云南、西藏、陕西、甘肃、青海、宁夏和新疆12个省（自治区、直辖市）；东北地区包括辽宁、吉林和黑龙江3个省。

从表1-3的结果来看，2017年全国创新能力综合得分排名前五的省（自治区、直辖市）分别是北京、上海、浙江、江苏、广东，都处于东部地区。其中，北京在东部地区中排名第一，湖北在中部地区中排名第一，陕西在西部地区中排名第一，辽宁在东北地区中排名第一。

表1-3 中国31个省（自治区、直辖市）2017年创新能力综合得分及排名

省（自治区、直辖市）	综合得分F	全国排名	省（自治区、直辖市）	综合得分F	全国排名	省（自治区、直辖市）	综合得分F	全国排名
北京	0.7960	1	安徽	0.1376	12	黑龙江	0.0766	23
上海	0.5662	2	辽宁	0.1290	13	山西	0.0696	24
浙江	0.3851	3	吉林	0.1186	14	新疆	0.0657	25
江苏	0.3801	4	湖南	0.1173	15	贵州	0.0626	26
广东	0.3492	5	宁夏	0.1148	16	西藏	0.0626	27
天津	0.3411	6	江西	0.1139	17	内蒙古	0.0614	28
福建	0.2117	7	四川	0.1097	18	海南	0.0596	29
陕西	0.1702	8	青海	0.0876	19	广西	0.0527	30
山东	0.1655	9	河北	0.0856	20	云南	0.0505	31
湖北	0.1595	10	甘肃	0.0799	21			
重庆	0.1593	11	河南	0.0794	22			

我们以在全国 31 个省（自治区、直辖市）综合排名第 15 位的湖南省为例，对省级"创新能力评价指标体系"中所有 36 个二级指标分别测算其在全国的排名结果，得到如表 1-4 所示情况。

表 1-4　湖南省 2017 年创新能力各项二级评价指标在全国的排名结果

序号	评价指标	全国排名	序号	评价指标	全国排名	序号	评价指标	全国排名	序号	评价指标	全国排名
1	每万名从业人员中科技活动人员数	6	10	每万人高新技术产业消化吸收经费支出额	19	19	每百万人"新三板"上市公司数量	20	28	每万人规模以上工业企业新产品销售收入	17
2	每万名从业人员中 R&D 人员数	5	11	每万人国家自然科学基金面上项目经费	14	20	每万人 SCI、EI 工程发文量	9	29	每万人高新技术产业新产品销售收入	11
3	每百万人中博士生毕业人数	15	12	每百万人拥有国家高等学校数量	24	21	每万人发明专利申请数	19	30	每万人高新技术产业工业总产值	11
4	科学技术支出占地方一般公共预算支出的比重	18	13	每百万人拥有国家实验室数量	18	22	每万人实用新型专利申请数	19	31	每百人拥有互联网宽带接入用户数	26
5	教育支出占地方一般公共预算支出的比重	16	14	每百万人拥有国家高新区数量	17	23	每万人外观设计专利申请数	12	32	每万人拥有公共汽车数	13
6	人均 R&D 内部经费支出额	14	15	每百万人拥有 R&D 机构数	25	24	每万人发明专利授权数	16	33	每百名学生拥有专任教师人数	29
7	人均 R&D 外部经费支出额	13	16	每百万人拥有规模以上工业企业 R&D 项目数	16	25	每万人实用新型专利授权数	19	34	每百人拥有医院床位数	15
8	每万人规模以上工业企业新产品开发经费支出额	12	17	每百万人拥有国家自然科学基金面上项目数	14	26	每万人外观设计专利授权数	13	35	每百人拥有商品房销售面积	15
9	每万人规模以上工业企业技术改造经费支出额	5	18	每百万人拥有国家社会科学基金项目数	15	27	每万人技术市场成交额	17	36	每万人年末金融机构贷款余额	29

从表 1-4 可以看出，2017 年湖南省有 19 项评价指标排名在全国第 15 位以内（含第 15 位），其中有 2 项指标（"每万名从业人员中 R&D 人员数""每万人规模以上工业企业技术改造经费支出额"）排名进入全国前 5 名；另外的 17 项评价指标排名都在全

国第 15 位之后，其中"每百名学生拥有专任教师人数"和"每万人年末金融机构贷款余额"这两项指标排名最靠后，均排在全国倒数第 3 位。

（三）119 个重点城市的测度结果及评价分析

《中国城市统计年鉴》是全面反映中国城市社会经济发展情况的资料性年刊。目前，最新出版的《中国城市统计年鉴（2018）》收录了 2017 年全国各级城市社会经济发展等方面的主要统计数据，但是其涉及"创新能力评价指标体系"的内容比较少，而且部分指标数据缺失严重。另外，我们也积极通过遍览各省（自治区、直辖市）、地级及以上城市政府公布的统计年鉴、统计公报等，尽力查找"创新能力评价指标体系"相关指标数据。但鉴于数据的最终可得性，"中国重点城市创新能力评价指标体系"的指标数量比"中国省（自治区、直辖市）创新能力评价指标体系"要少，由 36 个二级指标减少为 22 个二级指标，其中创新要素投入二级指标 6 个、创新平台支撑二级指标 3 个、创新成果产出二级指标 3 个、创新成果转化二级指标 4 个、创新发展环境二级指标 6 个。其中，二级指标中的"每万人发明专利申请数、每万人实用新型专利申请数、每万人外观设计专利申请数"三个指标合并为一个指标"每万人专利申请数"；二级指标中的"每万人发明专利授权数、每万人实用新型专利授权数、每万人外观设计专利授权数"三个指标合并为一个指标"每万人专利申请授权数"；对二级指标中的"每百万人拥有 R&D 机构数、每万人技术市场成交额、每万人规模以上工业企业新产品销售收入、每万人高新技术产业新产品销售收入、每万人高新技术产业工业总产值、每百人拥有商品房销售面积"这六个指标按城市人口比例进行折算，近似取全省平均值。

通过运用熵权法对中国 119 个重点城市的测度，各指标的权重结果及中国 119 个重点城市 2017 年创新能力综合得分及排名结果分别如表 1-5、表 1-6 所示。

从表 1-5 的权重可以看出，权重超过 0.05 的指标有 9 个，分别为人均 R&D 内部经费支出额、每万人规模以上工业企业技术改造经费支出额、每百万人"新三板"上市公司数量、每万人 SCI 和 EI 工程发文量、每万人专利申请授权数、每万人技术市场成交额、每万人高新技术产业新产品销售收入、每万人高新技术产业工业总产值、每万人拥有公共汽车数。根据信息熵的概念，指标波动的幅度越大，权重也就越大。这说明上面 9 个指标是影响城市创新能力综合得分的重要因素。从这些信息可以看出，R&D 相关经费投入量、"新三板"上市公司数、科研论文数、专利申请授权数、新产品销售收入等是提高城市创新能力的重要途径。

表1-5 中国119个重点城市创新能力评价指标体系及权重

一级指标	序号	二级指标	权重
创新要素投入 （6个）	1	每万名从业人员中科技活动人员数（人/万人）	0.0340
	2	每万名从业人员中R&D人员数（人/万人）	0.0120
	3	科学技术支出占地方一般公共预算支出的比重（%）	0.0205
	4	教育支出占地方一般公共预算支出的比重（%）	0.0088
	5	人均R&D内部经费支出额（元/人）	0.0870
	6	每万人规模以上工业企业技术改造经费支出额（万元/万人）	0.0637
创新平台支撑 （3个）	7	每百万人拥有国家高等学校数量（所/百万人）	0.0337
	8	每百万人拥有R&D机构数（个/百万人）	0.0399
	9	每百万人"新三板"上市公司数量（个/百万人）	0.0637
创新成果产出 （3个）	10	每万人SCI、EI工程发文量（篇/万人）	0.0879
	11	每万人专利申请数（件/万人）	0.0481
	12	每万人专利申请授权数（件/万人）	0.0538
创新成果转化 （4个）	13	每万人技术市场成交额（万元/万人）	0.1085
	14	每万人规模以上工业企业新产品销售收入（万元/万人）	0.0449
	15	每万人高新技术产业新产品销售收入（元/万人）	0.0603
	16	每万人高新技术产业工业总产值（亿元/万人）	0.0584
创新发展环境 （6个）	17	每百人拥有互联网宽带接入用户数（户/百人）	0.0227
	18	每万人拥有公共汽车数（辆/万人）	0.0621
	19	每百名学生拥有专任教师人数（人/百人）	0.0118
	20	每百人拥有医院床位数（张/百人）	0.0144
	21	每百人拥有商品房销售面积（平方米/百人）	0.0247
	22	每万人年末金融机构贷款余额（亿元/万人）	0.0391

从表1-6的结果来看，在全国119个重点城市中，2017年全国创新能力综合得分排名前五的城市分别是深圳、北京、东莞、珠海、广州。其中，东莞、珠海的城市创新能力超过了"广上"，仅落后于"深北"，由此在创新能力层面上打破了"北上深广"一线城市格局。而中山、上海、南京、佛山、武汉则依次成为"中国最具创新力的城市"前10。排名后10位（从第110位至第119位）的城市分别是湛江、郴州、遵义、上饶、揭阳、南阳、信阳、衡阳、商丘、阜阳。

表1-6 中国119个重点城市2017年创新能力综合得分及排名

城市	综合得分	全国排名	城市	综合得分	全国排名	城市	综合得分	全国排名	城市	综合得分	全国排名
深圳	0.5798	1	威海	0.1157	31	烟台	0.0717	61	泰安	0.0467	91
北京	0.5197	2	乌鲁木齐	0.1150	32	宜昌	0.0715	62	吉林	0.0439	92

续表

城市	综合得分	全国排名	城市	综合得分	全国排名	城市	综合得分	全国排名	城市	综合得分	全国排名
东莞	0.4676	3	南昌	0.1105	33	江门	0.0699	63	咸阳	0.0436	93
珠海	0.3182	4	昆明	0.1092	34	温州	0.0695	64	济宁	0.0432	94
广州	0.3168	5	成都	0.1091	35	泰州	0.0680	65	滁州	0.0422	95
中山	0.3006	6	沈阳	0.1062	36	包头	0.0666	66	三明	0.0420	96
上海	0.2724	7	郑州	0.1057	37	绵阳	0.0663	67	漳州	0.0418	97
南京	0.2551	8	芜湖	0.1055	38	襄阳	0.0653	68	九江	0.0406	98
佛山	0.2164	9	惠州	0.1053	39	石家庄	0.0652	69	新乡	0.0406	99
武汉	0.2130	10	湖州	0.1009	40	汕头	0.0649	70	清远	0.0405	100
厦门	0.2065	11	哈尔滨	0.1007	41	台州	0.0642	71	安庆	0.0391	101
杭州	0.1963	12	贵阳	0.0961	42	泉州	0.0613	72	邯郸	0.0356	102
苏州	0.1962	13	长春	0.0934	43	肇庆	0.0586	73	宿迁	0.0354	103
天津	0.1885	14	廊坊	0.0934	44	盐城	0.0579	74	南平	0.0352	104
西安	0.1816	15	扬州	0.0922	45	南宁	0.0568	75	临沂	0.0334	105
舟山	0.1808	16	呼和浩特	0.0920	46	重庆	0.0564	76	梅州	0.0330	106
常州	0.1710	17	银川	0.0917	47	淮安	0.0563	77	宁德	0.0314	107
无锡	0.1474	18	福州	0.0910	48	龙岩	0.0563	78	赣州	0.0314	108
宁波	0.1446	19	马鞍山	0.0868	49	柳州	0.0556	79	荆州	0.0308	109
太原	0.1433	20	海口	0.0847	50	潮州	0.0541	80	湛江	0.0307	110
济南	0.1341	21	南通	0.0846	51	洛阳	0.0540	81	郴州	0.0298	111
兰州	0.1310	22	湘潭	0.0841	52	鞍山	0.0529	82	遵义	0.0296	112
合肥	0.1304	23	淄博	0.0838	53	连云港	0.0521	83	上饶	0.0296	113
长沙	0.1273	24	大庆	0.0789	54	沧州	0.0509	84	揭阳	0.0278	114
三亚	0.1237	25	株洲	0.0777	55	桂林	0.0508	85	南阳	0.0249	115
镇江	0.1209	26	蚌埠	0.0769	56	潍坊	0.0505	86	信阳	0.0242	116
青岛	0.1198	27	唐山	0.0763	57	莆田	0.0497	87	衡阳	0.0229	117
嘉兴	0.1194	28	秦皇岛	0.0736	58	徐州	0.0484	88	商丘	0.0199	118
大连	0.1163	29	丽水	0.0733	59	岳阳	0.0484	89	阜阳	0.0163	119
绍兴	0.1162	30	金华	0.0727	60	保定	0.0472	90			

此外，北京在4个直辖市中排名第一；深圳在15个副省级市中排名第一；东莞、珠海、中山、佛山、苏州在100个地级市中排名前五。

根据中国119个重点城市2017年创新能力的测算结果，绘出中国119个重点城市2017年创新能力综合得分F值的空间分布。可以看出，在我国119个重点城市里，创新能力较高的城市主要集中在东部地区。

以湖南省的城市为例，湖南省入围一、二、三线城市的分别为长沙、湘潭、株洲、岳阳、郴州、衡阳6个城市，其创新能力综合排名分别为第24、第52、第55、第89、第111、第117位。湖南省这6个重点城市的平均排名为第75位，处于119个重点城市中间靠后的位置。我们根据这6个重点城市的"创新能力评价指标体系"中所有22个二级指标分别测算其在全国119个重点城市里的排名结果，得到如表1-7所示情况。

表1-7　湖南省6个重点城市2017年创新能力各项二级评价指标在全国的排名结果

序号	评价指标	长沙	湘潭	株洲	岳阳	郴州	衡阳
1	每万名从业人员中科技活动人员数	17	24	96	34	47	83
2	每万名从业人员中R&D人员数	1	6	56	81	95	106
3	科学技术支出占地方一般公共预算支出的比重	50	49	46	94	96	114
4	教育支出占地方一般公共预算支出的比重	93	110	114	107	56	69
5	人均R&D内部经费支出额	18	51	53	73	94	95
6	每万人规模以上工业企业技术改造经费支出额	35	54	48	90	98	114
7	每百万人拥有国家高等学校数量	13	37	51	99	107	81
8	每百万人拥有R&D机构数	70	71	72	74	75	73
9	每百万人"新三板"上市公司数量	19	60	113	82	115	114
10	每万人SCI、EI工程发文量	31	28	49	116	119	90
11	每万人专利申请数	35	78	71	113	114	107
12	每万人专利申请授权数	35	73	70	107	114	105
13	每万人技术市场成交额	35	58	66	75	96	100
14	每万人规模以上工业企业新产品销售收入	28	61	82	88	107	112
15	每万人高新技术产业新产品销售收入	20	46	64	73	92	98
16	每万人高新技术产业工业总产值	20	48	67	77	95	98
17	每百人拥有互联网宽带接入用户数	36	92	89	105	107	114
18	每万人拥有公共汽车数	83	16	5	13	42	72
19	每百名学生拥有专任教师人数	99	71	94	76	111	114
20	每百人拥有医院床位数	15	51	31	84	73	90
21	每百人拥有商品房销售面积	77	20	37	63	59	85
22	每万人年末金融机构贷款余额	22	71	88	109	107	112
	全国综合排名	24	52	55	89	111	117

从表1-7可以看出，2017年长沙市有9项评价指标排名在全国第24位以内，处于全国前列，分别是每万名从业人员中科技活动人员数、每万名从业人员中R&D人员数、人均R&D内部经费支出额、每百万人拥有国家高等学校数量、每百万人"新三

板"上市公司数量、每万人高新技术产业新产品销售收入、每万人高新技术产业工业总产值、每百人拥有医院床位数、每万人年末金融机构贷款余额；另外的 13 项评价指标排名都在全国第 24 位之后，其中"每百名学生拥有专任教师人数"这项指标排名最靠后，是其"短板"，排在全国第 99 位。而湘潭、株洲的"短板"也都是"教育支出占地方一般公共预算支出的比重"这项指标，分别排名全国第 110 位、第 114 位；岳阳、郴州的"短板"则都是"每万人 SCI 和 EI 工程发文量"这项指标，分别排名全国第 116 位、第 119 位；衡阳的"短板"则有 5 个，分别是科学技术支出占地方一般公共预算支出的比重、每万人规模以上工业企业技术改造经费支出额、每百万人"新三板"上市公司数量、每百人拥有互联网宽带接入用户数、每百名学生拥有专任教师人数这些指标，均排名全国第 114 位。

四、主要结论与对策建议

综上所述，本报告得出以下主要结论：

（1）2017 年全国创新能力综合得分排名前五的省份分别是北京、上海、浙江、江苏、广东，都处于东部地区。其中，北京在东部地区中排名第一，湖北在中部地区中排名第一，陕西在西部地区中排名第一，辽宁在东北地区中排名第一。

（2）每百万人中博士生毕业人数、人均 R&D 外部经费支出额、每万人高新技术产业消化吸收经费支出额、每万人国家自然科学基金面上项目经费、每百万人拥有国家实验室数量、每百万人拥有国家自然科学基金面上项目数、每百万人"新三板"上市公司数量、每万人 SCI 和 EI 工程发文量、每万人外观设计专利申请数、每万人发明专利授权数、每万人外观设计专利授权数、每万人技术市场成交额 12 个指标是影响省级创新能力综合得分的重要因素。

（3）在全国 119 个重点城市中，2017 年全国创新能力综合得分排名前十的城市分别是深圳、北京、东莞、珠海、广州、中山、上海、南京、佛山、武汉。排名后 10 位（从第 110 位至第 119 位）的城市分别是湛江、郴州、遵义、上饶、揭阳、南阳、信阳、衡阳、商丘、阜阳。此外，北京在 4 个直辖市中排名第一；深圳在 15 个副省级市中排名第一；东莞、珠海、中山、佛山、苏州在 100 个地级市中排名前五。

（4）人均 R&D 内部经费支出额、每万人规模以上工业企业技术改造经费支出额、每百万人"新三板"上市公司数量、每万人 SCI 和 EI 工程发文量、每万人专利申请授权数、每万人高新技术产业新产品销售收入、每万人高新技术产业工业总产值、每万人拥有公共汽车数 8 个指标是影响城市创新能力综合得分的重要因素。

在前文分析、研究的基础上，我们紧紧抓住影响创新能力的关键因素，提出如下对策建议：

第一，政府要加大扶持力度。政府应该引导企业开展技术创新，鼓励企业积极创新，在资金、政策等方面支持和鼓励企业增加研发投入，使企业真正成为研发投入的主体、自主创新的主体和成果应用的主体，政府要在税费减免方面给予一定的支持，营造企业科技自主创新的良好环境，针对创新企业制定完善的创新优惠政策并落实到位。

第二，技术引进与技术创新相结合。要实现跨越式发展，技术引进不可或缺，但更要注重把引进与消化、吸收、创新相结合，开发具有自主知识产权的核心技术和关键技术，提高市场竞争力。要用科学发展观指导技术引进与消化再创新，要把技术引进消化吸收与经济增长方式的转变紧密结合起来，政府要提出引进技术消化吸收和自主创新的相关政策；提出有利于引进技术消化吸收和自主创新的财税、人才等方面的鼓励政策，广泛建立技术创新战略联盟，探索由引进技术消化吸收到形成自主创新能力的有效途径。

第三，区域创新活动各主体要各尽其责，形成创新合力。政府作为基础支撑性主体，其财政支持和教育投资对科技创新能力发挥着重要作用，通过制度创新引导企业、大学、社会组织开展创新活动。金融、技术、投资等机构作为服务性主体，发挥其资源优势，帮助创新主体将成果市场化。企业及其产业链作为创新活动的主体，可提前安排资金进行研发投入；同时，大学、科研机构提供知识与人才，成为知识提供者的主力。提升区域创新水平需要强化科研和教育机构与企业间的合作力度，提升创新主体自主创新的能力，优化产学研合作模式。各主体协同合作，加大科技创新投入，与相关机构共同完善创新制度，完善科技成果转化机制，全面优化创新创业环境，缩小区域内城乡、东西地区之间的差距，是提升区域创新能力、推进创新型城市建设的必要手段。

参考文献

[1] 人民网. 胡锦涛在中国共产党第十八次全国代表大会上的报告 [EB/OL]. http://cpc. peo-ple. com. cn/n/2012/1118/c64094 - 19612151. htEml.

[2] 新华社. 决胜全面建成小康社会　夺取新时代中国特色社会主义伟大胜利——在中国共产党第十九次全国代表大会上的报告 [EB/OL]. http://www. xinhuanet. com/politics/19cpcnc/2017 - 10/27/c_ 1121867529. htm.

[3] 湖南创新发展研究院. 2018 湖南创新发展研究院智库研究报告——创新引领开放崛起 [M].

北京：经济管理出版社，2018.

［4］贾栋．陕西省城市科技创新能力与创新效率评价研究［D］．西安：西安科技大学，2018.

［5］徐国祥，陈燃萍．创新驱动转型发展能力的影响因素分析——基于省级面板数据的实证研究［J］．数理统计与管理，2019（5）：770－784.

［6］中国科学院地理科学与资源研究所．中国创新型城市发展报告［M］．北京：科学出版社，2013.

［7］搜狐网．中国城市创新指数出炉：广东三市入前十［EB/OL］．http：//m. sohu. com/a/61176310_ 237443.

［8］中国科学技术部门户网站．《中国区域创新能力监测报告（2016—2017）》和《中国区域科技创新评价报告（2016—2017）》正式发布［EB/OL］．http：//www. most. gov. cn/kjbgz/201709/t20170901_ 134714. htm.

［9］中国科学院门户网站．《中国区域创新指数报告（2018）》发布［EB/OL］．http：//m. cas. cn/yxdt/201901/t20190102_ 4675678. html.

［10］杨凤阁．河南省区域创新能力分析与发展策略［J］．地域研究与开发，2012，31（1）：24－29.

［11］王雪薇，王健楠．基于因子分析法的全国21省市区域创新能力评价研究［J］．中国商论，2019（15）：198－199，204.

第二章
湖南创新能力建设与经济
社会高质量发展*

内容提要：高质量发展是我国顺应当前经济发展形势的必然选择，更是在我国社会主要矛盾变化背景下，推动我国经济持续稳定发展的必由之路。在这一重要战略机遇时期，湖南省应当将创新引领摆在突出位置，努力适应高质量发展的要求。本章从湖南省自身的实际情况出发，以习近平新时代中国特色社会主义科技创新思想为指导，深入落实国家创新驱动发展战略，为提升湖南省在全国重大战略布局中的优势地位，改善创新环境，推动湖南省经济高质量发展建言献策。

关键词：创新能力建设；高质量发展；战略布局

核心观点：

（1）湖南省区域创新能力不均衡，创新能力第一梯队只有长沙市，缩小湖南省区域内部创新差距有利于进一步提升湖南省综合创新能力在全国的排名。

（2）创新型省份建设必须与高质量发展"二位一体"，统筹布局。创新既是高质量发展的内涵之一，更是高质量发展的引擎。只有通过创新引领，才能实现包含创新、绿色、协调、开放与共享新发展理念的高质量发展。

（3）应该从加大创新引领资金投入、实施开放比较优势战略、大力推进产品和服务创新、加快缩小区域内部创新差距、进一步推进机制体制创新等方面推进湖南创新能力建设与高质量发展。

---

　　* 本章是 2018 年湖南省自科基金项目"互联网＋背景下分享经济促进湖南服务业创新发展的机制与政策模拟"（2018JJ2140）和湖南社会科学基金智库专项项目（19ZWB34）的成果。

一、引　言

《2019 年全球创新指数报告》显示，中国连续第四年保持上升势头，排在第 14 位，较上年上升 3 个位次，在领先的创新国家中稳稳占据一席之地。中国是中等收入经济体中唯一进入前 30 名的国家，并在多个领域体现出明显的创新实力，在国人专利数量、工业品外观设计数量、商标数量以及高技术出口净额和创意产品出口等指标方面位居榜单前列。主要原因在于中国政府非常重视和强调创新驱动经济发展和转型，从工厂向实验室的转型以及发展更多知识密集型的高级产业，并取得了卓著成效。但该指数报告特别提到，中国的国际专利数量和水平高度依赖华为和京东方等少数几家企业，因此全国范围内的创新还有待加强。就湖南省而言，目前湖南省创新综合实力在全国排名第 12 位，提出了在 2020 年全省创新综合实力进入全国前 10 位的目标。

党的十九大强调，要大力实施创新驱动发展战略，提高全要素生产率，着力加快建设实体经济、科技创新、现代金融、人力资源协同发展的产业体系，着力构建市场机制有效、微观主体有活力、宏观调控有度的经济体制，不断增强我国经济创新力和竞争力。对于湖南而言，进一步扩大开放、加快发展开放型经济，是抢抓当前国际国内结构调整和产业转移重大机遇、增强湖南省长远竞争力的迫切需要。通过深化科技体制改革，实施科技创新工程，完善政策体系，优化创新环境，加快创新型湖南建设。建设创新型湖南是湖南省委、省政府贯彻落实国家创新驱动战略、实现发展方式转变的重大战略举措，是湖南区域发展战略的核心。近年来，湖南坚持把创新作为发展的第一驱动力，强力打造"创新型湖南"新名片，有效地促进了全省综合实力和核心竞争力的不断提升。

党的十八大以来，湖南省紧紧抓住"一带一路"、长江经济带、新一轮中部崛起等重大机遇，深入践行习近平总书记对湖南提出的"一带一部""三个着力"等要求，大力实施创新引领、开放崛起战略，全力打好"三大攻坚战役"，积极进取、顽强拼搏，开创了经济社会稳中有进、稳中向好、稳中趋优、转型升级的良好局面，谱写了湖南全面发展的新篇章。在省委、省政府的坚强领导下，在全省上下的共同努力和社会各界的支持帮助下，认真贯彻落实创新驱动发展战略，创新型湖南建设迈出坚实步伐，取得了一系列的成就。一是科技创新能力跃上新台阶。湖南省科技创新能力、自主创新成果进入全国前列，长株潭国家自主创新示范区备受瞩目，一大批国家级科技创新改革试点示范布局湖南。二是科技创新驱动彰显新成效。主要表现在高科技产业快速增长，科技助推精准扶贫，知识产权保护和运用不断强化。三是体制机制创新呈现新景象。加快军民融合技术创新，为湖南省产业发展注入新活力；扎实推进"放管服"，为湖南科技创新发展打造新风貌；稳步推进省属科研院所改革，院所创新发展取得新成效。

当前，我国经济已由高速增长阶段转向高质量发展阶段。全面落实高质量发展要求，必须深入学习贯彻习近平新时代中国特色社会主义经济思想，推进湖南实现转型发展、创新发展、跨越发展。推进转型发展，要着重解决优化经济结构的问题；推进创新发展，要着重解决新旧动能转换的问题；推进跨越发展，要着重解决提升质量规模的问题。这三者相辅相成、互融互补。其中，科技创新是第一动力，是推进转型发展、创新发展、跨越发展的重要支撑，应该贯穿于高质量发展的始终。

2019年1月，为全面落实党中央、国务院关于高质量发展的要求，准确反映全省高质量发展成效，引导推动高质量发展，湖南省制定了湖南省高质量发展监测评价指标体系（试行）。该指标体系从综合质量效益、创新发展、协调发展、绿色发展、开放发展、共享发展六个方面设置了34项主要指标。其中，创新能力建设对实现高质量发展具有很强的现实意义。创新具有乘数效应，不仅可以直接转化为现实生产力，而且可以通过渗透作用放大各生产要素的生产力，从而提高社会整体生产力水平。创新是一个国家经济社会发展进步的灵魂，在社会生活的各个方面具有举足轻重的作用。科技创新是提高社会生产力和综合国力的战略支撑，必须摆在国家发展全局的核心位置。坚持走中国特色自主创新道路、实施创新发展战略，是我们党放眼世界、立足全局、面向未来做出的重大决策。

因此，在高质量发展的大背景下，对于湖南省各地州市来说，如何充分利用自身的区位优势与有力政策，加快区域创新体系的构建，提升区域创新能力，促进本地经济发展成为如今亟待解决的重大战略问题，并对全省有效发挥现有科技资源优势，提升区域创新能力，建设创新型湖南，实现由科技大省向科技强省转变具有重要的现实意义和理论价值。从全省的角度来看，构建区域创新体系和增强区域创新能力是推动区域发展和科技进步的一种战略思路。因此需要正确、客观地揭示和评价湖南各地州市综合创新能力的现状，发现制约创新能力提高的因素与创新优势之所在，研究从区域创新体系构建的角度来分析提升湖南综合创新能力的有效途径，并制定科学合理的区域创新对策，实现创新引领高质量发展。

二、湖南省各市州综合创新能力评价

（一）评价指标体系构建与评价方法

为了保持研究结果的连续性和可比性，本书大部分沿用《2018 湖南创新发展研究院智库研究报告》中的区域综合创新能力评价指标体系。这些创新指标体系分为两个层次。第一层次反映区域创新总体发展情况；第二层次反映区域创新环境、创新投入、创新产出和创新绩效四个领域的发展情况。为了能够真正地反映湖南省 14 个地级市创新能力的大小，本书共选取了 21 个指标体系，这些指标都是结合地方实际情况选取的。为了便于后文的说明，将各指标用英文大写字母进行说明。为了减少由于权重的差异而引起的判断误差，本书中二级指标的权重相同。一级指标由于对综合创新能力影响大小的不同，所以设定了不同的权重进行区分。经过综合考虑，将创新环境和创新投入的权重都设为 0.15，将创新产出和创新绩效的权重都设为 0.35。如表 2 - 1 所示。

表 2 - 1 区域综合创新能力评价指标体系

一级指标	二级指标	权重
1. 创新环境 (0.15)	1.1 A. 科技活动人员数占年平均就业人员数的比重（人/万人）	1/5
	1.2 B. 人均 GDP（元/人）	1/5
	1.3 C. 互联网用户数（万户）	1/5
	1.4 D. 教育支出占公共财政支出的比重（%）	1/5
	1.5 E. 公共图书馆图书总藏量（千册）	1/5
2. 创新投入 (0.15)	2.1 F. 规模以上工业企业每万人 R&D 人员全时当量（人年）	1/5
	2.2 G. R&D 经费内部支出占 GDP 的比重（%）	1/5
	2.3 H. 规模以上工业企业 R&D 经费内部支出/研发人数（万元/人）	1/5
	2.4 I. 规模以上工业企业 R&D 经费占主营业务收入比重（%）	1/5
	2.5 J. 规模以上工业企业办科技机构数所占比重（%）	1/5
3. 创新产出 (0.35)	3.1 K. 全部 R&D 项目数（项）	1/6
	3.2 L. 专利授权数（件）	1/6
	3.3 M. 发表科技论文数（篇）	1/6
	3.4 N. 每万人 R&D 人员技术合同成交金额（亿元/万人）	1/6
	3.5 O. 新认定的总的商标数（件）	1/6
	3.6 P. 规模以上工业企业新产品开发项目数（项）	1/6

续表

一级指标	二级指标	权重
4. 创新绩效 (0.35)	4.1 Q. 第三产业增加值占 GDP 的比重（%）	1/5
	4.2 R. 规模以上工业企业新产品销售收入占主营业务收入的比重（%）	1/5
	4.3 S. 单位 GDP 能耗（吨标准煤/万元）	1/5
	4.4 T. 劳动生产率（万元/人）	1/5
	4.5 U. 高新技术产业对经济增长的贡献率（%）	1/5

（二）各评价指标的描述统计

1. 创新环境

该领域主要反映创新驱动发展所必备的人力、财力等基础条件的支撑情况，以及政策环境对创新的引导和扶持力度，共设五个评价指标，分别是 A——科技活动人员数占年平均就业人员数的比重（人/万人）、B——人均 GDP（元/人）、C——互联网用户数（万户）、D——教育支出占公共财政支出的比重（%）、E——公共图书馆图书总藏量（千册）。

科技活动人员数占年平均从业人员的比值反映出湖南省就业人员的综合素质和人力创新资源的情况，2017 年湖南省各地州市科技活动人员数占年平均从业人员的比值如图 2-1 所示。从图 2-1 可以看出，比值由高到低的排名依次为：长沙、湘潭、株洲、岳阳、益阳、衡阳、常德、郴州、邵阳、永州、怀化、湘西、张家界、娄底。相对而言，排名前三的长株潭三个地州市的科技活动人员占年平均就业人员的比重远远高于其他地州市。比值排名第一的长沙达到了每一万名从业人员中有 811 个科技活动人员，而比值排在最后一名的娄底每一万名从业人员中仅有 89 个科技活动人员。由此得出，科技活动人员数占年平均从业人员的比值存在地区差异。

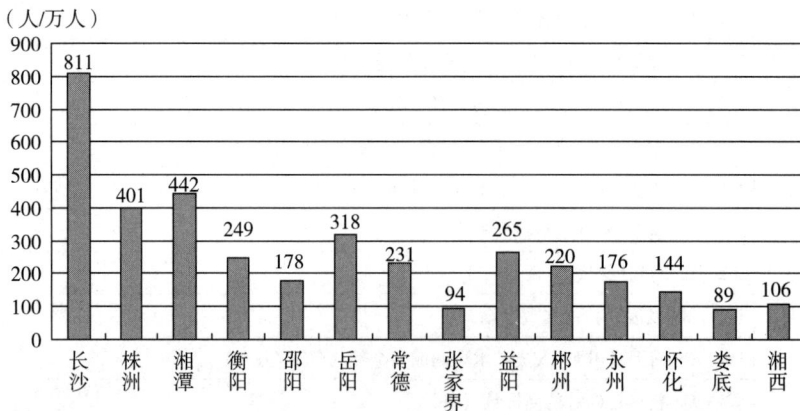

图 2-1 2017 年湖南省各地州市科技活动人员数占年平均从业人数的比重

发展经济学中常用人均 GDP 作为衡量经济发展状况的指标，是最重要的宏观经济指标之一，它既可以反映出一个国家或地区的经济实力，也可以反映出经济增长与创新能力发展之间相互依存、相互促进的关系。因此，人均 GDP 可作为衡量区域创新环境的指标之一。2017 年，湖南省各地州市人均 GDP 的比较如图 2 - 2 所示。从图 2 - 2 中可以看出，湖南省 14 个地州市人均 GDP 排名由高到低依次为：长沙、湘潭、株洲、岳阳、常德、郴州、衡阳、益阳、娄底、张家界、永州、怀化、邵阳、湘西。从图 2 - 2 中可以看出，长沙市的人均 GDP 达到了 131207 元/人，远远高于湖南省其他地州市的人均 GDP。湘潭、株洲、岳阳、常德四个地级市的人均 GDP 也都超过了 50000 元/人，说明其经济发展状况还算可以。而怀化、邵阳、湘西的人均 GDP 都没有超过 30000 元/人，其经济发展水平还有待提升。

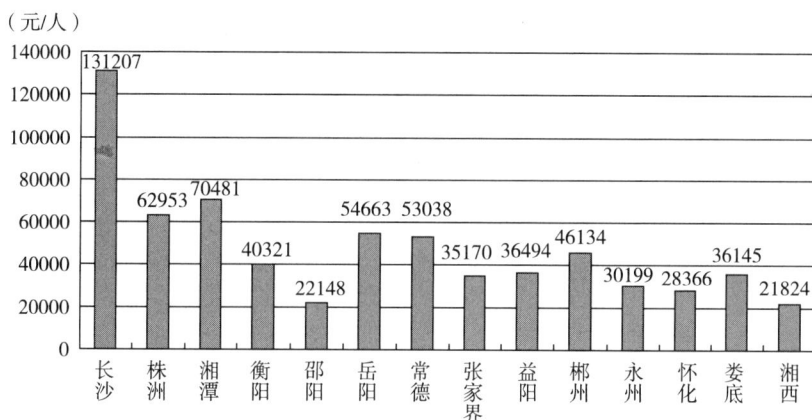

（元/人）

图 2 - 2　2017 年湖南省各地州市人均 GDP 比较

互联网用户数是通常用来衡量地区创新环境的一个指标，可以反映社会利用信息通信技术来创建、获取、使用和分享信息及知识的能力以及信息化发展对社会经济发展的推动作用。从图 2 - 3 可以看出，2017 年湖南省 14 个地州市互联网用户数的排名依次是：长沙、衡阳、常德、岳阳、邵阳、株洲、郴州、永州、怀化、娄底、益阳、湘潭、湘西、张家界。其中互联网用户数排名第一的长沙拥有 274.21 万户，远远高于排名第二衡阳的用户数，这说明长沙的信息化比较发达。排名前三位的长沙、衡阳、常德的互联网用户数占湖南省 2017 年全省互联网用户数的 38.19%。而排名后三位的湘潭、湘西、张家界占湖南省 2017 年全省互联网用户数的 10.88%。这也说明互联网的普及率存在地区差异。

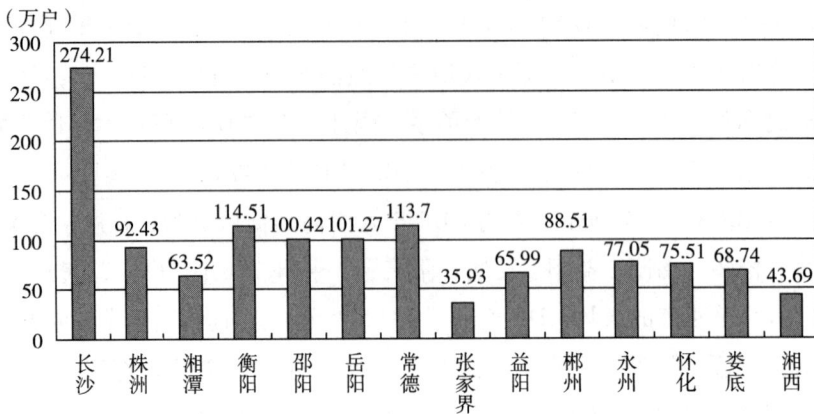

图2-3 2017年湖南省各地州市互联网用户数

　　教育支出占公共财政支出的比重是衡量一个地区教育水平的基础线，是衡量创新环境的一个指标，它既反映一个地区对教育投入的大小，也反映政府对教育的支持力度以及重点、关键和前沿领域的规划和引导作用。从图2-4中可以看出，2017年湖南省各地州市教育支出占公共财政支出的比重排名依次是：郴州、娄底、永州、湘西、衡阳、怀化、益阳、邵阳、长沙、常德、张家界、岳阳、湘潭、株洲。从总体上看，湖南省14个地州市的教育支出占财政支出的比重差距不是很大。

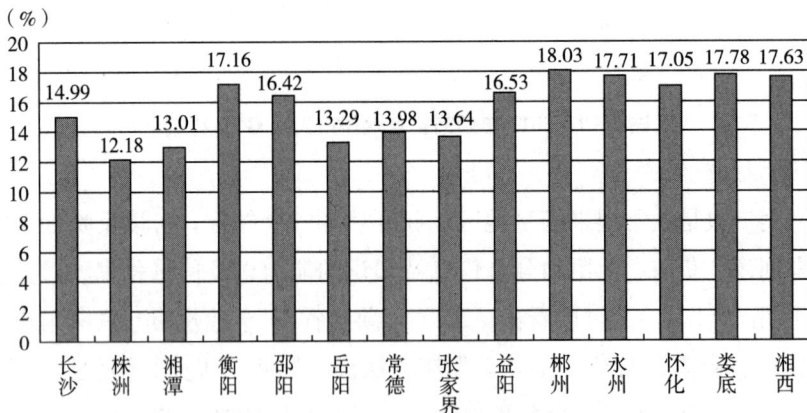

图2-4 2017年湖南省各地州市教育支出占公共财政支出的比重

　　公共图书馆图书总藏量是创新环境的一个重要指标，该指标从侧面反映了企业的创新环境情况。由图2-5可以看出，2017年湖南省各地州市公共图书馆图书总藏量的排名依次为：长沙、株洲、邵阳、衡阳、怀化、永州、常德、湘潭、郴州、岳阳、益阳、娄底、湘西、张家界。排名第一的长沙公共图书馆图书总藏量为9655千册，是排在最后一名张家界的24倍左右。湖南省排名前三的地州市公共图书馆图书总藏量数占全省总数的49%，而排名靠后的三个地州市公共图书馆图书总藏量数仅占全省总数的8%。由此可见，2017年湖南省各地州市公共图书馆图书总藏量存在严重的地区差异。

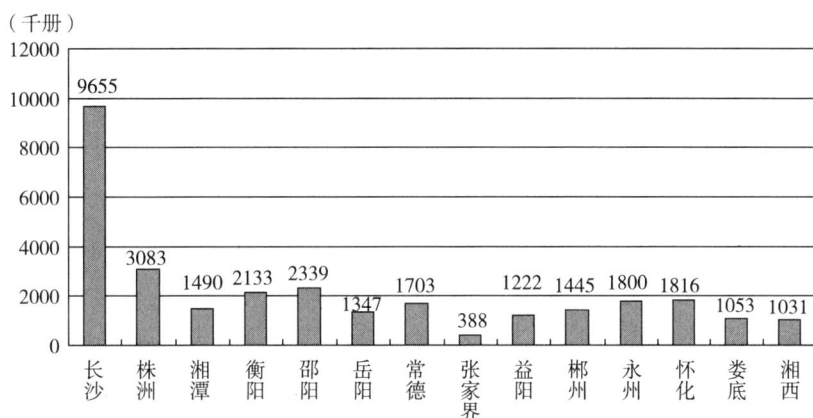

图2-5 2017年湖南省各地州市公共图书馆图书总藏量

2. 创新投入

该领域通过创新的人力财力投入情况、企业创新主体中发挥关键作用的部门（研发机构）的建设情况以及创新主体的合作情况来反映区域创新体系中各主体的作用和关系。该领域共设五个评价指标，分别是：F——规模以上工业企业每万名R&D人员全时当量（人年）、G——R&D经费内部支出占GDP的比重（%）、H——规模以上工业企业R&D经费内部支出/研发人数（万元/人）、I——规模以上工业企业R&D经费占主营业务收入比重（%）、J——规模以上工业企业办科技机构数所占比重（%）。

规模以上工业企业每万人R&D人员全时当量是规模以上工业企业R&D人员全时当量与规模以上工业企业R&D人员之比，每万人R&D人员全时当量反映的是自主创新人力的投入规模和强度，是衡量创新投入的一个指标。由图2-6可知，2017年湖南省14个地州市规模以上工业企业每万人R&D人员全时当量排名为：长沙、株洲、岳阳、湘潭、常德、衡阳、郴州、益阳、永州、邵阳、怀化、娄底、张家界、湘西。根据排名可知，排名第一的是长沙为40329人年，而排名最后的是湘西为219人年，两者相差40110人年，相差较大，说明2017年湖南省各地州市自主创新人力的投入规模较不平稳。

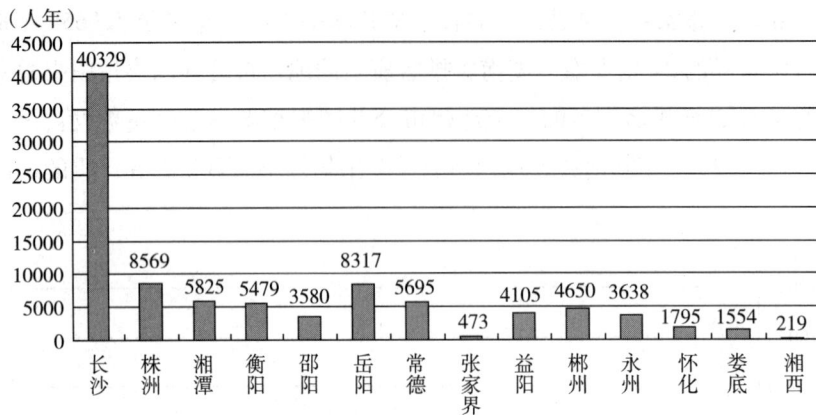

图 2-6　2017 年湖南省各地州市规模以上工业企业每万名 R&D 人员全时当量比较

R&D 经费内部支出占 GDP 比重是用来衡量创新投入的另一个指标，它是反映一个国家或者地区科技投入水平的核心指标，也是我国科技中长期科技发展规划纲要中的重要指标。从图 2-7 可以看出，2017 年湖南省各地州市 R&D 经费内部支出占 GDP 比重的排名是岳阳、长沙、湘潭、株洲、郴州、常德、邵阳、娄底、益阳、衡阳、怀化、永州、张家界、湘西。最多的是长沙 1.68%，最少的是湘西，仅为 0.14%，这说明湖南省各地州市的 R&D 投入强度极度不平衡，存在严重的地区差异性。

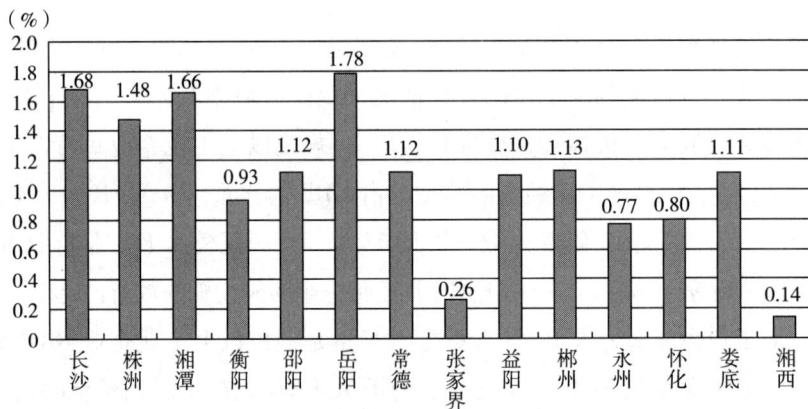

图 2-7　2017 年湖南省各地州市 R&D 经费内部支出占 GDP 比重的比较

规模以上工业企业每个 R&D 活动人员的 R&D 经费内部支出是用来衡量创新投入的一个指标，在一定程度上可以代表一个地区的创新能力，是用来反映一个地区在提高原始创新能力上所做的努力。由图 2-8 可以看出，2017 年湖南省各地州市规模以上企业每个 R&D 活动人员的 R&D 经费内部支出的排名依次是：娄底、岳阳、怀化、常德、湘潭、郴州、长沙、邵阳、益阳、株洲、衡阳、永州、张家界、湘西。湖南省各地州市每个 R&D 活动人员的 R&D 经费内部支出大部分都在 20 万元/人到 40 万元/人，整体来看，各地州市的原始创新能力差异不大，但从排名第一的娄底与排名最后的湘西相差为 56.14 万元/人来看，相差还是较大的，所以就湖南省而言，其原始创新能力的差异较大。

（万元/人）

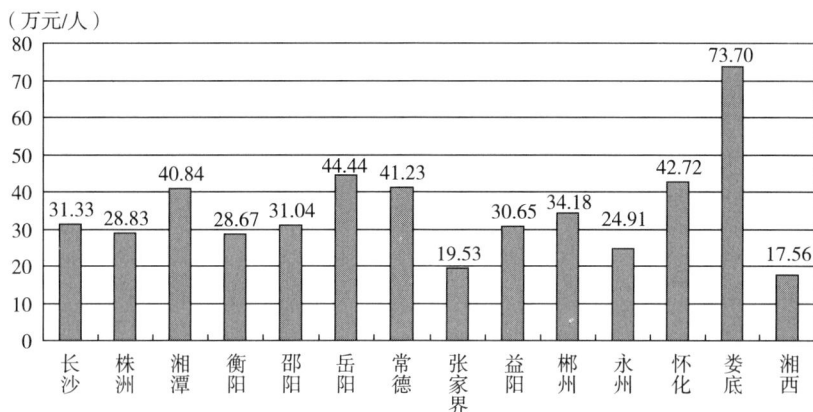

图 2 – 8　2017 年湖南省各地州市规模以上工业企业每个 R&D 活动
人员的 R&D 经费内部支出比较

企业是创新互动的主体，而工业企业又在企业创新活动中占主导地位。规模以上企业 R&D 经费与规模以上工业企业主营业务收入之比反映了创新活动主体的经费投入情况，是衡量一个地区创新投入的指标。由图 2 – 9 可以看出，2017 年湖南省各地州市规模以上企业 R&D 经费占主营业务收入比重的排名依次是：长沙、衡阳、常德、岳阳、株洲、怀化、张家界、湘潭、永州、郴州、邵阳、益阳、娄底、湘西。排名前三的长沙、衡阳、常德创新活动主体经费投入相差不大，其余的各地州市的创新活动经费投入都超过了 7%，但是湘西仅为 2.96%，所以，就湖南省而言要加大对湘西的投入和支持。

（%）

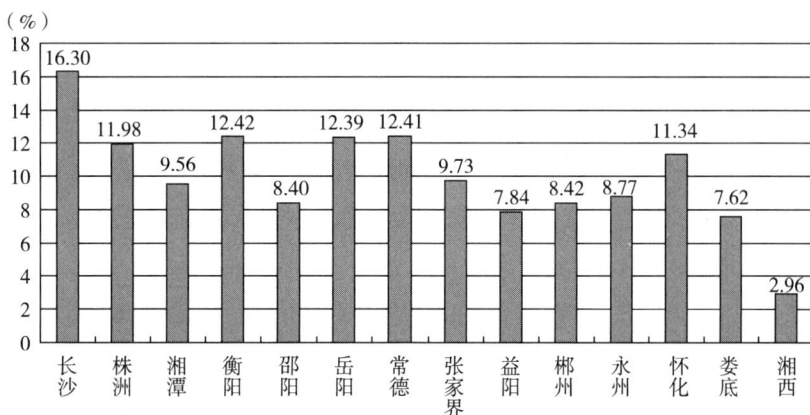

图 2 – 9　2017 年湖南省各地州市规模以上工业企业 R&D 经费
内部支出占主营业务收入比重的比较

规模以上工业企业办科教机构数所占比重是规模以上企业办科教机构数与规模以上企业数之比。企业办科教机构是指企业自办（或与外单位合办），管理上同生产系统相对独立（或者单独核算）的专门科技活动机构，主要任务是从事科技活动，该指标从侧面反映了企业持续开展科技活动的能力，是衡量创新投入的指标。由图 2 - 10 可以看出，2017 年湖南省各地州市规模以上工业企业办科教机构数所占比重排名为：长沙、永州、郴州、张家界、岳阳、衡阳、益阳、常德、湘西、怀化、邵阳、株洲、娄底、湘潭。从图 2 - 10 中我们可以看出，湖南省各地州市规模以上工业企业办科教机构数所占比重分为两个梯队，第一梯队是长沙、永州、郴州、张家界、岳阳、衡阳，比重都超过了 13%；第二梯队为益阳、常德、湘西、怀化、邵阳、株洲、娄底、湘潭，比重都不超过 12%；同一梯队内部之间相差不大，但是从排名第一的长沙是排名最后湘潭的 4 倍来看，湖南省 2017 年各地州市规模以上工业企业办科技机构数所占比重的地区差异化整体还是比较大的。

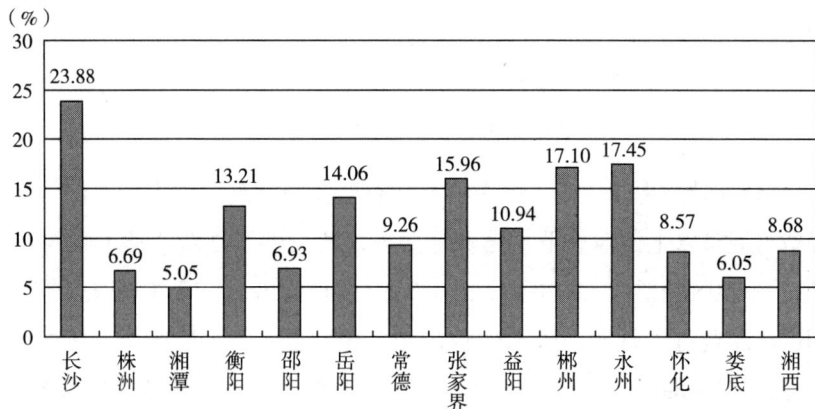

图 2 - 10　2017 年湖南省各地州市规模以上工业企业办科教机构数所占比重的比较

3. 创新产出

该领域通过论文、专利、商标、技术成果成交额反映创新中间产出结果，该领域共设六个评价指标，分别是 K——全部 R&D 项目数（项）、L——专利授权数（件）、M——发表科技论文数（篇）、N——每万名 R&D 人员技术合同成交金额（亿元/万人）、O——新认定的总的商标数（件）、P——规模以上工业企业新产品开发项目数（项）。

全部 R&D 项目（课题）数是指研发活动项目的数量，是衡量地区创新产出的一个指标，该指标反映了研发活动的产出水平和效率。由图 2 - 11 可以看出，2017 年湖南省各地州市全部 R&D 项目（课题）数排名依次为：长沙、株洲、常德、岳阳、衡阳、湘潭、郴州、益阳、永州、邵阳、怀化、娄底、张家界、湘西。排名第一的长沙的 R&D 项目数占了全省 R&D 项目数的 38.89%，而排名最后的湘西仅占全省的 0.49%，差距非常大。由此可见，湖南省 2017 年的 R&D 活动项目主要集中在某些地级市，导致地区差距非常大。

（项）

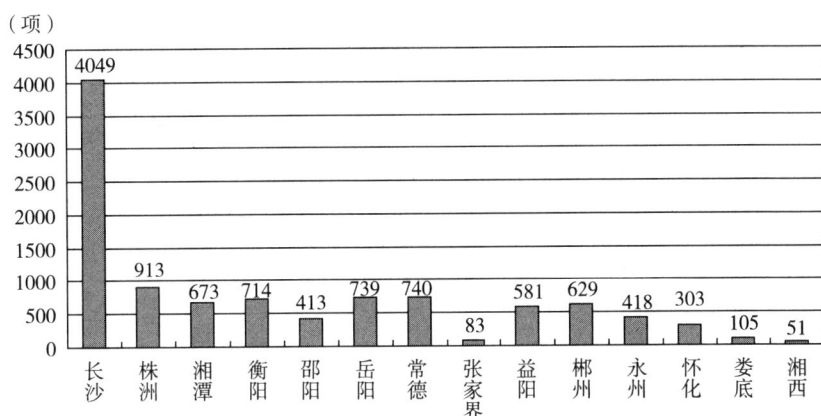

图 2-11　2017 年湖南省各地州市 R&D 项目（课题）数比较

专利授权数是指国内职务专利授权数，专利授权数是创新活动中间产出的又一重要成果形式，同时也是反映研发活动的产出水平和效率的重要指标。由图 2-12 可以看出，2017 年湖南省各地州市专利授权数排名依次是：长沙、株洲、岳阳、常德、衡阳、湘潭、永州、郴州、益阳、邵阳、怀化、娄底、张家界、湘西。从图 2-12 中可以看出，排名第一的长沙在 2017 年的专利授权数为 9521 件，比排名第二的株洲多了5666 件，相差非常大，说明长沙研发活动的产出水平很高。其中，长沙的专利授权数占了全省总数的 44.66%，而且是排名最后湘西的 113 倍。由此可见，湖南省各地州市的研发水平存在着非常大的地区差异。

（件）

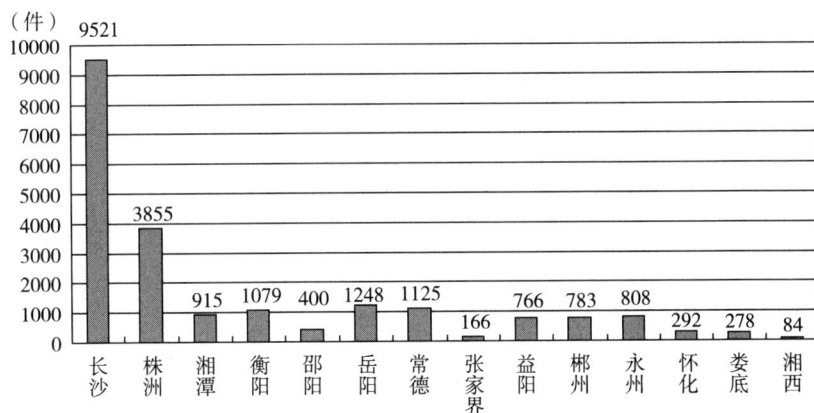

图 2-12　2017 年湖南省各地州市专利授权数比较

科技论文是指事业单位立项的由科技项目产生的并在有正规刊号的刊物上发表的学术论文，科技论文是创新活动中产出的重要成果形式之一。该指标反映出研发活动的产出水平和效率。由图 2-13 可以得出，2017 年湖南省各地州市发表论文数排名为：长沙、衡阳、湘潭、株洲、益阳、常德、邵阳、岳阳、永州、娄底、怀化、郴州、湘西、张家界。其中排名前三的长沙、衡阳、湘潭，占湖南省 2016 年各地州市总共发表科技论文的 76.84%，排名后三名的郴州、湘西、张家界，仅占湖南省 2017 年各地州市总共发表科技论文的 2.71%。发表科技论文篇数第一的长沙是排名最后的张家界的 615 倍，由此可见，2017 年湖南省各地州市发表科技论文数具有明显的地区差异。

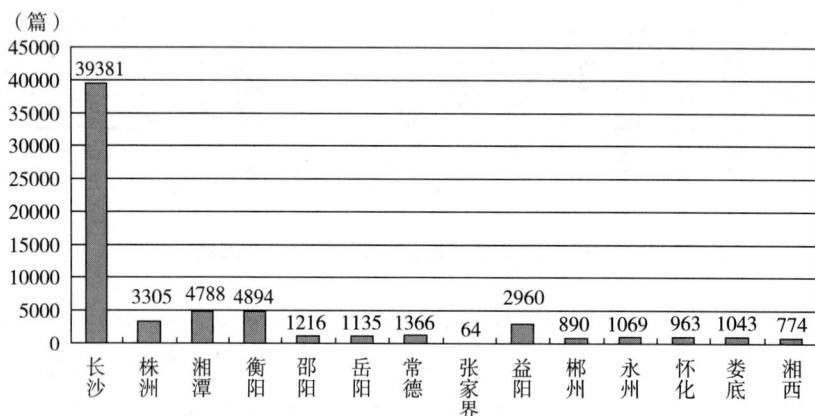

图 2-13　2017 年湖南省各地州市发表论文数比较

技术市场成交额是指全国技术市场合同成交项目的总金额，是衡量创新产出的一个指标。该指标反映技术转移和科技成果转化的总体规模。由图 2-14 可以看出，2017 年湖南省各地州市每万名 R&D 人员技术合同成交额排名为：湘潭、株洲、衡阳、张家界、怀化、常德、益阳、娄底、邵阳、长沙、湘西、郴州、永州、岳阳。排名前三的湘潭、株洲、衡阳达到了每万名 R&D 人员技术合同成交额超过 8 亿元，而排名靠后的郴州、永州、岳阳每万名 R&D 人员技术合同成交额均未达到 1 亿元。这说明湖南省各地州市每万名 R&D 人员技术合同成交额存在着地区差异。

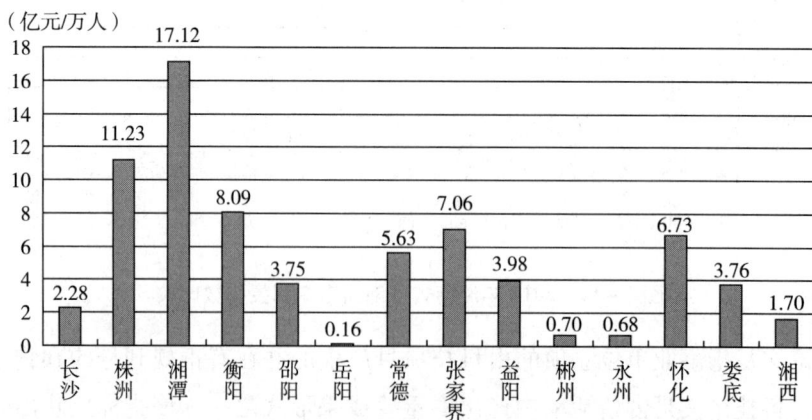

图 2-14　2017 年湖南省各地州市每万名 R&D 人员技术合同成交额比较

商标拥有量指企业拥有的在国内外知识产权部门注册的受知识产权法保护的商标数量。该指标在一定程度上反映出企业自主品牌的拥有情况和自主品牌的经营能力，是创新产出的一个指标。由图 2 – 15 可以看出，2017 年湖南省各地州市新认定的总的商标数排名依次为：长沙、株洲、邵阳、岳阳、常德、衡阳、益阳、郴州、湘潭、永州、娄底、怀化、湘西、张家界。除了排名第一的长沙市和排名最后的张家界市新认定的商标数分别为 2889 件和 213 件。其余的地州市新认定的商标数相差不是很大。

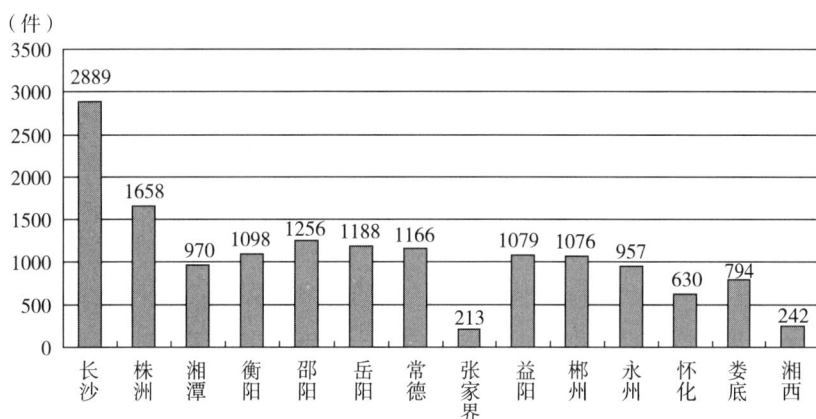

图 2 – 15　2017 年湖南省各地州市新认定的总的商标数比较

新产品开发是指从研究选择适应市场需要的产品开始到产品设计、工艺制造设计，直到投入正常生产的一系列决策过程。就广义而言，新产品开发既包括新产品的研制，也包括原有的老产品的改进与换代。新产品开发是企业研究与开发的重点内容，也是企业生存和发展的战略核心之一。企业新产品开发的实质是推出不同内涵与外延的新产品，是衡量创新产出的一个指标。从图 2 – 16 中可以看出，2017 年湖南省各地州市规模以上工业企业新产品开发项目数由高到低排名依次是：长沙、株洲、衡阳、湘潭、常德、益阳、岳阳、永州、郴州、邵阳、怀化、娄底、张家界、湘西。从图 2 – 16 中可以清楚地发现，长沙在 2017 年规模以上工业企业新产品开发项目数为 4640 项，占全省总数的 45.47%；而排名最后的湘西规模以上工业企业新产品开发项目数仅为 44 项，占全省总数的 0.43%。由此可见，湖南省规模以上工业企业新产品开发项目主要集中在某些地级市，两极分化比较严重。

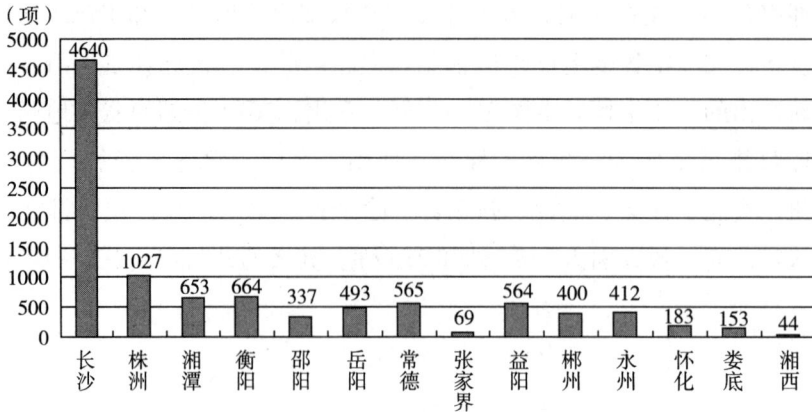

图 2-16 2017 年湖南省各地州市规模以上工业企业新产品开发项目数比较

4. 创新绩效

该领域通过产品结构调整、产业国际竞争力、节约能源、经济增长方面，反映创新对经济社会发展的影响，该领域共设五个评价指标，分别是：Q——第三产业增加值占 GDP 的比重（%）、R——规模以上工业企业新产品销售收入占主营业务收入的比重（%）、S——单位 GDP 能耗（吨标准煤/万元）、T——劳动生产率（万元/人）、U——高新技术产业对经济增长的贡献率（%）。

第三产业增加值占 GDP 的比重反映一个地区的产业结构，比重的变化代表了该地区产业机构升级的水平。该指标用于反映创新对产业结构调整的效果，是衡量创新成效的指标。从图 2-17 可以看出，2017 年湖南省各地州市第三产业增加值占 GDP 的比重排名为：常德、张家界、湘潭、益阳、怀化、长沙、衡阳、株洲、邵阳、湘西、郴州、永州、岳阳、娄底。由图 2-17 中可得，除了排名第一的常德第三产业增加值占 GDP 的 7.64% 和排名最后的娄底第三产业增加值占 GDP 的 5.34%，其余的地级市第三产业增加值占 GDP 比重都在 6%~8%。所以从总体上来看，湖南省各地级市的差异不大。

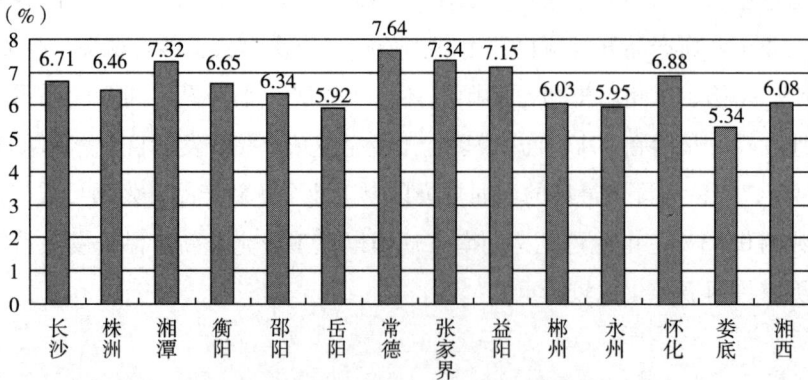

图 2-17 2017 年湖南省各地州市第三产业增加值占 GDP 比重比较

新产品销售收入是指企业在主营业务收入和其他业务收入中销售新产品实现的收入，是反映企业创新成果，即将新产品成功推向市场的指标。新产品的销售对提高经济效益具有一定作用，并且在一定区域或行业范围内具有先进性、新颖性和适用性。从图2-18可以看出，2017年湖南省各地州市规模以上工业企业新产品销售收入占主营业务收入的比重排名由高到低依次为：长沙、岳阳、常德、娄底、衡阳、湘潭、郴州、株洲、益阳、邵阳、永州、张家界、怀化、湘西。其中长沙、岳阳、常德三个地州市的比重都超过了20%，仅有益阳、邵阳、永州、张家界、怀化、湘西六个地州市的比重没有超过10%。由此对比可以看出，2017年湖南省各地州市规模以上工业企业创新成果具有明显的地域差异。

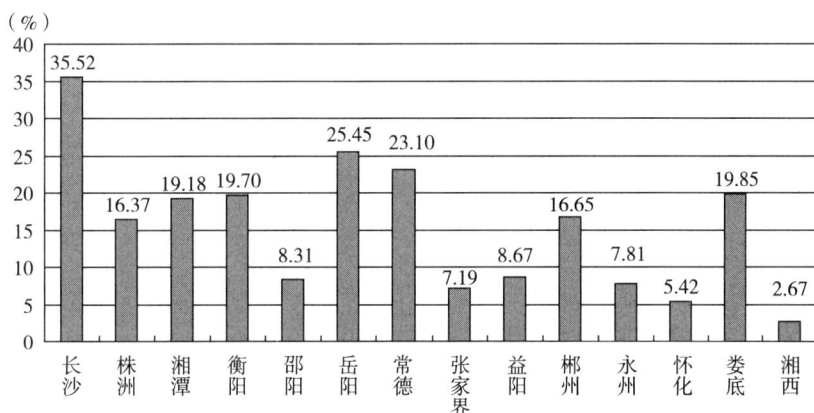

图2-18　2017年湖南省各地州市规模以上工业企业新产品
销售收入占主营业务收入的比重比较

单位GDP能耗指每产出万元国内生产总值（GDP）所消耗的以标准煤计算的能源。节约能源是企业技术创新的目的之一，创新是节约能源的途径和保障，对节约能源起决定性因素。该指标反映创新对降低能耗的效果，该指标越小表明创新对降低能耗的效果越明显，是衡量创新成效的一个指标。从图2-19中可以看出，2017年湖南省各地州市单位GDP能耗效率排名由低到高依次为：长沙、张家界、永州、湘西、怀化、常德、株洲、衡阳、邵阳、益阳、郴州、湘潭、岳阳、娄底。由分析可以看出，2017年湖南省各地州市单位GDP能耗除了娄底、岳阳、湘潭较高外，其他地州市差别不大。

（吨标准煤/万元）

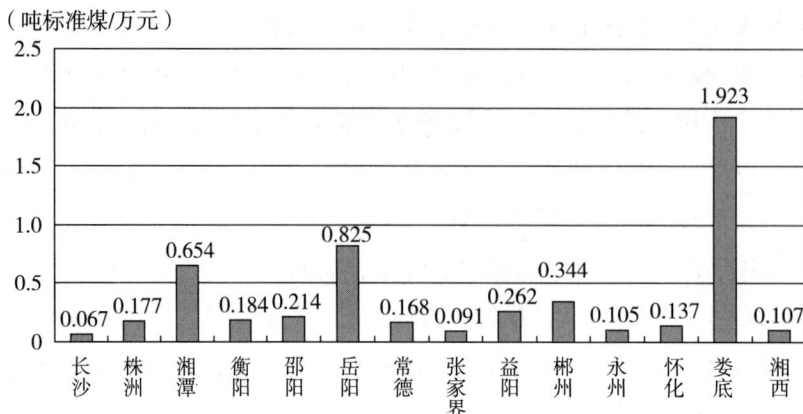

图 2 - 19 2017 年湖南省各地州市单位 GDP 能耗比较

　　劳动生产率是指一定时期内工业总产值与年平均从业人员之比。创新是影响劳动生产率的重要因素，提高劳动生产率是企业创新的目的之一。该指标反映创新对工业经济发展的促进作用，是衡量创新成效的一个指标。从图 2 - 20 可以看出，2017 年湖南省各地州市劳动生产率排名由高到低依次为：长沙、岳阳、湘潭、常德、郴州、株洲、益阳、娄底、衡阳、怀化、永州、邵阳、湘西、张家界。其中，长沙、岳阳、湘潭、常德、郴州、株洲、益阳七个地级市劳动生产率都超过了 20 万元/人，娄底、衡阳、怀化、永州、邵阳、湘西的劳动生产率都在 10 万元/人到 20 万元/人，剩下的张家界两个地级市的劳动生产率没有达到 10 万元/人。所以从总体来看，湖南省各个地州市的发展较为均衡。

（万元/人）

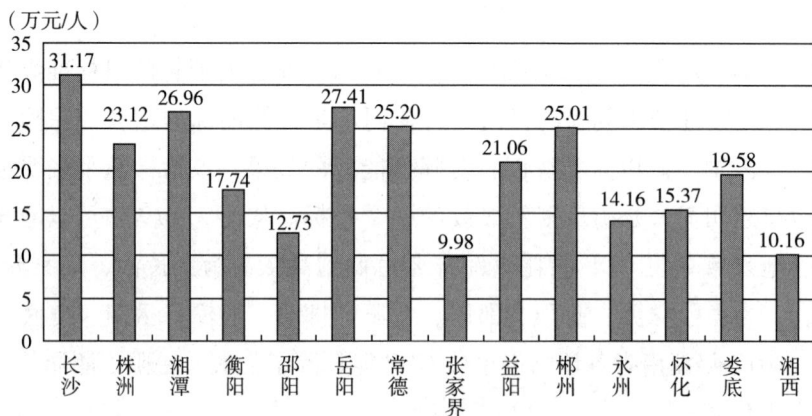

图 2 - 20 2017 年湖南省各地州市劳动生产率比较

高新技术产业对经济增长的贡献率指广义技术进步对经济增长的贡献份额，是地区高新技术产业增加值的增量与地区 GDP 增量之比，即扣除了资本和劳动力之外的其他因素对经济增长的贡献，是衡量科技竞争实力和科技转化为现实生产力的综合性指标。由图 2 - 21 可以看出，2017 年湖南各地州市高新技术产业对经济增长的贡献率排名为：长沙、湘潭、株洲、郴州、岳阳、益阳、邵阳、永州、娄底、衡阳、怀化、常德、湘西、张家界。其中，长沙高新技术产业增量对地区生产总值增量的贡献率达到了 34.38%；而最引人注目的是张家界高新技术产业增量对地区生产总值增量的贡献率是 2.61%。由此可见，湖南省各地州市高新技术产业对经济增长的贡献率存在明显的地区差异。

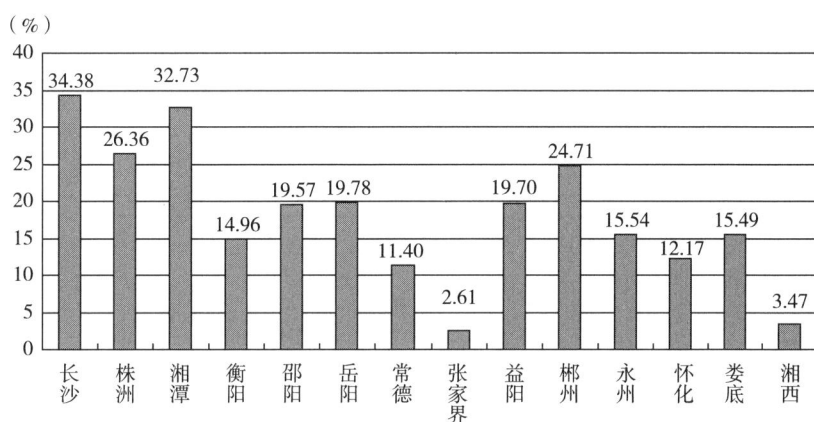

图 2 - 21   2017 年湖南省各地州市高新技术产业对经济增长的贡献率比较

（三）湖南省各市州创新指标排名及综合得分排名

本次评价方法运用主成分分析法计算各地州市的得分进行排名（见表 2 - 2），先将各地州市在每个指标下的原始数据进行标准化处理，标准化处理的方法采用 z - score 标准化，具体步骤就是首先算出原始数据的均值和标准差 s_i，然后根据公式 $z_{ij} = (x_{ij} - x_i)/s_i$ 对数据进行标准化处理。其中，z_{ij} 为标准化后的变量值，x_{ij} 为实际变量值。然后将标准化后的数据同时加上一个正数，因为标准化处理后的数据有正有负，这样就可以得到全部都是正数的值，这些正数就是每个地州市在各指标下的位置，即为这个地州市就这个指标在湖南省的排名。根据指标体系中给出的权重算出二级指标的各地州市的相对位置，最后根据二级指标在指标体系中的权重计算出 2017 年湖南省 14 个地州市综合创新能力的相对位置，就得到各层次的结果进行比较分析。由上述方法可得到各地州市在各指标的排名（见表 2 - 2）。

表2-2 2017年湖南省各地州市在各创新指标中的排名

地州市	A	B	C	D	E	F	G	H	I	J	K	L	M	N	O	P	Q	R	S	T	U
长沙	1	1	1	9	1	1	2	7	1	1	1	1	1	10	1	1	6	1	1	1	1
株洲	3	3	6	14	2	2	4	10	5	12	2	2	4	2	2	2	8	8	7	6	3
湘潭	2	2	12	13	8	4	3	5	8	14	6	6	3	1	9	4	3	6	12	3	2
衡阳	6	7	2	5	4	6	10	11	2	6	5	5	2	3	6	3	7	5	8	9	10
邵阳	9	13	5	8	3	10	7	8	11	11	10	10	7	9	3	10	9	10	9	12	7
岳阳	4	4	4	12	10	3	1	2	4	5	4	3	9	14	4	7	13	2	13	2	5
常德	7	5	3	10	7	5	6	4	3	8	3	4	6	6	5	5	1	3	6	4	12
张家界	13	10	14	11	14	13	13	13	7	4	13	14	4	14	13	2	12	13	2	14	14
益阳	5	8	11	7	11	8	9	9	12	7	8	9	5	7	7	8	4	9	10	7	6
郴州	8	6	7	1	9	7	5	3	6	3	8	12	12	5	8	9	11	7	11	5	4
永州	10	11	8	3	6	9	12	12	9	2	9	7	9	13	10	8	12	11	3	11	8
怀化	11	12	9	6	5	11	11	3	6	10	11	11	5	12	11	5	13	5	10	11
娄底	14	9	10	2	12	12	8	1	13	13	12	12	10	8	11	12	14	4	14	8	9
湘西	12	14	13	4	13	14	14	14	14	9	14	14	11	14	14	14	14	4	13	13

资料来源：根据《2018年湖南统计年鉴》原始数据计算而来，下同。

由表2-22可以看出，各地州市按照本报告的得分方法得出的排名情况与原始数据的排名情况是一样的，即本书的得分排名方法是可行的。进一步地，根据一级指标在指标体系中的权重计算出每个地州市的综合得分得到排名，如表2-3所示。

表2-3 各一级指标得分和综合得分及其排名

地州市	创新环境		创新投入		创新产出		创新绩效		综合	
	得分	排名	得分	排名	得分	排名	得分	排名	得分	排名
长沙	4.49	1	3.77	1	3.92	1	3.68	1	3.90	1
株洲	1.99	4	2.06	6	1.90	2	2.74	4	2.23	3
湘潭	1.92	5	2.03	8	1.67	3	3.12	2	2.27	2
衡阳	2.15	2	2.03	7	1.40	4	2.47	8	1.98	5
邵阳	1.83	8	1.61	12	1.08	7	2.06	10	1.62	10
岳阳	1.82	9	2.72	2	1.07	8	2.50	7	1.93	6
常德	1.86	7	2.16	3	1.27	5	2.99	3	2.09	4
张家界	1.14	14	1.44	13	0.80	13	1.95	11	1.35	13
益阳	1.81	10	1.72	11	1.16	6	2.54	6	1.83	8
郴州	2.09	3	2.07	5	0.99	9	2.57	5	1.87	7
永州	1.88	6	1.79	10	0.93	11	1.94	12	1.55	11
怀化	1.76	11	1.86	9	0.97	10	2.12	9	1.63	9
娄底	1.74	12	2.11	4	0.87	12	1.44	14	1.39	12
湘西	1.54	13	0.63	14	0.62	14	1.49	13	1.06	14

由表 2 - 3 可以看出，长沙在创新环境、创新投入、创新产出、创新绩效四个一级指标的排名均位于全省第一，综合排名也居全省第一；株洲在创新环境和创新绩效中均排名第四，在创新产出中排名第二，创新环境、创新投入的排名下降，创新绩效排名上升，与 2016 年相比有较大波动，在总的排名中居于全省第三，与 2016 年相比有所下降；湘潭在创新环境和创新绩效两个一级指标中排名与 2016 年相比有很大的进步，但是湘潭在创新投入中排名相对靠后，位于全省第八，所以湘潭在这一方面有待加强，总体来说，综合排名与 2016 年相比提升了 2 个名次，位于全省第二；衡阳在创新产出排名第四，在创新环境中排名全省第二，在创新投入中排名全省第七位，综合排名与 2016 年相比保持不变，位于全省第五；邵阳在创新投入和创新绩效中排名相对靠后，分别位于全省第十二和第十，在创新环境中排名全省第八，总排名与 2016 年相比有所上升，位于全省第十；岳阳在创新投入中名列前茅，排名第二，但与 2016 年相比，在创新投入、创新产出和创新绩效中排名均有所下降，创新环境排名有所上升，综合排名不变，排名全省第六；常德在创新环境、创新投入和创新绩效中的排名与 2016 年相比均有所下降，综合排名也有所下降；张家界在创新投入、创新产出中排名全省第十三，在创新环境中排名为全省第十四，综合排名为全省第十三；益阳在创新环境、创新产出和创新绩效中排名均有所上升，综合排名位于全省第八；郴州在创新环境中排名靠前，为全省第三，在创新投入和创新绩效中排名均位于全省第五，而在创新产出中排名相对靠后，位于全省第九，综合排名位于全省第七；永州在创新环境中排名分别为全省第六，在创新投入和创新产出和创新绩效中排名靠后，综合排名为全省第十一；怀化在创新投入和创新绩效中排名相对于 2016 年来说有较大的进步，均位于全省第九，创新环境和创新产出有所下降，综合排名相对 2016 年保持不变，为全省第十；娄底在创新环境、创新产出和创新绩效中排名相对靠后，在创新投入中排名有较大的提升，为全省第四，但创新绩效有很大的下降，综合排名相对 2016 年下降较多，为全省第八；湘西在四个一级指标中排名均位于全省后面位置，在创新投入、创新产出中排名全省最后，在综合排名中也位于全省最后一名。

（四）湖南省各市州创新能力进步指数及其排名

为了消除区域资源和禀赋差异对区域创新发展综合能力的影响，我们继续构建区域创新发展努力指数来测度各地州市推进发展的努力程度。具体方法是用创新发展各三级指标报告期数据（2017 年）除以基期数据（2016 年），得到各三级指标指数，再按照创新指标体系中各三级指标在二级指标体系中的权重加权得到各地州市的二级创新指标指数；用同样的方法，把各二级指标按照相应的权重求和，得到四个一级指标的指数，最后把四个一级指标指数求加权和，得到各区域创新发展总指数，并把总指数称为"进步指数",它可以反映各地州市在推进区域创新发展进程中的努力程度。各地州市每个二级指标指数、一级指标指数和总指数如表2-4和表2-5所示。

表 2-4　湖南省 14 个地州市二级指标进步指数

地州市	A	B	C	D	E	F	G	H	I	J	K	L	M	N	O	P	Q	R	S	T	U
长沙	0.90	1.06	1.23	1.00	2.63	1.07	1.15	1.31	12.11	1.13	1.28	1.13	1.13	0.99	1.03	1.39	0.98	1.05	0.92	0.48	2.11
株洲	0.70	1.01	1.21	0.93	1.49	1.05	0.84	0.88	8.97	0.84	1.48	1.22	1.07	0.89	1.06	1.49	1.04	0.92	0.98	0.90	0.41
湘潭	0.86	1.07	1.17	1.03	1.05	1.02	1.12	1.15	11.31	0.97	1.22	1.13	1.12	0.93	1.07	1.34	1.23	1.48	0.93	0.51	0.73
衡阳	0.88	1.03	1.24	1.06	1.05	0.99	1.21	1.09	11.68	0.84	1.26	1.06	1.01	0.84	1.10	1.21	0.79	0.94	0.98	0.43	0.68
邵阳	0.73	1.06	1.28	0.98	1.25	0.99	1.18	1.09	11.07	0.92	1.33	1.15	1.04	0.89	1.11	1.25	1.21	1.33	0.94	0.52	0.93
岳阳	0.77	1.00	1.19	1.01	1.05	1.09	1.10	0.99	12.40	0.78	1.21	0.92	0.91	0.90	0.92	1.19	1.12	0.91	0.99	0.69	0.57
常德	0.77	1.05	1.18	0.98	1.05	1.07	0.95	0.89	8.85	0.93	1.16	1.29	0.99	0.90	1.15	1.10	1.14	0.84	0.95	0.38	0.66
张家界	1.97	1.09	1.25	0.92	1.27	2.49	1.18	0.68	12.57	1.36	2.13	1.31	4.00	0.52	1.73	0.95	1.28	0.92	0.23	0.59	
益阳	0.99	1.08	1.28	1.02	1.04	1.19	1.17	0.98	12.34	0.95	1.42	1.15	1.43	0.76	1.06	1.34	1.13	1.11	0.93	0.66	0.65
郴州	0.78	0.99	1.23	1.04	0.91	1.12	1.25	1.01	13.69	1.02	1.60	1.17	1.04	0.84	1.03	1.65	1.07	1.40	1.01	0.45	0.58
永州	1.18	1.05	1.26	0.99	1.05	2.64	1.48	1.06	12.94	1.21	1.72	2.00	1.13	0.70	1.14	1.26	0.92	0.89	0.95	0.44	0.31
怀化	1.02	1.00	1.28	0.97	1.03	1.41	1.77	1.44	17.92	1.43	1.58	2.37	0.86	0.77	1.05	1.17	0.92	1.28	0.99	0.29	14.22
娄底	0.56	1.00	1.26	1.02	1.09	0.83	1.24	1.57	11.70	0.93	1.26	1.26	0.78	1.26	1.07	1.04	1.32	0.99	0.86		
湘西	2.38	1.08	1.22	1.09	1.04	0.82	1.25	1.19	11.75	1.48	1.24	2.47	0.78	1.06	0.89	1.13	1.50	0.74	0.92	0.28	0.48

表 2-5　湖南省 14 个地州市一级指标进步指数和总指数及其排名

地州市	创新环境		创新投入		创新产出		创新绩效		2017 年总指数		2016 年总指数
	得分	排名	得分	排名	得分	排名	得分	排名	得分	排名	排名
长沙	1.36	1	3.35	5	1.16	8	1.11	2	1.50	3	14
株洲	1.07	6	2.51	14	1.20	6	0.85	9	1.26	13	11
湘潭	1.04	10	3.11	11	1.14	9	0.98	4	1.36	8	2
衡阳	1.05	9	3.16	10	1.08	12	0.76	13	1.28	12	4
邵阳	1.06	8	3.05	12	1.13	10	0.99	3	1.36	9	8
岳阳	1.00	12	3.27	8	1.01	14	0.86	8	1.29	11	13
常德	1.00	11	2.54	13	1.10	11	0.80	10	1.19	14	12
张家界	1.30	3	3.65	3	1.79	1	0.79	11	1.65	2	1
益阳	1.08	5	3.33	6	1.20	7	0.90	7	1.39	7	9
郴州	0.99	13	3.62	4	1.22	5	0.90	6	1.43	5	10
永州	1.10	4	3.86	2	1.33	2	0.70	14	1.45	4	5
怀化	1.06	7	4.79	1	1.30	3	3.54	1	2.57	1	7
娄底	0.99	14	3.25	9	1.02	13	0.94	5	1.32	10	3
湘西	1.36	2	3.30	7	1.26	4	0.78	12	1.42	6	6

由表 2 - 5 中的总指数可以得出，各地州市的进步程度排名依次为：怀化、张家界、长沙、永州、郴州、湘西、益阳、湘潭、邵阳、娄底、岳阳、衡阳、株洲、常德。2017 年湖南省各地州市进步指数排名与 2016 年相比，长沙、益阳、郴州、永州、怀化的排名均有上升，其中长沙从 2016 年的第十四名上升到 2007 年的第三名，怀化从 2016 年的第七名提升到 2017 年的第一名，其他地州市的排名均有所下降。

（五）湖南省各地州市综合创新能力总体评价

为了评价湖南省各市州的综合创新能力，运用 SPSS 22.0 软件，采用系统聚类分析方法将各市州综合创新能力进行分类。第一类为长沙；第二类为株洲、湘潭、衡阳、常德、岳阳；第三类为邵阳、张家界、益阳、郴州、永州、怀化、娄底、湘西，如表 2 - 6 所示。

表 2 - 6　湖南省各地州市综合创新能力分类

创新能力	地州市
第一类	长沙
第二类	株洲、湘潭、衡阳、常德、岳阳
第三类	邵阳、张家界、益阳、郴州、永州、怀化、娄底、湘西

注：运用软件 SPSS 22.0 的系统聚类分析方法计算而来。

三、创新引领湖南高质量发展的目标与能力建设

（一）创新引领湖南高质量发展的目标

习近平总书记在中国共产党第十九次代表大会报告中明确指出，我国社会的主要矛盾已转化为人民日益增长的美好生活需要和不平衡、不充分发展之间的矛盾，中国经济已由高速增长阶段转向高质量发展阶段。高质量发展，就是能够很好地满足人民日益增长的美好生活需要的发展，是体现新发展理念的发展，是创新成为第一动力、协调成为内生特点、绿色成为普遍形态、开放成为必由之路、共享成为根本目的的发展。

创新既是高质量发展的内涵之一，更是高质量发展的引擎。只有通过创新引领，

才能实现包含创新、绿色、协调、开放与共享新发展理念的高质量发展。

创新驱动湖南高质量发展总体来说就是要通过创新引领实现湖南经济社会的转型发展、绿色发展、协调发展、开放发展与共享发展。具体来说要实现湖南高质量发展的五大目标。

（1）综合效益提升目标。实现经济增长"三量齐升"；科技进步对经济增长的贡献率和全员劳动生产率等能反映科技创新的指标力争中部地区领先，全国前列。

（2）产业转型发展目标。三次产业结构不断调整优化，高端装备制造业和现代服务业的比重明显提升；高新技术产业不断发展壮大；新兴数字化产业、人工智能等新行业、新业态和新商业模式（"三新"经济）稳步健康发展，并居全国前列。

（3）科技精准扶贫目标。农村信息化程度不断提高；农村科技服务体系不断完善；农业现代化生产设备不断更新；农村创新创业培训体系不断健全；农业现代产业化经营模式不断完善，科技扶贫贡献率在80%以上。

（4）两型绿色发展目标。产业资源能源利用效率不断提升；工业"三废"排放浓度不断降低；雾霾污染天数不断减少；节水农业比重提升；昭山绿心保护与湘江环境治理不断强化。

（5）中部开放崛起目标。高新技术产品出口比重不断提升；具有自主知识产权和品牌的出口产品比重不断提升；跨境电子商务与现代物流体系不断完善；营商便利化环境不断优化；中部国际商贸城建设成效显著。

（二）创新引领湖南高质量发展的能力建设

湖南要实现创新引领高质量发展的五大目标，必须增强以下四个方面的创新能力建设，不断探索适合湖南高质量发展的新路子。

一是要不断提升科技原始创新的能力。增强长株潭自主创新示范区的辐射能力，开展创新扶贫，提升总体区域创新能力；加大市州创新型大学、企业、人才、区县的培育力度；增加体现国际产业发展趋势的前沿技术研发投入力度；强化重大科研专项，着力解决制约湖湘传统优势产业发展的关键核心技术和零部件研发瓶颈；提升治理三湘四水环境污染的绿色技术创新能力。

二是要不断增强科技成果转化的能力。完善湖南知识产权交易市场；搭建市州技术合同交易平台；建立湖湘创业基金，活跃资本市场，孵化科创型企业成长；优化湖湘"双创"环境，培育湖湘创业英才；鼓励本地高校和科研院所科技成果在三湘创业热土市场化；探索江南、江麓等军工企业高端制造军用技术民品化。

三是要不断增强创新引领开放的能力。打造湖湘品牌，注入湖湘元素，增强湖湘产品和服务的创新能力，增加出口产品的智能化、绿色化、自主化和定制化水平；创新外贸方式、外贸空间和外贸流程，争创湖湘自由外贸区；创新湖湘旅游资源平台，拓展湖湘海外旅游市场。

四是要不断增强精准科技扶贫的能力。高校和科研院所对湘西和湘中贫困地区进行重点扶贫，科技人员定点瞄准贫困家庭帮扶对象；鼓励贫困家庭成员到地方高职院校进行免费的农业和互联网技术培训；升级农村移动互联网和交通基础设施，畅通农产品线上线下流通渠道；鼓励湘籍大学生返乡进行科技创业扶贫。

四、创新引领湖南高质量发展的问题与对策建议

（一）创新引领湖南高质量发展存在的问题[①]

第一，开放发展基础较为薄弱。目前，虽然湖南生产总值在全国排名为第十位，但人均生产总值排第十六位，属于中等偏下的水平。湖南省第三产业比重在全国排第十五位，突发的环境次数事件中在全国排第八位，货物周转量在全国排名第十四位，交通运输效率在全国排名第十二位，互联网普及率在全国排名第十九位。

第二，外资利用效益有待提高。外资利用和对外贸易是发展开放型经济的主要评价指标。虽然目前湖南利用外商投资规模在全国排名第五位，单位外资的 GDP 比重在全国排名第五位；但用货物进出口总额测度的外贸水平在全国排名第十九位，外资企业就业贡献度在全国排名第十一位；外资企业单位利用能源消耗率在全国排第五位，这方面湖南还有待加强改进。

第三，出口产品竞争力有待提高。相对于全国平均水平，湖南省出口产品主要是劳动密集型产品。依靠廉价劳动力资源参与国际分工，并处于低附加值的生产环节。虽然高新技术产品出口增长迅速，但高新技术产品中的核心技术大多掌握在外商手中，且外商投资企业的主要高新技术产品出口占其中的 80% 以上，拥有自主知识产权的高新技术产品出口并不多。

第四，开放型经济区域发展不平衡。除长沙市外，湖南省的开放型经济水平依然很低，部分地州市仍然停留在开放型经济的低水平阶段，各地州市的比较优势不突出。比较发现排名靠前的地州市，都是位于交通发达地区和创新水平相对较高的地区。值得注意的是，自从"长株潭"城际铁路通车之后，"长株潭"城市群更加趋向一体化

---

① 以下分析结果主要根据《2018 中国统计年鉴》相关指标数据计算得到。

发展，开放型经济发展优势更加明显。

第五，创新引领开放能力差异较大。各地区的创新引领开放崛起能力存在差异，各地州市创新水平对于经济开放程度的贡献均值为 0.386，超过平均水平的地州市有 6 个，依次为长沙、株洲、湘潭、衡阳、郴州和邵阳。而超过 0.5 以上的地州市只有 3 个，依次为长沙、株洲和湘潭。

第六，总体综合创新能力有待提高。湖南省综合创新能力指数全国排第十二位，较前几年略有下降。虽然湖南的研发投入在全国排第八位，申请专利数在全国排第十一位，有效发明专利数排第九位，但湖南新产品开发项目数在全国排第十六位，所以通过产品创新带动开放发展的能力更为薄弱。

（二）依靠创新引领，推进区域高质量发展的对策

第一，加大创新引领资金投入。通过加大教育和科技投入、道路基础设施建设和通商口岸建设，能够更快地实现湖南省经济开放式发展。要充分发挥创新引领资金投入对湖南开放崛起的撬动作用，提升本地的创新水平，更能促进本地的经济开放程度。加大战略性新兴产业的创新引领资金投入，提升新兴产业集群国际竞争能力，着力优化区域产业布局，对接 500 强提升产业链，大力培育市场主体和品牌，不断拓展产业市场空间。加快建立现代财政制度，充分发挥财政政策和资金的带动引导作用，推进产业项目建设和转型升级，支持构建全面开放新格局，提振实体经济，厚植财源税源，推动全省经济高质量发展。

第二，实施开放比较优势战略。湖南省的开放型经济发展仍有巨大潜力。沿边地市要结合自身资源禀赋条件，发展具有比较优势的现代农牧业、资源精深加工业、机械制造业、旅游业、战略性新兴产业和现代服务业等。利用区位优势、资源优势和政策支持，发展外向型产业集群和产业基地。通过具有比较优势产业的发展，鼓励本地企业与国内外大企业合作，引进国内外先进技术和管理经验，提高企业自主创新能力和塑造品牌，为开放型经济做实自我发展的微观基础。不断拓展提升全球供给能力，对接"一带一路"推动"走出去"，加强国际产能合作，促进国际工程承包和劳务输出。

第三，大力推进产品和服务创新。产品创新和服务创新能力不强严重制约湖南省开放型经济发展。应该落实好税收减免和优惠政策，鼓励制造企业进行产品研发，建议设立政府产品创新奖，重点奖励市场前景好，智能低碳和具有自主知识产权和品牌的新开发产品；鼓励服务行业的创新创业活动，充分利用"互联网＋"进行服务商业模式和业态创新，积极承接技术外包服务，开展跨境电子商务和服务贸易。

第四，加快缩小区域内部创新差距。缩小湖南省区域内部创新差距有利于进一步

提升湖南省在全国的综合创新能力排名。应通过长株潭自主创新示范区的辐射效应，充分开展"创新"扶贫，通过政策优惠吸引更多创新资源流向大湘西和湘北地区，分析制约区域创新的影响因素，设计因地制宜的创新路径。

第五，进一步推进机制体制创新。增强创新引领开放崛起意识，创造开放崛起的良好制度环境。进一步深化口岸管理改革，建立健全信贸、关贸、检贸与汇贸联动协调机制，创新外商投资管理体制，完善政府服务体系，加强知识产权创造与保护，进一步优化营商环境，增强开放发展的动力和活力，包括加速科技创新、推进产品创新、强化文化创新、深化管理创新。

参考文献

［1］陈庆修．科技创新助推中国经济高质量发展［N］．经济参考报，2019－02－20（006）．

［2］邱爱莲．实施开放创新双轮驱动，推动沈阳高质量发展——关于沈阳实施开放创新双轮驱动的对策建议［C］//中共沈阳市委，沈阳市人民政府，国际生产工程院，中国机械工程学会．第十六届沈阳科学学术年会论文集（经管社科）［A］．2019：3.

［3］张晨强．以创新思路和实干精神促太原经济高质量发展［N］．太原日报，2019－09－03（006）．

［4］习近平．决胜全面建成小康社会　夺取新时代中国特色社会主义伟大胜利——在中国共产党第十九次全国代表大会上的报告［M］．北京：人民出版社，2017.

［5］牢牢把握高质量发展这个根本要求［N］．人民日报，2017－12－21（001）．

［6］黄新华，马万里．引领经济高质量发展的供给侧结构性改革：目标、领域与路径［J/OL］．亚太经济：1－6［2019－09－02］．https：//doi．org/10.16407/j．cnki．1000－6052.20190819.001.

［7］赵书茂．推动城市高质量发展的政策和路径——以河南省为例［J］．企业经济，2019（8）：155－160.

［8］夏杰长，肖宇．以服务创新推动服务业转型升级［J］．北京工业大学学报（社会科学版），2019（5）：61－71.

［9］王竹君，任保平．中国高质量发展中效率变革的制约因素与路径分析［J］．财经问题研究，2019（6）：25－32.

［10］徐梦周，潘家栋．特色小镇驱动科技园区高质量发展的模式研究——以杭州未来科技城为例［J］．中国软科学，2019（8）：92－99.

［11］罗文．突出主业，引领创新，推动国家级新区制造业高质量发展走在全国前头［J］．宏观经济管理，2019（8）：5－10.

［12］胡祖才．以改革创新推动新型城镇化高质量发展［J］．宏观经济管理，2019（8）：1－4,10.

［13］关成华．经济高质量发展亟待补齐四个短板［J］．人民论坛，2019（22）：79.

［14］唐松，赖晓冰，黄锐．金融科技创新如何影响全要素生产率：促进还是抑制？——理论分

析框架与区域实践 ［J］. 中国软科学，2019（7）：134 – 144.

［15］吴爱东，王娟. 技术创新，还是结构升级效率？——推动高质量发展的主导动能分析 ［J］. 科技管理研究，2019，39（14）：210 – 217.

［16］逄锦聚，林岗，杨瑞龙，黄泰岩. 促进经济高质量发展笔谈 ［J］. 经济学动态，2019 （7）：3 – 19.

［17］吴传清，邓明亮. 科技创新、对外开放与长江经济带高质量发展 ［J］. 科技进步与对策， 2019，36（3）：33 – 41.

第三章

新旧动能转换比较与湖南
创新引领对策*

内容提要：湖南省经济的持续健康发展需要找寻新动能，实现新旧动能转换。本文基于湖南省与江苏省1992~2017年数据，将TFP分解为技术进步、技术效率和规模效应，测度了湖南省与江苏省经济增长的动力来源，运用随机前沿生产函数构建了经济增长动能指数，从需求侧、供给侧和结构转换视角构建评价指标体系来分析湖南省与江苏省新旧动能转换所处的状态。通过对比研究湖南省与江苏省的经济发展状况，深度剖析了湖南省经济发展动能的短板，探索了湖南省经济发展动能转换的着力点，即以塑造新需求、注重创新和打造更为均衡的产业结构来重构需求动力、要素动力和结构动力，从而加快新旧动能的转换。

关键词：经济增长；全要素生产率；动能转换

核心观点：

（1）湖南省相比江苏省来说，资本对经济增长的贡献仍处于高位，TFP对经济增长的贡献略显不足，湖南省应加大自主创新，加速技术创新，推动产业结构升级，提高TFP对经济增长的贡献率。

（2）1992~2017年，湖南省TFP平均增长率就为江苏省的13.65%，说明湖南省TFP的增长动力不足，湖南省应加大释放移动互联网、大数据、云计算等新一代信息通信技术的应用效率，加快对新业态、新服务的培育，提高生产率。

（3）从湖南省需求侧动能指数、供给侧动能指数和结构转换动能指数来看，这几年湖南新旧动能转换还是取得了一定的成就，但是与江苏省相比，湖南省还需继续探

---

* 本章是2018年湖南省自科基金项目"互联网+背景下分享经济促进湖南服务业创新发展的机制与政策模拟"（项目编号：2018JJ2140）的阶段性成果。

索经济发展动能转换的着力点，落实创新引领开放崛起战略，塑造新需求、注重创新和打造更为均衡的产业结构来重构需求动力、要素动力和结构动力，从而加快湖南省新旧动能的转换。

一、引言与文献综述

习近平总书记在达沃斯世界经济论坛开幕式上强调指出，要加大重要领域和关键环节改革力度，让市场在资源配置中起决定性作用，牵住创新这个"牛鼻子"，推进创新驱动发展战略，推动战略性新兴产业发展，注重用新技术新业态改造提升传统产业，促进新动能发展壮大、传统动能焕发生机。[1] 随着我国经济发展进入新常态，受全球经济形势和国内经济发展方式的转变双重因素叠加影响，我国经济正处于新旧动能接续转换、产业转型升级的关键时期。为了贯彻落实国家关于新旧动能转换的政策，湖南省制定了《湖南省人民政府关于加快建设"一核三极"辐射联动"四带多点"增强区域发展新动能的实施意见》等政府文件，以新旧动能转换推动湖南制造业高质量发展，提出创新引领开放崛起战略，目的就是使创新成为湖南高质量发展的强大新动能。

经济增长一直是经济学研究的重要主题。从古典经济学的生产三要素土地、资本和劳动到现代经济学的生产六要素土地、资本、劳动、技术、信息、管理的变化反映了不同时代促进经济增长的主要动力因素在发生显著变化。

西方经济学者对经济增长动能转换的研究最早要追溯到古典政治经济学。古典政治经济学家一直用人均资本积累来解释收入或生产率差异。新古典经济增长理论沿袭了古典经济增长理论的这一观念。索洛模型认为一国经济增长得益于人均资本量的积累，但随着人均资本量的增加，资本的边际生产率递减，并最终趋于一个常数，生产率也停止增长。最初的索洛模型显然不能很好地解释一国人均 GDP 的长期增长。为了解释此悖论，索洛在其模型中加入了"技术进步"的外生因子，并认为技术或者知识是"公共物品"，各国都可以免费获取，各国长期均衡的增长速度差异主要在于每个国家的劳动和资本要素占有量等初始条件不同，随着初始要素条件的改变，国家之间的增长差异会逐渐收敛，甚至消失。但是经济增长的典型事实并不是如此。从 20 世纪 50 年代末起，新古典经济学者试图分解影响 GDP 增长的主要因素，发现生产率增长中只有很小一部分来自要素增长，绝大部分生产率的索洛残余不能由要素增长得到解释，

---

① 《李克强主持召开国务院常务会议》，《人民日报》2017 年 1 月 5 日。

只能归结为全要素生产率（TFP）的增长。

如何进一步解释 TFP 的增长源泉，许多学者对 TFP 进行了测度和分解。目前测度 TFP 一般有两种方法。第一种是索洛余值法，即利用生产函数的对数变换，用生产总值的增长率减去各要素增长率与相应份额乘积后的余值；第二种是参数估计法，即基于样本数据，通过建立线性规划模型求解 TFP 或者通过计量方法估算生产函数中的参数来求 TFP。利用线性规划求解 TFP 通常就是运用 Shephard 距离函数或者方向性距离函数求解 Malmquist 指数或者全局 Malmquist 指数。采用随机前沿超越对数生产函数可以把 TFP 增长率分解成前沿技术进步、技术效率变化、规模效应和要素配置效应。

国内学者最近对经济增长动能转换的研究基本上是围绕上述国外经济增长或者经济发展经典文献基础之上进行的。王一鸣（2017）认为，要着力在科技创新、产业转型升级和构建全球化生产运营体系等方面培育经济增长新动力，以实现供需在更高水平再平衡，重塑中国经济增长新动力。赵丽娜（2017）认为，新旧动能转换和产业转型升级两者之间是相互促进、相辅相成，共同促进经济发展方式转变和经济健康发展。张海洋和金则杨（2017）运用全局 Malmquist 指数测算了我国 2001～2010 年大中型工业行业 TFP 的新产品动能变化及其数量效应和效率效应变化。张豪等（2017）运用随机前沿超越对数生产函数对我国 1952～2015 年的 TFP 增长率进行了测算和分解，研究了我国经济增长的动力源泉和动能转换的阶段性特征。郑江淮等（2018）将经济增长动能分解成需求侧动能、供给侧动能和结构转换动能，并构造了与 TFP 变化同源的中国经济增长动能指数。

从这些文献不难看出，国内学者最近对经济增长动能转换的研究视角还主要围绕需求侧的消费，投资和净出口变化，供给侧的劳动、资本、土地、技术等要素生产率提升以及结构转换三个层面展开，这些研究方法虽然与传统西方主流经济增长理论同源同根，但忽视了经济高速增长背后的驱动因素与动力来源。更主要的是目前国内经济增长动能转换的研究主要还是集中在国家层面上，基于省级的案例研究还相对较少。鉴于此，本章将从方法调整和数据讨论入手，分析湖南 1992～2017 年经济增长的动能转换过程以及 TFP 的增长情况，与江苏进行对比，并进一步提出促进湖南新旧动能转换的政策建议。

二、方法设计与数据说明

（一）经济增长动能指数构建的理论基础

根据柯布—道格拉斯函数，定义一种含有资本（K）、高技能劳动力（H）、低技能劳动力（L）三种生产要素的生产函数 $Y = AK^{\alpha}L^{\beta}H^{\gamma}$。则：

$$\ln A_t = \frac{1}{3}\left(\ln\frac{Y_t}{K_t} + \ln\frac{Y_t}{L_t} + \ln\frac{Y_t}{H_t}\right) + \ln\frac{K_t^{\frac{1}{3}}L_t^{\frac{1}{3}}H_t^{\frac{1}{3}}}{K_t^{\alpha_t}L_t^{\beta_t}H_t^{\gamma_t}} \quad (3-1)$$

其中，A 表示 TFP，上式反映了 TFP 及其增长率可以分解为等式右边各项，也就是说，右边各项可以视为各种经济增长的动力来源。等式右边第一组表示各类要素的生产率，第二组表示该时期经济增长方式的异质性程度。

经过一系列的公式推导，最后得出经济增长动能指数（Growth Engines Index，GEI）就为：

$$GEI_t = \varphi_t\frac{\mathrm{d}\ln V_{Dt}}{\mathrm{d}\ln B_t} + \theta_t\frac{\mathrm{d}\ln V_{St}}{\mathrm{d}\ln C_t} + \omega_t\frac{\mathrm{d}\ln V_{SCt}}{\mathrm{d}\ln D_t} + \omega_t \quad (3-2)$$

其中，右边等式第一项就是需求侧动能，第二项是供给侧动能，第三项是结构转换动能，最后一项是异质性及其他因素。弹性的含义是指每项动力大小对相关因素变化的反映程度，B_t、C_t、D_t 分别表示引致各类变化的诱因，φ_t、θ_t、ω_t 为各项动能的权重系数。

（二）指标构建

在此理论基础上，为了能够更准确地分析湖南省新旧动能转换所处的阶段，本章根据各项动力的属性、动力诱因差异，将各构成项转化为弹性表达式，从需求侧、供给侧和结构转换三个方面来构建评价湖南省动能转换的指标体系（见表 3-1）。

表 3-1　经济增长的动能指数指标构成

动能指标	指标说明	指标含义	权重
需求侧动能（0.210）			
消费动能	$\dfrac{\mathrm{d}\ln\,(C)}{\mathrm{d}\ln\,(Y)}$	居民支出对收入增长率的弹性	0.076
投资动能	$\dfrac{\mathrm{d}\ln\,(I)}{\mathrm{d}\ln\,(TFP)}$	投资增加值相对于 TFP 变化的弹性	0.084
出口动能	$\dfrac{\mathrm{d}\ln\,(M)}{\mathrm{d}\ln\,(TFP)}$	出口增加值相对于 TFP 变化的弹性	0.050
供给侧动能（0.449）			
创新动能	$\dfrac{\mathrm{d}\ln\,(R\&D)}{\mathrm{d}\ln\,(S)}$	研发支出增长相对于主营收入增长的弹性	0.145
	$\dfrac{\mathrm{d}\ln\,(NS)}{\mathrm{d}\ln\,(S)}$	新产品销售收入增长相对于主营收入增长的弹性	0.086

续表

动能指标	指标说明	指标含义	权重
供给侧动能（0.449）			
金融发展动能	$\dfrac{\mathrm{dln}（GDP）}{\mathrm{dln}（Fin）}$	GDP对全社会融资规模的弹性	0.218
结构转化动能（0.341）			
产值结构动能	$\dfrac{\mathrm{dln}（Y_3）}{\mathrm{dln}（TFP）}$	第三产业增加值相对于TFP变化的弹性	0.146
就业结构动能	$\dfrac{\mathrm{dln}（L_3）}{\mathrm{dln}（TFP）}$	第三产业就业人数相对于TFP变化的弹性	0.101
消费结构动能	$\dfrac{\mathrm{dln}（NFE）}{\mathrm{dln}（TFP）}$	居民非食品支出相对于TFP变化的弹性	0.094

资料来源：部分指标选取借鉴了郑江淮等：《中国经济增长动能转换的进展评估》（2018），原始数据来自《湖南统计年鉴》。

通过上述指标体系的数据，利用熵值法来计算各个指标的权重。熵值法的具体步骤为：第一步，原始数据标准化：$x'_{ij} = \dfrac{(x_{ij} - \min x_{ij})}{(\max x_{ij} - \min x_{ij})}$)（其中，x'_{ij}为标准化后的数据，x_{ij}为原始数据，$\min x_{ij}$为原始数据的最小值，$\max x_{ij}$为原始数据的最大值）；第二步，将各指标同度量化，计算比重：$s_{ij} = \dfrac{x'_{ij}}{\sum\limits_{i=1}^{n} x'_{ij}}$；第三步，计算各指标熵值：$e_j = -k\sum\limits_{i=1}^{n} s_{ij}\ln s_{ij}, k = \dfrac{1}{\ln n}$；

第四步，计算第 j 项指标的信息效用值：$g_j = 1 - e_j$；第五步，计算各指标的权重：$w_j = \dfrac{g_j}{\sum\limits_{i=1}^{n} g_j}$。

通过原始数据计算而来的权重如表3-1所示。

（三）数据来源

产出量 Y 用地区生产总值来表示，并以1992年为基期消除价格因素。

劳动投入 L 应该用标准劳动强度的劳动时间或者劳动报酬来表示，但是《中国统计年鉴》和《湖南统计年鉴》中只有当年职工总工资的数据，无法代表全部劳动者的报酬。所以本章用湖南省历年的劳动人数作为劳动投入。

对于资本存量 K 的估计，学术界最常用的方法就是用永续盘存法来估计固定资本存量。该方法的基本公式为 $K_t = I_t + （1 - \alpha）K_{t-1}$，其中，$K_t$ 表示第 t 期的资本存量，I_t 表示第 t 期的投资额，α 表示的是折旧率。在这个公式中最主要的就是要确定基期的资本存量、每年的投资额以及折旧率。根据已有的大部分文献，投资额一般都是用固定资产投资额来表示。鉴于此，本章和大多数学者一样，用固定资产投资额来表示投资额，并且根据当年价格的投资平减，折算为不变价格投资。在折旧率的选取上，本章借鉴已有文献得出选取 10.96% 的折旧率是合理的。对于基期资本存量的估算，现有文献的研究方法差异比较大。本章选取单豪杰以 1952 年为基期估算出来的湖南资本存量。

三、实证结果与分析

（一）湖南与江苏经济增长动能转换比较（1993~2017 年）

表 3-2 为 1993~2017 年湖南经济增长的构成，即劳动、资本和 TFP 对经济增长的贡献值。从表中我们可以看出以下几个方面：

表 3-2　湖南经济增长的动力源泉分解（1993~2017 年）　　　　单位：%

年份	资本贡献	劳动贡献	TFP 贡献
1993	161.79	16.42	-78.22
1994	45.91	15.42	38.67
1995	49.88	19.14	30.99
1996	64.13	11.17	24.70
1997	89.51	12.38	-1.89
1998	97.63	14.17	-11.80
1999	88.52	-0.59	12.06
2000	87.28	-7.35	20.06
2001	78.52	9.44	12.04
2002	77.91	11.26	10.83
2003	74.57	14.37	11.06
2004	67.78	11.70	20.52
2005	81.99	11.89	6.11
2006	84.41	8.36	7.23
2007	79.54	7.11	13.35
2008	104.69	4.87	-9.56

续表

年份	资本贡献	劳动贡献	TFP 贡献
2009	90.13	4.63	5.24
2010	88.63	8.27	3.10
2011	111.10	4.37	−15.47
2012	104.93	3.13	−8.06
2013	103.12	4.22	−7.34
2014	100.95	2.00	−2.95
2015	120.77	−18.57	−2.20
2016	119.98	−18.81	−1.17
2017	138.80	−32.92	−5.87

资料来源：根据《湖南统计年鉴》（1993~2017 年）计算而来。

资本对湖南经济增长的贡献长时间内占主导地位，如表 3-2 所示。这与湖南一直以资本驱动为主的经济增长模式、湖南资本的大规模投入有关。近年来，资本对经济增长的贡献虽有些波动，但是总的来说，资本对经济的贡献继续保持高位。在 2000 年之前，湖南投资增长率长期高于 GDP 增长率，而 1992 年以来资本对湖南经济增长的贡献平均为 92.50%。从表 3-2 可以看到，自 2008 年以来资本贡献呈上升趋势，这说明湖南依旧在实行以资本驱动为主的经济增长模式，短时间内难以改变。劳动投入对经济增长的贡献总体上为正值，但近几年劳动投入对经济增长呈现负值。这是由于中国人口红利的逐渐下降，劳动力增量减少，劳动的贡献度表现出下降的趋势。1992 年以来，TFP 对经济增长的贡献值有一些小波动，2000 年以后，TFP 贡献呈现出较为平和的态势。最近几年，TFP 对经济的贡献呈现出下降趋势，这可能与 2008 年金融危机过后，政府实行"四万亿计划"有关，过度地依赖投资，阻碍了效率水平的提升。

表 3-3 为 1993~2017 年江苏经济增长的构成，即资本、劳动和 TFP 对经济增长的贡献值。从表 3-3 中我们可以得到：

表 3-3　江苏经济增长的动力源泉分解（1993~2017 年）　　　　　单位：%

年份	资本贡献	劳动贡献	TFP 贡献
1993	244.14	2.89	−147.03
1994	201.48	3.21	−104.69
1995	156.76	3.34	−60.10
1996	150.72	0.34	−51.06

续表

年份	资本贡献	劳动贡献	TFP 贡献
1997	119.45	0.35	-19.79
1998	100.70	0.23	-0.93
1999	87.29	0.18	12.54
2000	70.02	5.91	24.07
2001	61.15	4.08	34.77
2002	44.88	7.03	48.09
2003	35.01	4.45	60.54
2004	33.10	5.57	61.33
2005	30.32	6.34	63.35
2006	26.65	7.36	65.99
2007	26.60	7.09	66.31
2008	36.84	3.88	59.27
2009	29.23	4.39	66.38
2010	28.49	4.69	66.82
2011	36.71	0.68	62.62
2012	35.44	0.27	64.29
2013	32.78	0.08	67.14
2014	32.03	0.23	67.74
2015	25.26	-0.57	75.31
2016	23.30	-0.61	77.32
2017	35.50	0.46	64.04

资料来源：根据《江苏统计年鉴》（1993~2017 年）计算而来。

在 2000 年以前，资本对江苏省经济增长的贡献占主导地位，2000 年以后，资本对经济增长的贡献逐渐减少。总体上来说，劳动对江苏经济增长的贡献一直处于较小的份额。近年来，劳动贡献度呈现出下降的趋势。在 1999 年之前，TFP 对经济增长的贡献是负的，1999 年之后，TFP 对江苏经济增长的贡献逐年上升，就目前而言，TFP 对经济增长的贡献已占据主导地位。

通过对表 2-3 和表 3-3 的分析，湖南目前资本对经济增长的贡献依然占主导地位，TFP 对经济的拉动作用不大；江苏省 TFP 对经济增长的贡献已逐渐占据主导地位。

（二）湖南与江苏 TFP 增长情况分析

借鉴已有文献计算 TFP 的方法，本章利用软件 DEAP 2.1 计算出 1993~2017 年湖南省和江苏省 TFP 增长率的值，其波动曲线如图 3-1 所示。

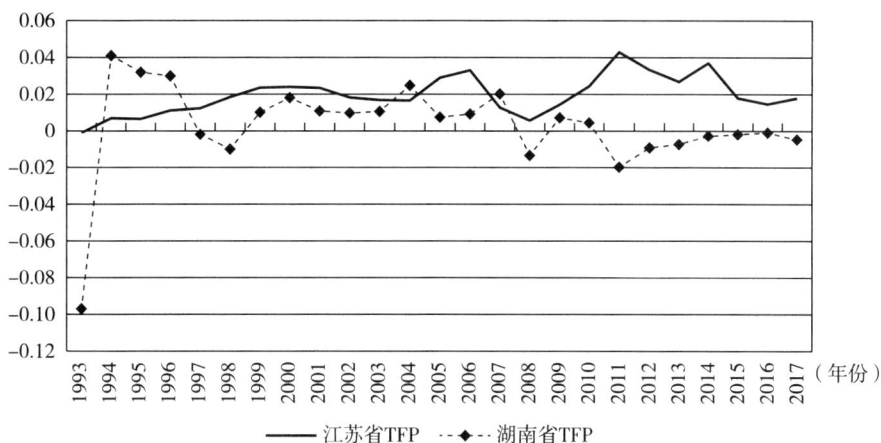

图 3 - 1　1993 ~ 2017 年 TFP 增长率波动曲线

从整体来看，1992 年以来，TFP 对湖南经济增长呈正向贡献，但同时表现出波动性较大的特点，阶段性特征比较明显。具体而言，湖南 TFP 增长率的波动大致可分为三个阶段。

第一阶段（1993 ~ 1998 年），TFP 增长率波动较为明显。这是由于经济迅猛发展，国内生产总值快速提升，而且正处于改革重启和经济软着陆时期，湖南大规模的资本投入对 TFP 的抑制以及生产率提升的矛盾期。因此，TFP 的波动比较大，平均值为 - 0.001。第二阶段（1999 ~ 2008 年），TFP 呈现一个平稳发展的趋势。随着中国加入 WTO 后，中国的经济不断融入全球经济体系中，湖南的经济也得到了一个快速发展时期，这是以模仿和吸收为主的学习型技术进步加快，促进了 TFP 的增长，这一阶段平均值为 0.011。第三阶段（2009 ~ 2017 年），TFP 的增长呈现先下降后缓慢上升的趋势。这是因为 2008 年金融危机之后，政府加大了对经济的干预程度，中国实行"四万亿计划"，这一计划抑制了 TFP 的增长。但随着供给侧结构性改革的实行，TFP 呈现一种缓慢上升的态势。

结合图 3 - 1，相对于湖南省而言，江苏省 TFP 增长率波动相对平缓。在 2006 年之前，江苏省 TFP 增长率呈现上升的趋势，平均值为 0.0171。2006 年以后，江苏省 TFP 的增长率呈现先升后降的趋势。总体来说，江苏省的 TFP 是不断上升的。湖南省的 TFP 相对江苏省而言是存在差距的。

（三）湖南与江苏新旧动能转换对比分析

根据表 3 - 1 的指标和权重，本章计算出了 1993 ~ 2017 年湖南省和江苏省需求侧动能指数、供给侧动能指数、结构转换动能指数和经济增长动能指数。

图 3 - 2 中分别是湖南省和江苏省各自的经济增长动能指数的变化趋势。从图 3 - 2 可以看出，江苏和湖南经济总体上处于增长动能不断累积上升阶段。在 2008 年之前，

湖南经济增长动能指数处于波动上升阶段,江苏经济增长动能指数呈现较为平缓的态势;2008 年以后,湖南经济增长动能指数处于平缓的态势,而江苏经济增长动能指数处于不断上升阶段,相比之下,湖南的经济增长动能指数上升比较缓慢,需要进一步提升。

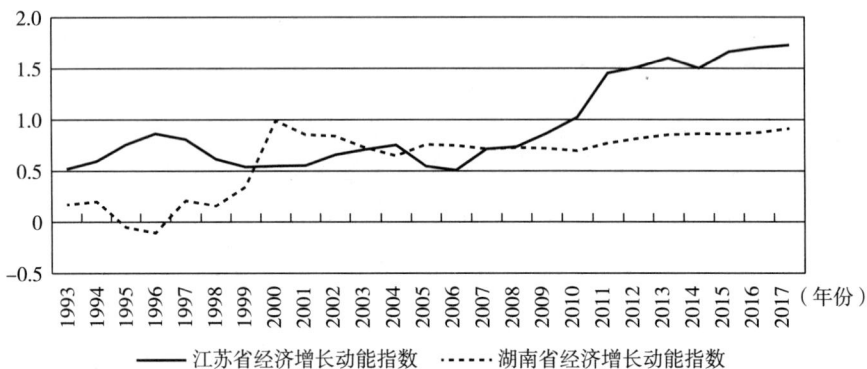

图 3-2 经济增长动能指数

1. 需求侧动能

从需求侧来看,消费、投资和出口一直以来是拉动经济增长的"三驾马车",从图 3-3 中我们可以看出,江苏的需求侧动能指数明显高于湖南省。2017 年,江苏省全年完成固定资产投资为 53000.21 亿元,全年货物进出口总额达到了 40022.1 亿元,全年实现社会消费品零售额为 31737.4 亿元;相比之下,湖南全年固定资产投资为 31328.1 亿元,全年货物进出口总额仅为 2434.3 亿元,全省社会消费品零售额为 14854.9 亿元。湖南固定资产投资相当于江苏的 59.11%,全年货物进出口总额仅相当于江苏的 6.08%,社会消费品零售额相当于江苏的 46.81%。对于湖南省而言,资本对经济增长的贡献一直以来占主导地位,随着经济的发展,人均收入水平不断上升,湖南省应不断注重经济的高质量发展,通过不断创新提高全要素生产率,转变经济增长模式。

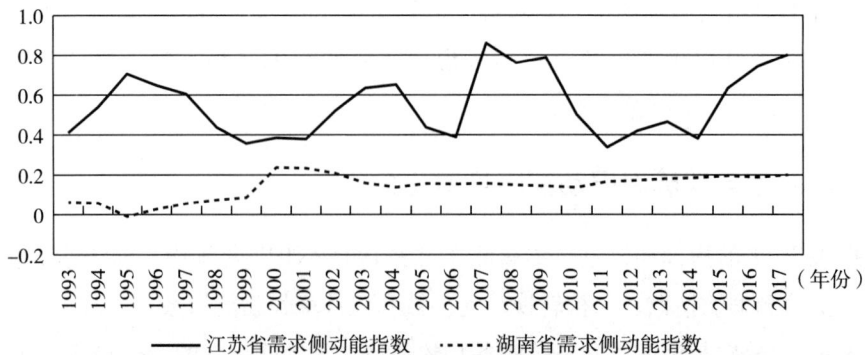

图 3-3 需求侧动能指数

2. 供给侧动能

经济增长对科技创新的依赖性日益增大，研发积累与持续创新投入变得日益重要。从图3-4中我们可以看出：江苏省与湖南省的供给侧动能指数都处于平缓的态势。2017年，江苏省全年新产品销售收入达到了12625.2亿元，占主营业务收入的35.68%，说明江苏省的创新效益比较显著，而湖南省全年新产品销售收入为8585.72亿元，占主营业务收入的22.3%，说明湖南省在进行研发投入后，新产品开发面临一定的不确定性，没有获得较高的新产品销售收入增长。江苏省全年研发支出达到了1833.88亿元，而湖南省仅为278.65亿元，仅为江苏省的15.19%，这就需要湖南省继续加大研发投入和人才培养。就湖南本省而言，1993～2017年，新产品销售收入由20.51亿元增长到8585.72亿元，研发支出也由4.20亿元增长到278.65亿元，这就需要湖南省继续加大自主创新，缩短科技成果转化周期，提高生产率。

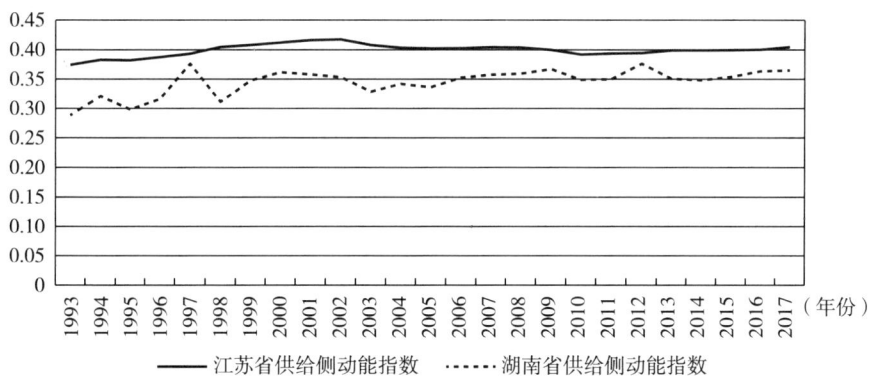

图3-4 供给侧动能指数

3. 结构转换动能

随着经济进入新常态，增强经济增长动力，核心是推动产业提质增效。我们从图3-5可以看出，湖南省和江苏省的结构转换动能指数都处于波动上升的趋势，但是江苏省的结构转换动能指数明显高于湖南省。这说明江苏省产业结构调整不断推进，工业结构不断优化升级。2017年，江苏省全年规模以上工业增加值同比增长7.5%，其中高技术行业增加值增速达到10.6%，对规模以上工业增长贡献率达到68.9%。这说明江苏省工业新兴领域创新能力不断增强。而湖南省近年来产业结构一直在调整升级，人民生活水平不断提高，在非食品类和服务的消费增多，进一步拉动由低端产业向高端产业转变的产业结构变化。

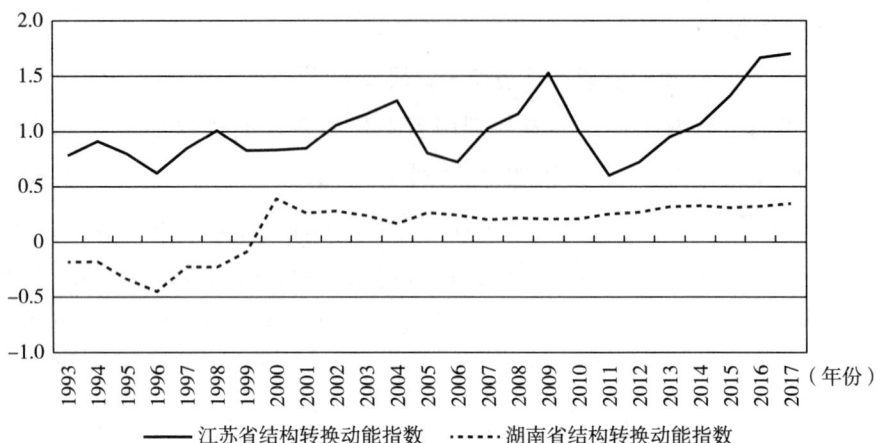

图 3 - 5　结构转化各指标动能指数

四、简要结论与对策建议

（一）简要结论

综上所述，本章认为：①1993～2017 年，资本投入对湖南经济增长的贡献一直占主导地位，近年来资本投入对经济增长的贡献虽有些波动，但持续保持在高位；长期来看，虽然 TFP 对经济增长呈正向贡献，但是贡献不足。目前江苏省资本投入对经济增长的贡献为 35.50%，而 TFP 对经济增长的贡献为 64.04%，所以 TFP 对江苏省的经济增长贡献已占主导地位。②1993～2017 年，湖南省 TFP 的平均增长率为 0.002659，而江苏省 TFP 的平均增长率为 0.019476，这说明湖南省 TFP 的值与江苏省有一定的差距。③在需求侧、供给侧和结构转换三大动能体系中，由创新和金融发展构成的供给侧动能指数一直处于一种平缓态势，尤其是金融发展动能指数呈现持续下降的趋势，湖南省应加强直接融资，使企业创新活动获得更多的直接融资是提升金融发展动能的重点；结构转换动能指数虽一直处于波动上升趋势，但就业结构动能指数处于停滞阶段需要引起重视。

（二）对策建议

1. 塑造以新消费、新型投资和优质出口为重点的新需求，重构需求动力

从传统角度来看，消费、投资和出口一直以来都是拉动经济增长的"三驾马车"，

它们对于经济的增长都有过积极的作用。在经济发展的过程中，消费、投资和出口三大需求作为有机整体的组成部分缺一不可，但是在每个具体的时期，它们发挥的作用又各有千秋，形成不同的需求动力结构。随着经济进入新常态，以前那种依靠大规模投资刺激需求来拉动经济增长的模式已经终结。消费、投资和出口的作用方式也随着发展阶段的变化而发生显著的改变。需求动力的重构关键在于塑造新需求，有效发挥消费、投资和出口的协调拉动作用。在消费方面，我们要适当地改变人民的消费理念，发挥消费对经济增长的引导作用，重点培育平台消费、服务消费、绿色消费、品质消费等新型消费，使新型消费成为拉动经济增长的新动力。在投资方面，湖南应优化投资环境，扩大投资规模，借助自身的优势，提高投资效率，使投资更好地成为提升效率、创新驱动的载体。在出口方面，湖南应积极鼓励优势产业、优秀企业、优质产品"走出去"，促进融合发展。在适度扩大有效需求的同时，从需求端发力，全面构筑以渠道、品牌、技术、质量、服务为核心的出口竞争新优势，培育发展新动能。

2. 以创新为核心，推动要素升级和优化配置，重构要素动力

经济增长是生产要素投入量的增加和质的提升共同作用的结果，随着发展阶段的转换、生产要素相对优势的变化，要素规模扩张的发展模式越来越难以为继。以往的那种高投入、高污染和低产出的发展方式已经亟须进行改变了，要从要素驱动全面转为创新驱动。随着资源禀赋和要素成本的变化，经济增长对科技创新的依赖性越来越强，研发积累和持续创新投入也变得日益重要。同时，任何创新活动都是在一定平台条件下产生的，良好的平台条件是催生创新成果的"温床"，也是区域创新系统发展的重要基石。创新的平台条件包括促进创新的物质和信息基础设施以及各种形式的科技服务中介机构。在创新型湖南建设工程中，要通过加强创新基础设施建设，构建信息网络平台，完善科技服务中介体系，实现生产要素的自由流动，实现信息、人才、资本的自由平等交换。通过引进国内外先进的技术与人才，加快企业的创新进程，增大高新技术研发的投入，打造新的经济增长极。但就目前来说，湖南的创新活力依旧不够，要促进经济与金融的发展，加大创新投入，提高自主创新能力。实施科技创新人才交流计划，完善人才引进制度，提升人力资本的素质与水平。加大释放移动互联网、大数据、云计算等新一代信息通信技术的应用效率，加大技术进步对 TFP 的贡献，提高生产率。湖南省应紧紧围绕统筹推进"五位一体"总体布局和协调推进"四个全面"战略布局，贯彻落实创新、协调、绿色、开放、共享的新发展理念，把握"一带一部"新定位，以深化供给侧结构性改革为主线，以推进"三个着力"和"四大体系""五大基地"建设为抓手，大力实施创新引领开放崛起战略，加快发展新技术、新产业、新业态、新模式，构建创新型经济新体系，形成开放型经济新格局，培育发展新动能，拓展发展新空间，增创发展新优势，对全面建成小康社会，加快建设经济强

省、科教强省、文化强省、生态强省、开放强省，着力建设富饶美丽幸福新湖南，具有十分重要的意义。

3. 打造更为均衡的产业结构，重构结构动力

产业结构是经济发展动能的结构性外化，一般来说有什么样的经济发展动能，就会形成什么样的产业结构。以往那种高投入、低产出的产业结构模式，造成了大量的资源浪费和过剩产能，对经济的发展形成了很大的阻碍。湖南省应该充分利用自己的区位优势，推动区域产业联动发展、错位发展，逐步形成区域优势充分发挥、要素配置合理有效、资源环境友好协调、质量效益明显提高的产业发展新格局。从而推动产业的转型升级，形成新的增长动力。但就目前来说，中低端产品过剩、高端产品不足的问题是湖南省经济发展的掣肘。产能过剩使大量的资源被"僵尸企业"所占领，无法有效地流入新兴产业领域中，这就造成大量资源的沉淀和浪费。湖南应加强对外合作转移过剩产能，坚持结构性改革，鼓励发展科技服务、信息服务等生产性服务业，提升价值链和产品附加值。同时要牢牢把握由工业主导向服务业主导转变的大趋势，着力打造现代服务业新引擎，着眼于全要素生产率的提升，从而提高新旧动能的切换效率，尽快形成经济发展新动力。

参考文献

［1］Solow R. M. A Contribution to the Theory of Economic Growth ［J］. Quarterly Journal of Economics, 1956, 70 (1): 65－94.

［2］Solow R. M. Technical Change And The Aggregate Production Function ［J］. Review of Economics and Statistics, 1957, 39 (3).

［3］Hall Bronwyn H. Handbook of the Economics of Innovation ［J］. Handbook of The Economics of Innovation, 2010 (1): ii.

［4］Fare R., Grosskopf S., Norris M., et al. Productivity Growth, Technical Progress, and Efficiency Change in Industrialized Countries ［J］. American Economic Review, 1994, 84 (5): 1040－1044.

［5］Chung Y. H. H., Färe R., Grosskopf S. Productivity and Undesirable Outputs: A Directional Distance Function Approach ［J］. Microeconomics, 1997, 51 (3): 229－240.

［6］Chambers R. G., Chung Y. Benefit and Distance Functions ［J］. Journal of Economic Theory, 1996, 70 (2): 407－419.

［7］Kumbhakar S. C., Denny M., Fuss M. Estimation and Decomposition of Productivity Change When Production is not Efficient: A Paneldata Approach ［J］. Econometric Reviews, 2000, 19 (4): 312－320.

［8］王一鸣. 中国经济新一轮动力转换与路径选择 ［J］. 管理世界, 2017 (2): 1－14.

［9］赵丽娜. 产业转型升级与新旧动能有序转换研究——以山东省为例 ［J］. 理论学刊, 2017 (2): 68－74.

［10］张海洋，金则杨．中国工业 TFP 的新产品动能变化研究［J］．经济研究，2017，52（9）：72－85.

［11］张豪，张建华，谭静．中国经济增长的源泉与动能转换：1952～2015［J］．经济问题探索，2017（9）：12－24.

［12］郑江淮，宋建，张玉昌，郑玉，姜青克．中国经济增长新旧动能转换的进展评估［J］．中国工业经济，2018（6）：24－42.

［13］单豪杰．中国资本存量 K 的再估算：1952～2006 年［J］．数量经济技术经济研究，2008，25（10）：17－31.

［14］罗婧．福建经济发展新旧动能转换的亮点、问题及对策研究［J］．福建理论学习，2017（5）：23－26.

［15］黄少安．新旧动能转换与山东经济发展［J］．山东社会科学，2017（9）：101－108.

［16］张国胜，王远洋，陈明明．长波中技术变革、范式转换与中国供给侧结构性改革［J］．经济学家，2017（7）：16－26.

［17］张旭．从转变经济发展方式到供给侧结构性改革——中国经济战略的调整与实施［J］．经济纵横，2017（3）：28－33.

绿色发展篇

第四章

中国重点城市绿色创新
能力评价*

内容提要：中共十九大报告明确指出"构建市场导向的绿色技术创新体系"，将"绿色"与"创新"在我国可持续发展道路上深度融合。本报告紧紧围绕国家创新驱动发展战略、加快推进生态文明建设的总体布局，基于绿色创新投入、产出（包括"期望产出"和"非期望产出"）模型，开展中国省（自治区、直辖市）、重点城市①绿色创新发展指数研究，探索并建立了一套评价中国绿色创新能力的指标体系，运用熵权法分别对中国大陆31个省（自治区、直辖市）和119个重点城市进行测度，分析并评价测度结果，帮助政府等主体掌握区域绿色创新水平，推动产业优化、技术创新、绿色环保，实现经济社会可持续发展的能力，有针对性地提升区域绿色创新水平。

关键词：绿色创新；熵权法；省份；城市

核心观点：

（1）2017年全国绿色创新能力综合得分排名前五的省份分别是广东、江苏、北京、上海、浙江，都处于东部地区。其中，广东在东部地区中排名第一，湖北在中部地区中排名第一，四川在西部地区中排名第一，辽宁在东北地区中排名第一。

（2）规模以上工业企业 R&D 项目数、R&D 内部经费支出额、规模以上工业企业新产品开发经费支出额、高新技术产业消化吸收经费支出额、国家实验室数量、博士生毕业人数、技术市场成交额、"新三板"上市公司数量8个指标是影响省级绿色创新能力综合得分的重要因素。

---

* 本章是湖南省社会科学基金智库专项重点项目（19ZWB60）、湖南省社会科学基金一般项目（18YBA168）、湖南省教育厅科学研究优秀青年项目（18B212）的阶段性成果。

① 本章中"重点城市"指中国大陆所有的一、二、三线城市。

（3）在全国119个重点城市中，2017年全国绿色创新能力综合得分排名前十的城市分别是北京、上海、深圳、广州、南京、天津、成都、东莞、杭州、苏州。排名后10位（从第110位至第119位）的城市分别是：三亚、潮州、商丘、荆州、邯郸、信阳、咸阳、上饶、鞍山、吉林。此外，北京在4个直辖市中排名第一；深圳在15个副省级市中排名第一；东莞、苏州、合肥、长沙、佛山在100个地级市中排名前五。

（4）科技活动人员数、R&D人员数、R&D内部经费支出额、规模以上工业企业技术改造经费支出额、高等学校数、市辖区绿地面积、"新三板"上市公司数量、SCI和EI工程发文量、绿色专利申请数、专利申请数、专利申请授权数11个指标是影响城市绿色创新能力综合得分的重要因素。

一、引　言

中共十八大报告首次提出创新驱动发展战略，之后中共中央、国务院又出台了《国家创新驱动发展战略纲要》，从国家和全局的角度出发，系统谋划了今后一段时期内各地区各部门创新驱动发展战略的实施流程。经过多年的发展，我国的创新能力和经济实力逐步增强，在全球创新版图中的位势进一步提升。在2017年全球创新报告中，中国的国家排名已上升到第22位。同时，我们也必须清醒地认识到，我国为追求社会经济高速发展，大量的能源、资源被快速消耗而又没有得到及时的补充，资源环境约束的加剧引发了一系列生态环境问题，发展中的不平衡、不协调、不可持续性逐渐暴露出来，这些生态与经济之间日渐凸显的矛盾已逐步成为制约我国可持续发展的主要障碍之一。2015年3月24日，中共中央、国务院发布《关于加快推进生态文明建设的意见》，将"绿色化"与"新型工业化、城镇化、信息化、农业现代化"并列，并将创新驱动作为推进生态文明建设的基本动力。中共十九大报告从"绿色发展、解决突出环境问题、生态系统保护和生态环境监管体制建设"四个方面阐述了生态文明体制改革的步骤和要求，明确指出要"构建市场导向的绿色技术创新体系"，体现出了创新与绿色在我国可持续发展道路上的深度融合。

如今的生态文明时代最重要的趋势之一就是绿色发展。绿色发展理念，就是"既要绿水青山，也要金山银山。宁要绿水青山，不要金山银山，而且绿水青山就是金山银山"。发展绿色产业已经成为国家和区域争取国际地位、转变经济结构、实现追赶超越的战略性布局。Porter指出优先发展以环保、可持续和生态友好为宗旨的绿色经济逐渐成为国家、地区和企业取得市场优势的核心竞争力。着眼于城市未来和可持续发展的创新，才是转变城市发展模式的内在要求与不竭动力。要想取得可持续竞争优势必须通过绿色创新的方式发展绿色经济，因此，以绿色创新推进城市结构转型是非常有必要的。

"创新"是引领发展的第一动力，而"绿色"是实现永续发展的必要条件。绿色创新作为实现经济、社会和生态可持续发展的重要途径，将是推进和实现我国绿色创新发展的重要工具。要了解绿色创新的情况，需要对绿色创新能力进行测度，对测度结果进行评价分析，然后基于分析结果，结合我国绿色创新发展实际情况，提出具有针对性的发展建议，对于优化配置现有资源，提升绿色创新资源利用效率，缩小区域间绿色创新差异，明确绿色创新能力的提升路径，全面提升各省、各城市的创新能力，实现区域均衡绿色发展，打造中国区域经济增长极，实现经济长期稳定高质量发展，具有重要意义。

二、绿色创新能力评价体系的构建

为实现我国可持续发展目标，绿色创新作为重要途径一直备受关注。评价绿色创新能力可以帮助政府、社会各主体掌握区域绿色创新水平，明确区域具有创新性、收益性的环境友好活动开展情况，是实现区域经济、社会和环境可持续发展、提高经济社会发展质量的重要依据，一直受到政府、公众及学者的关注。现有研究从不同层次来界定绿色创新能力。

曹慧等（2006）认为，绿色创新能力综合体现了创新性原则、能力原则和可持续发展原则，是指在保证经济、社会和环境可持续发展的前提下，一定时期内区域创新行为主体将创新投入转变为创新产出的一种综合发展能力，其中创新投入主要包括人力、物力和财力等，创新产出主要包括新知识、新技术和新产品等，绿色创新能力更多地侧重绿色可持续的理念。刘章生等（2017）指出，绿色创新是区域实现经济社会可持续发展的有效力量，可持续发展背景下，绿色创新能力定义为降低能耗、减少环境不利影响的创新能力。

现有研究通过不同计量方法探讨促进区域绿色创新能力提升的因素、不同层次的绿色创新能力的区域差异等问题。李敏、杜鹏程（2018）使用因子分析、多维尺度分析、聚类分析和方差分析，对长江经济带区域绿色持续创新能力进行评价，结果显示，长江上、中、下游绿色持续创新能力差异显著，环境支撑能力、成果转化能力、创新投入能力和效益实现能力对区域绿色持续创新能力促进效果显著，发展能力不存在促进作用。韩军辉、闫姗娜（2018）运用 Malmquist - Luenberger 指数模型计算 26 个行业的绿色技术创新能力，运用系统 GMM 研究绿色技术创新能力对制造业价值链攀升的影响机理，结果表明，绿色技术创新研发对我国制造业价值链攀升影响显著。华振（2011）运用基于 DEA（Data Envelopment Analysis，数据包络分析）的 Malmquist 生产率指数分析法，在评价我国 30 个省份（不含西藏和港澳台地区）的绿色创新能力时，认为我国大部分省市的绿色创新能力较强，绿色创新能力的影响因素分析结果表明，贸易开放度不利于绿色创新能力的提高，环境污染治理投入、R&D 强度、人力资本素质正向促进绿色创新能力。李婉红（2017）应用全域 Moran's I 指数、局域 Moran 散点图分析了我国省域工业绿色技术创新产出的时空演化特征，运用 OLS、SLM（Spatial Lag Model，空间滞后模型）和 SEM（Spatial Error Model，空间误差模型）分析绿色技术创新产出的影响因素，结果显示，我国东部地区绿色技术创新产出较高，绿色 R&D 投入和人均 GDP 对绿色技术创新产出的促进效果较强，环境规制强度存在"阈值效应"。梁文群等（2019）运用包含非期望产出的 SBM（Slacks – based Measure，基于松弛测度）模型，对中国内地 30 个省（不含西藏）区域绿色低碳创新效率进行了分类测度与比较，对造成无效率的来源进行了分解。结果表明：区域绿色低碳创新效率普遍较低，造成区域无效率的原因有投入冗余、非期望产出冗余和产出不足三方面。陈华彬（2018）通过建立绿色技术创新绩效评价指标体系，选取 25 个原始指标，运用因子分析法，使用 SPSS 20.0 软件分析长江经济带 11 个省市的绿色技术创新绩效及其在全国的排名情况。结果表明：创新实力、创新环境、创新生态是影响绿色技术创新绩效的三大因素。江苏、浙江、上海、四川、湖北 5 个省市的绿色技术创新绩效得分排在长江经济带的前 5 位。彭宇文、邹明星（2019）应用 DEA 方法对湖南省 14 个地级市（州）的区域绿色创新效率进行测度及分析。殷群、程月（2016）运用带有非期望产出的 SBM 模型测量 2009 ~ 2013 年我国 30 个省（不含西藏）各区域的绿色创新效率。彭文斌等（2019）基于 2005 ~ 2016 年中国 285 个城市的面板数据，采用 SBM – DEA 模型和探索性空间数据分析（ESDA）方法评价绿色创新水平及其空间分布格局，并运用空间杜宾模型探讨影响绿色创新的主要因素。

目前，国内外关于绿色创新能力的测度没有一套统一的评价指标体系。鉴于此，本报告紧紧围绕国家创新驱动发展战略、加快推进生态文明建设的总体布局，基于目前比较流行的绿色创新投入、产出（包括"期望产出"和"非期望产出"）模型，开展中国省（自治区、直辖市）、地级及以上城市绿色创新发展指数研究，探索并建立一套评价中国绿色创新能力的指标体系，测度并分析评价结果，帮助政府等主体掌握区域绿色创新水平，推动产业优化、技术创新、绿色环保，实现经济社会可持续发展的能力，有针对性地提升区域绿色创新水平。

（一）指标体系

基于国内外主要机构绿色创新评价研究报告和主要指标，本报告按照科学性和兼容并包性原则、系统优化和可操作性原则、可比性和一致性原则、政策性和导向性原则，构建由两个层次指标构成的中国省（自治区、直辖市）、地级及以上城市绿色创新能力评价指标体系，如表 4 - 1 所示，以综合反映中国各地区之间的绿色创新发展差异。其中，一级指标共 3 个，主要包括绿色创新投入、期望产出、非期望产出。二级指标共 37 个，主要包括绿色创新投入二级指标 17 个、期望产出二级指标 15 个、非期望产出二级指标 5 个。

表 4 - 1　中国省（自治区、直辖市）、重点城市绿色创新能力评价指标体系

一级指标	序号	二级指标
绿色创新投入（17 个）	1	科技活动人员数（人）
	2	规模以上工业企业 R&D 项目数（项）
	3	R&D 人员数（人）
	4	财政科技投入占地方财政支出比重（%）
	5	财政教育投入占地方财政支出比重（%）
	6	R&D 内部经费支出额（万元）
	7	R&D 外部经费支出额（万元）
	8	规模以上工业企业新产品开发经费支出额（万元）
	9	规模以上工业企业技术改造经费支出额（万元）
	10	高新技术产业消化吸收经费支出额（万元）
	11	国家自然科学基金面上项目数（个）
	12	国家自然科学基金面上项目经费（万元）
	13	国家社会科学基金项目数（个）
	14	国家实验室数量（个）
	15	博士生毕业人数（个）
	16	高等学校数（个）
	17	能源消耗总量（万吨标准煤）
期望产出（15 个）	18	技术市场成交额（万元）
	19	规模以上工业企业新产品销售收入（万元）
	20	高新技术产业新产品销售收入（万元）
	21	人均地区生产总值（元）
	22	市辖区绿地面积（公顷）
	23	建成区绿化覆盖率（%）
	24	每万人拥有公共汽车数（辆/万人）
	25	一般工业固体废物综合利用量（万吨）
	26	生活垃圾无害化处理率（%）
	27	"新三板"上市公司数量（个）
	28	高新技术产业工业总产值（千亿元）

一级指标	序号	二级指标
期望产出（15个）	29	SCI、EI 工程发文量（篇）
	30	绿色专利申请数（件）
	31	专利申请数（件）
	32	专利申请授权数（件）
非期望产出（5个）	33	工业废水排放量（万吨）
	34	工业氮氧化物排放量（吨）
	35	工业二氧化硫排放量（吨）
	36	工业烟尘排放量（吨）
	37	PM2.5 年平均浓度（微克/立方米）

（二）指标解释

（1）规模以上工业企业 R&D 项目数（项）：规模以上工业企业是指年主营业务收入 2000 万元及以上的工业法人单位。"R&D 项目"即"研究与开发项目"。

（2）国家自然科学基金面上项目数（个）：面上项目也叫一般项目，是国家自然科学基金研究项目系列中的主要部分，支持从事基础研究的科学技术人员在国家自然科学基金资助范围内自主选题，开展创新性的科学研究，促进各学科均衡、协调和可持续发展。此项指标数据可以在国家自然科学基金委员会 2017 年度报告中找到。

（3）国家社会科学基金项目数（个）：国家社会科学基金与国家自然科学基金一样，是我国在科学研究领域支持基础研究的主渠道，面向全国，重点资助具有良好研究条件、研究实力的高等院校和科研机构中的研究人员。国家社会科学基金现由全国哲学社会科学工作办公室负责管理。此项指标数据可以在"国家社科基金项目数据库"中检索并整理得出。

（4）博士生毕业人数（个）：博士研究生即攻读博士学位的研究生，简称博士生，是研究生学历的最高一级，也是高等学历教育中最高的教育等级。

（5）能源消耗总量 = 能源合计（万吨标准煤）：能源消费总量是一定时期内全国物质生产部门、非物质生产部门消费的各种能源的总和，是观察能源消费水平、构成和增长速度的总量指标，包括原煤和原油及其制品、天然气、电力。对于此项指标，国家统计局一般以万吨标准煤来折算。

（6）人均地区生产总值（元）：人均地区生产总值（Per Capita GRP）是人们了解和把握一个地区的宏观经济运行状况的有效工具，即"人均 GRP"，常作为发展经济学中衡量经济发展状况的指标，是最重要的宏观经济指标之一。

（7）市辖区绿地面积（公顷）：绿化可以吸收二氧化碳、二氧化硫，放出氧气；防风防尘；调节气候，降低噪声，美化环境。

（8）建成区绿化覆盖率（％）：指在城市建成区的绿化覆盖面积占建成区的百分比。

（9）一般工业固体废物综合利用量（万吨）：指通过回收、加工、循环、交换等方式，从固体废物中提取或者使其转化为可以利用的资源、能源和其他原材料的固体废物量（包括当年利用往年的工业固体废物累计贮存量）。

（10）生活垃圾无害化处理率（％）：指生活垃圾无害化处理量与生活垃圾产生量的比率。

（11）绿色专利申请数（件）：绿色专利是指以绿色技术为发明主题的发明、实用新型和外观设计专利。绿色技术指有利于节约资源、提高能效、防控污染、实现可持续发展的技术，主要包括替代能源、环境材料、节能减排、污染控制与治理、循环利用技术。中国绿色专利数据库是根据国家知识产权局绿色专利分类体系形成的。此项数据来源于 2018 年 8 月 15 日国家知识产权局编发的 2018 年第 14 期《专利统计简报》专刊"中国绿色专利统计报告（2014—2017 年）"。

（12）专利申请数（件）：是指发明人向国家知识产权局提出专利申请并被受理的件数。

（13）专利申请授权数（件）：是指获得专利权的申请数。

（14）工业废水排放量（万吨）：是环境统计主要指标之一。近年来，随着工业的迅速发展，我国每年排放大量的工业废水，废水的数量及种类也在不断增加，对水体的污染日趋广泛，严重威胁人类的安全及健康。

（15）工业氮氧化物排放量（吨）：是环境统计主要指标之一。以一氧化氮和二氧化氮为主的氮氧化物是形成有毒光化学烟雾和酸雨的一个重要原因。

（16）工业二氧化硫排放量（吨）：是环境统计主要指标之一。工业生产过程中排放的二氧化硫进入大气后，其中的部分会转化成三氧化硫与大气中的水分或其他物质合成硫酸或其他硫酸盐，通过降水形成酸雨，对工农业生产和生态环境造成严重损害。

（17）工业烟尘排放量（吨）：是环境统计主要指标之一。工业企业在燃料燃烧和生产工艺过程中排入大气含有污染物的烟（粉）尘，严重污染环境，影响大气质量，危害人体健康。

（18）PM2.5 年平均浓度（微克/立方米）：PM2.5，即"可吸入细颗粒物"，又称细粒、细颗粒，是指环境空气中空气动力学当量直径小于等于 2.5 微米的颗粒物。它能较长时间地悬浮于空气中，其在空气中含量浓度越高，就代表空气污染越严重。

其他指标的解释见第一章。

(三) 评价对象

本报告在考虑城市统计数据的可得性、准确性和标准性的基础上，选取中国大陆 31 个省（自治区、直辖市）和 119 个重点城市（所有一、二、三线城市）进行量化研究。具体说明见第一章的内容。本报告力争采用最新数据分析中国省（自治区、直辖市）、重点城市当前绿色创新能力情况，相关数据主要来源于《中国统计年鉴》《中国城市统计年鉴》《中国科技统计年鉴》等国家、地区、城市政府公布的统计年鉴、统计公报等官方出版物，部分缺失数据采用插值法进行填补。除官方公布的统计数据外，也从国际知名研究机构和网站获取部分数据，如中国知网、CSMAR 经济金融研究数据库等。

三、评价方法、测度结果及评价分析

(一) 评价方法

本研究采用熵权法（Entropy Weight Method，EWM）综合评价中国大陆 31 个省（自治区、直辖市）和 119 个重点城市的绿色创新能力水平。其中，在熵权法第一步"原始数据 x_{ij} 标准化处理"中对"绿色创新投入"第 17 项指标和"非期望产出"指标数据进行负向处理：

$$x'_{ij} = \frac{\max x_{ij} - x_{ij}}{\max x_{ij} - \min x_{ij}} \qquad (4-1)$$

其中，x_{ij} 为原始数据，x'_{ij} 为标准化后的数据，$\max x_{ij}$ 为原始数据的最大值，$\max x_{ij}$ 为原始数据的最小值。

(二) 中国大陆 31 个省（自治区、直辖市）的测度结果及评价分析

通过运用熵权法对中国大陆 31 个省（自治区、直辖市）的测度，各指标的权重结果及中国 31 个省（自治区、直辖市）2017 年绿色创新能力综合得分及排名结果分别如表 4-2、表 4-3 所示。

表4－2　中国省（自治区、直辖市）绿色创新能力评价指标体系及权重

一级指标	序号	二级指标	权重
绿色创新投入 （17 个）	1	科技活动人员数（人）	0.0358
	2	规模以上工业企业 R&D 项目数（项）	0.0405
	3	R&D 人员数（人）	0.0381
	4	财政科技投入占地方财政支出比重（％）	0.0219
	5	财政教育投入占地方财政支出比重（％）	0.0112
	6	R&D 内部经费支出额（万元）	0.0519
	7	R&D 外部经费支出额（万元）	0.0389
	8	规模以上工业企业新产品开发经费支出额（万元）	0.0410
	9	规模以上工业企业技术改造经费支出额（万元）	0.0272
	10	高新技术产业消化吸收经费支出额（万元）	0.0641
	11	国家自然科学基金面上项目数（个）	0.0370
	12	国家自然科学基金面上项目经费（万元）	0.0371
	13	国家社会科学基金项目数（个）	0.0127
	14	国家实验室数量（个）	0.0447
	15	博士生毕业人数（个）	0.0459
	16	高等学校数（个）	0.0097
	17	能源消耗总量（万吨标准煤）	0.0083
期望产出 （15 个）	18	技术市场成交额（万元）	0.0541
	19	规模以上工业企业新产品销售收入（万元）	0.0268
	20	高新技术产业新产品销售收入（万元）	0.0337
	21	人均地区生产总值（元）	0.0179
	22	市辖区绿地面积（公顷）	0.0214
	23	建成区绿化覆盖率（％）	0.0072
	24	每万人拥有公共汽车数（辆/万人）	0.0146
	25	一般工业固体废物综合利用量（万吨）	0.0194
	26	生活垃圾无害化处理率（％）	0.0026
	27	"新三板"上市公司数量（个）	0.0406
	28	高新技术产业工业总产值（千亿元）	0.0337
	29	SCI、EI 工程发文量（篇）	0.0317
	30	绿色专利申请数（件）	0.0323
	31	专利申请数（件）	0.0354
	32	专利申请授权数（件）	0.0375
非期望产出 （5 个）	33	工业废水排放量（万吨）	0.0032
	34	工业氮氧化物排放量（吨）	0.0053
	35	工业二氧化硫排放量（吨）	0.0067
	36	工业烟尘排放量（吨）	0.0043
	37	PM2.5 年平均浓度（微克/立方米）	0.0110

从表4-2的权重可以看出，权重超过0.04的指标有8个，分别为规模以上工业企业R&D项目数、R&D内部经费支出额、规模以上工业企业新产品开发经费支出额、高新技术产业消化吸收经费支出额、国家实验室数量、博士生毕业人数、技术市场成交额、"新三板"上市公司数量。根据信息熵的概念，指标波动的幅度越大，权重也就越大。这说明上面8个指标是影响省级绿色创新能力综合得分的重要因素。从这些信息可以看出，R&D相关人员、项目、经费投入、新产品开发、高新技术产业等是提高省级绿色创新能力的重要途径。

从表4-3的结果来看，2017年全国绿色创新能力综合得分排名前五的省份分别是广东、江苏、北京、上海、浙江，都处于东部地区。其中，广东在东部地区中排名第一，湖北在中部地区中排名第一，四川在西部地区中排名第一，辽宁在东北地区中排名第一。

表4-3　2017年中国31个省（自治区、直辖市）绿色创新能力综合得分及排名

省份	综合得分F	全国排名	省份	综合得分F	全国排名	省份	综合得分F	全国排名
广东	0.6684	1	河南	0.1729	12	山西	0.0906	23
江苏	0.5907	2	天津	0.1715	13	贵州	0.0853	24
北京	0.5091	3	陕西	0.1653	14	甘肃	0.0819	25
上海	0.3993	4	辽宁	0.1527	15	内蒙古	0.0727	26
浙江	0.3946	5	河北	0.1465	16	海南	0.0649	27
山东	0.3452	6	重庆	0.1398	17	宁夏	0.0639	28
湖北	0.2367	7	江西	0.1301	18	新疆	0.0634	29
安徽	0.2225	8	吉林	0.1139	19	青海	0.0610	30
福建	0.1967	9	广西	0.1041	20	西藏	0.0437	31
湖南	0.1941	10	云南	0.0947	21			
四川	0.1841	11	黑龙江	0.0918	22			

我们以在全国31个省（自治区、直辖市）综合排名第10位的湖南省为例，对省级"绿色创新能力评价指标体系"中所有37个二级指标分别测算其在全国的排名结果，得到表4-4所示情况。从表4-4可以看出，2017年湖南省有12项评价指标排名在全国第10位以内（含第10位），其中有1项指标（"规模以上工业企业技术改造经费支出额"）排名进入全国前五名；另外的25项评价指标排名都在全国第10位之后，其中"工业废水排放量"这项指标排名最靠后，排在全国第25位。

表 4 - 4　2017 年湖南省绿色创新能力各项二级评价指标在全国的排名结果

序号	评价指标	全国排名	序号	评价指标	全国排名	序号	评价指标	全国排名	序号	评价指标	全国排名
1	科技活动人员数	10	11	国家自然科学基金面上项目数	15	21	人均地区生产总值	16	31	专利申请数	14
2	规模以上工业企业 R&D 项目数	14	12	国家自然科学基金面上项目经费	15	22	市辖区绿地面积	18	32	专利申请授权数	13
3	R&D 人员数	9	13	国家社会科学基金项目数	13	23	建成区绿化覆盖率	9	33	工业废水排放量	25
4	财政科技投入占地方财政支出比重	18	14	国家实验室数量	11	24	每万人拥有公共汽车数	13	34	工业氮氧化物排放量	17
5	财政教育投入占地方财政支出比重	16	15	博士生毕业人数	9	25	一般工业固体废物综合利用量	19	35	工业二氧化硫排放量	12
6	R&D 内部经费支出额	12	16	高等学校数	6	26	生活垃圾无害化处理率	11	36	工业烟尘排放量	15
7	R&D 外部经费支出额	8	17	能源消耗总量	17	27	"新三板"上市公司数量	13	37	PM2.5 年平均浓度	19
8	规模以上工业企业新产品开发经费支出额	7	18	技术市场成交额	14	28	高新技术产业工业总产值	6			
9	规模以上工业企业技术改造经费支出额	4	19	规模以上工业企业新产品销售收入	11	29	SCI、EI 工程发文量	7			
10	高新技术产业消化吸收经费支出额	7	20	高新技术产业新产品销售收入	8	30	绿色专利申请数	13			

（三）119 个地级及以上城市的测度结果及评价分析

目前，最新出版的《中国城市统计年鉴（2018）》收录了 2017 年全国各级城市社会经济发展等方面的主要统计数据，但是其涉及"绿色创新评价指标体系"的内容比较少，而且部分指标数据缺失严重。另外，我们也积极通过遍览各省（自治区、直辖市）、重点城市政府公布的统计年鉴、统计公报等，尽力查找"绿色创新评价指标体系"相关指标数据。但鉴于数据的最终可得性，"中国重点城市绿色创新评价指标体系"的指标数量比"中国省（自治区、直辖市）绿色创新能力评价指标体系"要少，由 37 个二级指标减少为 23 个二级指标，其中绿色创新投入二级指标 7 个，期望产出二级指标 11 个，非期望产出二级指标 5 个。二级指标中的"一般工业固体废物综合利用量"替换为"一般工业固体废物综合利用率"（"一般工业固体废物综合利用率"是指一般工业固体废物综合利用量占一般固体废物产生量与综合利用往年贮存量之和的百分率）；对于二级指标中的"绿色专利申请数"，根据 2018 年 8 月 15 日国家知识产权局编发的 2018 年第 14 期《专利统计简报》专刊"中国绿色专利统计报告（2014—2017 年）"中的内容"2014—2017 年，中国绿色技术的创新活动主要活跃在污染控制与治理、环境材料、替代能源、节能减排四个技术领域，以污染控制与治理领域最为活跃"，我们以"污染控制与治理领域"为重点在国家知识产权局专利数据库进行检索并整理得出各城市的"绿色专利申请数"。

通过运用熵权法对中国 119 个重点城市的测度，各指标的权重结果及中国 119 个重点城市 2017 年绿色创新能力综合得分及排名结果分别如表 4 - 5、表 4 - 6 所示。

从表 4 - 5 的权重可以看出，权重超过 0.05 的指标有 11 个，分别为科技活动人员数、R&D 人员数、R&D 内部经费支出额、规模以上工业企业技术改造经费支出额、高等学校数、市辖区绿地面积、"新三板"上市公司数量、SCI 和 EI 工程发文量、绿色专利申请数、专利申请数、专利申请授权数。根据信息熵的概念，指标波动的幅度越大，权重也就越大。这说明上面 6 个指标是影响城市绿色创新能力综合得分的重要因素。从这些信息可以看出，R&D 相关人员及经费投入、企业技术改造经费、高校人才、绿化面积、"新三板"上市公司数、绿色专利项目等是提高城市绿色创新能力的重要途径。

表 4 - 5　中国重点城市绿色创新能力评价指标体系及权重

一级指标	序号	二级指标	权重
绿色创新投入（7 个）	1	科技活动人员数（人）	0.1072
	2	R&D 人员数（人）	0.0663
	3	财政科技投入占地方财政支出比重（%）	0.0261
	4	财政教育投入占地方财政支出比重（%）	0.0112
	5	R&D 内部经费支出额（万元）	0.0803
	6	规模以上工业企业技术改造经费支出额（万元）	0.0931
	7	高等学校数（个）	0.0554

续表

一级指标	序号	二级指标	权重
期望产出 （11 个）	8	人均地区生产总值（元）	0.0166
	9	市辖区绿地面积（公顷）	0.0655
	10	建成区绿化覆盖率（%）	0.0016
	11	每万人拥有公共汽车数（辆/万人）	0.0232
	12	一般工业固体废物综合利用率（%）	0.0048
	13	生活垃圾无害化处理率（%）	0.0026
	14	"新三板"上市公司数量（个）	0.0947
	15	SCI、EI 工程发文量（篇）	0.1465
	16	绿色专利申请数（件）	0.0715
	17	专利申请数（件）	0.0577
	18	专利申请授权数（件）	0.0603
非期望产出 （5 个）	19	工业废水排放量（万吨）	0.0024
	20	工业氮氧化物排放量（吨）	0.0014
	21	工业二氧化硫排放量（吨）	0.0020
	22	工业烟尘排放量（吨）	0.0011
	23	PM2.5 年平均浓度（微克/立方米）	0.0086

从表 4 - 6 的结果来看，在全国 119 个重点城市中，2017 年全国绿色创新能力综合得分排名前五的城市分别是北京、上海、深圳、广州、南京。其中，"北上深广"一线城市继续领跑全国 119 个重点城市，南京紧随其后。而天津、成都、东莞、杭州、苏州则依次成为"中国最具绿色创新力的城市"前十。排名后 10 位（从第 110 位至第 119 位）的城市分别是三亚、潮州、商丘、荆州、邯郸、信阳、咸阳、上饶、鞍山、吉林。

表 4 - 6　2017 年中国 119 个重点城市绿色创新能力综合得分及排名

城市	综合得分	全国排名	城市	综合得分	全国排名	城市	综合得分	全国排名	城市	综合得分	全国排名
北京	0.8958	1	昆明	0.1195	31	汕头	0.0675	61	海口	0.0528	91
上海	0.5549	2	长春	0.1172	32	连云港	0.0664	62	秦皇岛	0.0527	92
深圳	0.5053	3	珠海	0.1167	33	洛阳	0.0663	63	银川	0.0516	93
广州	0.4141	4	大连	0.1164	34	济宁	0.0661	64	南阳	0.0501	94
南京	0.3394	5	泉州	0.1159	35	淮安	0.0645	65	宿迁	0.0495	95
天津	0.3138	6	温州	0.1157	36	马鞍山	0.0644	66	岳阳	0.0495	96
成都	0.2894	7	南昌	0.1134	37	泰安	0.0632	67	九江	0.0493	97

城市	综合得分	全国排名	城市	综合得分	全国排名	城市	综合得分	全国排名	城市	综合得分	全国排名
东莞	0.2825	8	南通	0.1122	38	桂林	0.0631	68	大庆	0.0471	98
杭州	0.2777	9	芜湖	0.1116	39	襄阳	0.0628	69	衡阳	0.0471	99
苏州	0.2746	10	石家庄	0.1089	40	新乡	0.0619	70	包头	0.0465	100
西安	0.2710	11	扬州	0.1043	41	绵阳	0.0615	71	南平	0.0462	101
武汉	0.2709	12	南宁	0.1003	42	株洲	0.0615	72	遵义	0.0462	102
重庆	0.2496	13	镇江	0.1002	43	临沂	0.0614	73	梅州	0.0457	103
合肥	0.2094	14	嘉兴	0.0984	44	赣州	0.0610	74	清远	0.0454	104
长沙	0.1800	15	盐城	0.0940	45	保定	0.0601	75	湛江	0.0452	105
青岛	0.1798	16	惠州	0.0940	46	肇庆	0.0591	76	揭阳	0.0452	106
宁波	0.1724	17	潍坊	0.0930	47	沧州	0.0591	77	阜阳	0.0448	107
佛山	0.1710	18	徐州	0.0907	48	唐山	0.0585	78	郴州	0.0443	108
太原	0.1663	19	金华	0.0894	49	舟山	0.0580	79	宁德	0.0440	109
郑州	0.1662	20	湖州	0.0891	50	漳州	0.0576	80	三亚	0.0434	110
无锡	0.1660	21	烟台	0.0886	51	安庆	0.0575	81	潮州	0.0419	111
济南	0.1647	22	台州	0.0866	52	宜昌	0.0569	82	商丘	0.0414	112
哈尔滨	0.1404	23	兰州	0.0866	53	柳州	0.0568	83	荆州	0.0410	113
沈阳	0.1382	24	威海	0.0848	54	湘潭	0.0566	84	邯郸	0.0409	114
福州	0.1337	25	乌鲁木齐	0.0772	55	龙岩	0.0564	85	信阳	0.0399	115
贵阳	0.1327	26	泰州	0.0759	56	三明	0.0558	86	咸阳	0.0392	116
常州	0.1308	27	江门	0.0742	57	廊坊	0.0544	87	上饶	0.0366	117
厦门	0.1281	28	淄博	0.0708	58	滁州	0.0541	88	鞍山	0.0359	118
绍兴	0.1257	29	呼和浩特	0.0702	59	莆田	0.0540	89	吉林	0.0320	119
中山	0.1203	30	蚌埠	0.0683	60	丽水	0.0528	90			

此外，北京在4个直辖市中排名第一；深圳在15个副省级市中排名第一；东莞、苏州、合肥、长沙、佛山在100个地级市中排名前五。

根据中国119个重点城市2017年绿色创新能力的测算结果，绘出中国119个重点城市2017年绿色创新能力综合得分F值的空间分布，在我国119个重点城市中，绿色创新能力较高的城市主要集中在中部和东部地区。

以湖南省的城市为例，湖南省入围一、二、三线城市的分别为长沙、株洲、湘潭、岳阳、衡阳、郴州6个城市，其绿色创新能力综合排名分别为第15、第72、第84、第96、第99、第108位。湖南省这6个城市的平均排名为第79位，处于119个重点城市里中间靠后的位置。我们对这6个城市的"绿色创新能力评价指标体系"中所有20个二级指标分别测算其在全国119个重点城市中的排名结果，得到表4-7所示情况。

从表 4 - 7 可以看出，2017 年长沙市有 9 项评价指标排名在全国第 15 位（含第 15 位）以内，处于全国前列，分别是科技活动人员数、R&D 人员数、R&D 内部经费支出额、高等学校数、每万人拥有公共汽车数、生活垃圾无害化处理率、"新三板"上市公司数量、绿色专利申请数、工业二氧化硫排放量；另外的 14 项评价指标排名都在全国第 15 位之后，其中"财政教育投入占地方财政支出比重"这项指标排名最靠后，是其"短板"，排在全国第 93 位。而株洲、湘潭的"短板"也都是"财政教育投入占地方财政支出比重"这项指标，分别排名全国第 114 位、第 110 位；岳阳、郴州的"短板"则都是"SCI、EI 工程发文量"这项指标，分别排名全国第 116 位、第 119 位；衡阳的"短板"则是"财政科技投入占地方财政支出比重"这项指标，排名全国第 114 位。

表 4 - 7　2017 年湖南省 6 个重点城市绿色创新能力各项二级评价指标在全国的排名结果

序号	评价指标	长沙	株洲	湘潭	岳阳	衡阳	郴州
1	科技活动人员数	14	102	69	44	78	63
2	R&D 人员数	13	71	73	75	91	96
3	财政科技投入占地方财政支出比重	50	46	49	94	114	96
4	财政教育投入占地方财政支出比重	93	114	110	107	69	56
5	R&D 内部经费支出额	15	63	74	60	81	86
6	规模以上工业企业技术改造经费支出额	23	57	80	89	106	98
7	高等学校数	12	58	53	101	61	109
8	人均地区生产总值	35	18	55	30	101	103
9	市辖区绿地面积	31	84	104	94	73	105
10	建成区绿化覆盖率	73	62	15	64	107	9
11	每万人拥有公共汽车数	4	37	27	45	51	12
12	一般工业固体废物综合利用率	68	36	20	84	82	75
13	生活垃圾无害化处理率	1	1	1	1	1	1
14	"新三板"上市公司数量	15	105	73	76	107	106
15	SCI、EI 工程发文量	25	51	32	116	75	119
16	绿色专利申请数	10	81	74	104	90	96
17	专利申请数	25	79	97	110	92	111
18	专利申请授权数	29	74	95	108	87	117
19	工业废水排放量	49	14	17	78	40	29
20	工业氮氧化物排放量	20	42	43	61	53	34
21	工业二氧化硫排放量	13	79	98	56	74	32
22	工业烟尘排放量	29	47	98	36	72	44
23	PM2.5 年平均浓度	84	86	81	78	39	26
	全国综合排名	15	72	84	96	99	108

注：这 6 个重点城市的"生活垃圾无害化处理率"都是 100%，排名并列第一。

四、主要结论与对策建议

综上所述，本报告得出以下主要结论：

（1）2017 年，全国绿色创新能力综合得分排名前五的省份分别是广东、江苏、北京、上海、浙江，都处于东部地区。其中，广东在东部地区中排名第一，湖北在中部地区中排名第一，四川省在西部地区中排名第一，辽宁省在东北地区中排名第一。

（2）规模以上工业企业 R&D 项目数、R&D 内部经费支出额、规模以上工业企业新产品开发经费支出额、高新技术产业消化吸收经费支出额、国家实验室数量、博士生毕业人数、技术市场成交额、"新三板"上市公司数量 8 个指标是影响省级绿色创新能力综合得分的重要因素。

（3）在全国 119 个重点城市中，2017 年全国绿色创新能力综合得分排名前十的城市分别是北京、上海、深圳、广州、南京、天津、成都、东莞、杭州、苏州。排名后10 位（从第 110 位至第 119 位）的城市分别是：三亚、潮州、商丘、荆州、邯郸、信阳、咸阳、上饶、鞍山、吉林。此外，北京在 4 个直辖市中排名第一；深圳在 15 个副省级市中排名第一；东莞、苏州、合肥、长沙、佛山在 100 个地级市中排名前五。

（4）科技活动人员数、R&D 人员数、R&D 内部经费支出额、规模以上工业企业技术改造经费支出额、高等学校数、市辖区绿地面积、"新三板"上市公司数量、SCI 和EI 工程发文量、绿色专利申请数、专利申请数、专利申请授权数 11 个指标是影响城市绿色创新能力综合得分的重要因素。

在前文分析、研究的基础上，我们紧紧抓住影响绿色创新能力的关键因素，提出如下对策建议：

第一，加大绿色创新发展力度，推进绿色创新驱动经济高质量发展。创新是发展的第一动力，但新的历史时期需要新的创新，需要有别于传统创新的绿色创新。我们不能撇开创新谈绿色，也不能撇开绿色谈创新，而是要在保护好"绿水青山"的基础上创新出高质量的科技供给，要讲究经济绩效，更不能忽略环境绩效，这也是经济高质量发展的内在要求。企业是绿色创新的主体，政府要为企业进行绿色创新活动提供良好的环境，鼓励和引导企业加大在绿色创新领域的研发与应用，保护企业的绿色创新成果，充分发挥绿色创新的"乘数效应"，促进制造业迈向全球价值链中高端，推动经济高质量发展。通过"互联网＋""中国制造 2025"等一系列战略的实施，大力培育战略性新兴产业，同时要在全社会营造绿色创新的良好氛围，加大对公众的宣传力度，在增强公众的环保意识和创新意识、健全绿色低碳循环发展的经济体系等方面下功夫，形成全社会共同推进绿色创新以驱动经济往高质量层次发展的新局面。

第二，完善绿色创新环境，优化经济发展模式。在经济体制、经济结构和经济发展方式上转型升级，构建绿色经济环境，在我国当前众包经济、平台经济、分享经济、创客经济的商业模式下，大力发展科技服务业，服务实体经济转型升级，提高绿色产品对区域经济增长的贡献度。加快产业结构转型升级的步伐，将第三产业与高新技术的加速结合作为产业结构优化升级的重点，明确区域之间创新资源的差异，依据区位条件、产业基础和市场环境等因素，明确产业发展的重点和方向，避免重复建设和同质竞争，形成同资源环境承载力相适应的产业布局。提高对外开放水平，加快实施自由贸易区战略，进一步开放市场，放开外资准入限制，将盲目追求招商引资数量和攀比优惠政策的引资方式，转到依靠改善投资环境吸引外资的方式上，提高引进的外商投资质量。

第三，缩小绿色创新能力区域差异，明确区域发展功能定位。梳理区域绿色资源存量流量及相对优劣势，重新审视区域产业布局的合理性和有效性，特别是高耗能高排放产业。探索各地区独具特色的新的绿色经济增长点，寻找符合自身产业布局的新绿色业态，特别是高技术产业、绿色农业、清洁工业，明确具有优势的地区创新主体研究开发新的绿色技术。在此基础上，定位绿色发展方式，聚焦以城市群、经济带为核心的协同创新发展战略，建立符合绿色经济要求、同资源环境承载力相适应的产业布局，促进区域之间的协同发展，增强绿色创新带来的绿色经济的辐射带动作用。

第四，加大绿色创新研发投入，建立多元化创新研发投入体系。政府部门要协调中央财政投入与地方创新发展的供需平衡，发挥政府部门对研发的管理优势，进一步加大财政科技、教育投入，引导地方政府、市场主体、高校、研究机构等加大科技研发投入力度，积极引导政府和企业加大对我国基础应用和战略前瞻等研究的投资力度，将来自民间的资本和来自金融机构的资金都充分融入创新领域，将科技投入体系打造成集合多元化、多渠道、多层次的综合性投入体系。完善科技创新资金投入的优惠政策体系，提高研发资金的针对性和使用效率，推动高新技术企业税收优惠、研发加计扣除、科研项目管理体制改革等支持政策的有效落实，激发市场主体调动创新投入与企业开展研发活动的积极性，充分调动全社会增加研发经费的投入强度，充分发挥创新对我国经济转型升级的支撑和引领作用。提高基础研究占比，完善基础研究投入机制，国家财政投入是基础性研究投入的重要主体之一，基础研究在财政投入中占比的提升，需要针对企业与政府投资实行积极的引导与鼓励，争取形成全社会多措并举支持鼓励基础研究的合力。

参考文献

［1］人民网．胡锦涛在中国共产党第十八次全国代表大会上的报告［EB/OL］．http：//cpc. people. com. cn/n/2012/1118/c64094 – 19612151. html.

［2］中国政府网．中共中央　国务院印发《国家创新驱动发展战略纲要》［EB/OL］．http：//www. gov. cn/zhengce/2016 – 05/19/content_ 5074812. htm.

［3］湖南创新发展研究院．2018 湖南创新发展研究院智库研究报告——创新引领开放崛起［M］．北京：经济管理出版社，2018.

［4］新华社．中共中央　国务院关于加快推进生态文明建设的意见［EB/OL］．http：//www. xinhuanet. com//politics/2015 – 05/05/c_ 1115187518. htm.

［5］新华社．决胜全面建成小康社会　夺取新时代中国特色社会主义伟大胜利——在中国共产党第十九次全国代表大会上的报告［EB/OL］．http：//www. xinhuanet. com/politics/19cpcnc/2017 – 10/27/c_ 1121867529. htm.

［6］Porter M. E. , Journal S. M. Towards a Dynamic Theory of Strategy［J］. Strategic Management Journal, 1991（Winter Special Issue）：95 – 117.

［7］曹慧，石宝峰，赵凯．我国省级绿色创新能力评价及实证［J］．管理学报，2016，13（8）：1215 – 1222.

［8］刘章生，宋德勇，弓媛媛．中国绿色创新能力的时空分异与收敛性研究［J］．管理学报，2017，14（10）：1475 – 1483.

［9］李敏，杜鹏程．长江经济带区域绿色持续创新能力的差异性研究［J］．华东经济管理，2018，32（2）：83 – 90.

［10］韩军辉，闫姗娜．绿色技术创新能力对制造业价值链攀升的影响［J］．科技管理研究，2018，38（24）：177 – 182.

［11］华振．我国绿色创新能力评价及其影响因素的实证分析——基于 DEA – Malmquist 生产率指数分析法［J］．技术经济，2011，30（9）：36 – 41，69.

［12］李婉红．中国省域工业绿色技术创新产出的时空演化及影响因素：基于 30 个省域数据的实证研究［J］．管理工程学报，2017，31（2）：9 – 19.

［13］梁文群，秦天如，梁鹏．中国区域绿色低碳创新效率的分类测度与比较［J］．干旱区资源与环境，2019，33（11）：9 – 16.

［14］陈华彬．长江经济带绿色技术创新绩效研究——基于因子分析法的视角［J］．重庆理工大学学报（社会科学版），2018，32（8）：34 – 44.

［15］彭宇文，邹明星．湖南省区域绿色创新效率评价比较研究［J］．经济论坛，2019（7）：37 – 44.

［16］殷群，程月．我国绿色创新效率区域差异性及成因研究［J］．江苏社会科学，2016（2）：64 – 69.

［17］彭文斌，文泽宙，邝嫦娥．中国城市绿色创新空间格局及其影响因素［J］．广东财经大学学报，2019，34（1）：25－37.

［18］百度百科．一线城市［EB/OL］．https：//baike. baidu. com/item/一线城市/7823735？fr = aladdin.

［19］百度百科．新一线城市［EB/OL］．https：//baike. baidu. com/item/新一线城市/12703052？fr = aladdin.

［20］百度百科．二线城市［EB/OL］．https：//baike. baidu. com/item/二线城市/3713581.

［21］百度百科．三线城市［EB/OL］．https：//baike. baidu. com/item/三线城市/8381469？fr = aladdin.

［22］刘友金，周健．"换道超车"：新时代经济高质量发展路径创新［J］．湖南科技大学学报（社会科学版），2018，21（1）：49－57.

［23］王佳惠．城市绿色创新效率及其影响因素研究［D］．西安：陕西师范大学，2018.

［24］罗澄宇．我国省域绿色创新能力的区域差异及影响因素分析［D］．西安：西安理工大学，2019.

第五章

城市绿色创新促进经济
高质量发展的对策*

内容提要： 绿色创新因兼具绿色发展与创新驱动的双重属性，是新时代加快我国经济结构转型升级、推进新旧动能转换进而实现经济高质量发展的中坚力量。为此，本章立足于城市空间效应视角，分析城市内、城市间和城市总体三个层面绿色创新对经济高质量发展的传导机制，揭示城市绿色创新影响高质量发展的内在规律，在此基础上选取中国 270 个地级市相关面板数据，准确度量绿色创新水平与经济高质量发展综合指数，通过考察绿色创新和经济高质量发展的空间格局和演变趋势，实证检验城市绿色创新影响经济高质量发展的空间效应，最后提出城市绿色创新促进经济高质量发展的空间治理对策。

关键词： 城市；绿色创新；经济高质量发展；对策

核心观点：

（1）绿色创新和经济高质量发展的城市空间格局均呈现区域集聚特征和波动式发展态势。总体而言，大多数城市仍处于绿色创新低水平区域和低质量发展水平阶段。

（2）经济高质量发展呈现出显著的空间关联性，一个地区经济高质量发展水平的提升受到城市间其他城市经济高质量发展的空间溢出效应影响，且该效应表现为显著的正向促进作用。

（3）绿色创新通过融合绿色发展与创新驱动实现环境效益和经济效益"双赢"，促进城市内经济高质量发展提升，这是现阶段打破传统黑色发展模式转型城市经济高质量发展的基本路径。同时，在空间知识溢出传导下，绿色创新对城市间其他城市经济

---

* 本章是湖南省社会科学基金一般项目（18YBA168）、湖南省教育厅科学研究优秀青年项目（18B212）、湖南省社会科学成果评审委员会课题（XSP20YBC051）的阶段性成果。

高质量发展水平也具有显著的促进作用。总体上，绿色创新会在空间上形成合力，通过城市空间效应助推经济高质量发展。

一、引　言

　　城市是现代社会生活的基本载体，对经济发展全局具有举足轻重的作用。21 世纪以来，我国逐步迈上工业化与城市化的加速时期，与此同时，经济发展也日益陷入经济增长和资源环境破坏、经济增长与贫富差距扩张之间的博弈困境。习近平总书记在党的十九大报告中提出我国经济已由高速增长阶段转向高质量发展阶段，目前正处于转变经济增长方式、优化经济增长结构、转换经济增长动能的攻关期；2018 年中央经济工作会议上习总书记再次提到中国进入特色社会主义新时代最根本的特征就是我国经济已进入高质量发展阶段。由此可见，高质量发展将成为当前乃至未来很长时间内中国经济发展的主要战略导向，推动城市经济高质量发展将成为促进我国建设成为现代化先进文化强国的重中之重。

　　绿色创新是指为减少或避免因经济活动带来的不利环境影响而加入新的改良过的思想、产品或技术等创新行为。现有相关研究发现绿色创新在省域空间和地级市空间都存在显著的城市空间溢出效应，这表明绿色创新不仅会对城市内经济发展产生影响，还能通过空间溢出效应影响城市间其他城市的经济发展进程。作为引领经济发展的重要引擎，绿色创新融合了绿色发展和创新驱动的双重内涵，与经济高质量发展思想具有内在逻辑的一致性；绿色创新追求可持续、健康、稳定、包容的发展方式和发展模式，这与经济高质量发展坚持数量和质量的辩证统一，在保持一定发展规模与速度的前提下提高经济效益、优化经济结构和增加社会福利的基本要求相吻合。从长期来看，政府主导下的绿色创新战略及行动，可能通过设置适当的环境规制约束、税收优惠和补贴等激励手段，给企业绿色创新带来的"创新补偿效应"力量优于政府环境规制的"遵循成本效应"，从而营造环境保护与经济效益的"双赢"局面，助推经济高质量发展。同时，城市作为经济社会活动高度集中的载体，高质量的城市空间治理模式正变得日趋重要，而绿色创新作为实现城市经济可持续发展的核心动力，在中国经济高质量发展转型进程中，也必将受到城市空间的相互作用。随着高质量发展理念逐步融入城市发展的各个领域，建设"绿色城市""生态城市""创新城市"和"宜居城市"成为推进城市高质量发展战略的重要引擎。毫无疑问，基于城市这一地理空间单元，如何重构和优化城市空间治理模式，提出推动绿色创新以促进经济高质量发展的对策分析，已然上升为中国区域一体化战略和城市群建设的重要议题。

目前从绿色创新角度探索经济高质量发展的文献较为少见。绿色创新兼具绿色发展和创新驱动两大要求，其本身是一种具有高投入、高风险和正外部性特征的创新活动。这种特征使绿色创新有别于一般创新，是考虑环境绩效约束、最终有益于环境效益以及可持续发展的工艺、技术、实践、系统和产品等创新形式的集合。就绿色发展对经济高质量发展的影响而言，传统新古典主流经济学理论认为，绿色发展依赖政府严厉环境规制等绿色政策主导，但实施严厉环境规制尽管有助于企业改善环境绩效，却也会影响企业生产过程中的资源再分配、资本投资和技术创新等活动，从而不利于企业整体绩效提高，在宏观上减弱经济增长和经济高质量发展的势能。但"波特假说"指出，适度严厉的环境规制可以促进企业偏向技术创新，这些创新将提高企业的生产效率和盈利能力，从而可以抵消由环境规制所导致的企业遵循成本，提升企业产品质量、市场竞争优势和生产效率。但对绿色创新而言，由于其天然的正外部性，仅仅依靠市场力量推进显然难以奏效。因此，绿色创新战略更需要政府绿色政策来激励，促使企业绿色创新的"创新补偿效应"相比环境规制的"遵循成本效应"占优，助推企业生产转向绿色发展，在减少污染排放的同时提升生产效率和经营绩效。另外，在创新驱动促进高质量发展相关研究中，学者们普遍认为创新助推经济高质量发展。吴爱东等基于动能转换视角，探讨技术创新与产业结构升级对实现经济高质量发展的互动机制，发现专利申请授权数与 R&D 人员投入占比通过影响现阶段的技术创新动能，继而对经济高质量发展产生作用。辜胜阻等则将创新驱动与核心技术突破视作高质量发展的基石，认为核心技术是在技术系统中起关键作用的技术，其创新具有高投入、高风险、高门槛、长周期、人才密集与颠覆性等特征，推动核心技术创新有利于促进我国经济高质量发展、维护国家安全与抢占全球科技发展先机。此外，全要素生产率作为反映经济整体效率的核心指标，能够全面体现质量变革、效率变革和动力变革的效果，技术创新可以通过提升全要素生产率推动经济高质量发展。

显然，上述研究仅仅是从绿色发展或者创新驱动单个方面研究其对经济高质量发展的作用，聚焦绿色创新影响经济高质量发展的文献较为少见。此外，现有的相关研究也往往忽视了空间效应的影响。实际上，城市经济高质量发展不仅与自身的经济、技术、制度等条件有关，而且与城市间其他城市的经济发展状况密不可分，不考虑空间效应探讨绿色创新对经济高质量发展的影响效应，可能会导致研究结果的偏误。在理论研究上，新经济地理学是最早对空间效应和外部性形成机理进行深入解析的经济学派。作为该学派的奠基人之一——Krugman 系统分析了规模报酬、运输成本和要素流动的相互作用推进空间经济结构形成与演进的机理。此后，Ottavianod 等开创了以线性框架模型求解空间效应解析解的先河。这与 Marshall 的"外部经济性"、Ohlin 的"产业集中经济性"以及 Hoover 的"产业区位论"等思想一脉相承。具体到本章研究的主题，有学者采用新经济地理学分析框架，借助空间计量方法对绿色创新进行了研究，发现绿色创新在省域空间和地级市空间都存在显著的城市空间溢出效应，表明绿色创新不仅会对城市内经济发展产生影响，还能通过空间溢出效应影响城市间其他城市的经济发展进程。

综上所述，学术界对绿色创新影响经济高质量发展的研究较为不足。一方面，现有文献大多仅从绿色发展或者创新驱动单因素角度考虑其对经济高质量发展的影响，而聚焦绿色创新协同研究经济高质量发展的文献不多；另一方面，绿色创新具有典型的空间关联性，但鲜有文献探究绿色创新和经济高质量发展之间空间影响的深层问题。为此，本章立足于城市空间效应视角，分析城市内、城市间和城市总体三个层面绿色创新对经济高质量发展的传导机制，揭示城市绿色创新影响高质量发展的内在规律，在此基础上选取中国 270 个地级市相关面板数据，准确度量绿色创新水平与经济高质量发展综合指数，通过考察绿色创新和经济高质量发展的空间格局和演变趋势，实证检验绿色创新影响经济高质量发展的城市空间效应，对于更好地推进我国城市实现经济高质量发展具有应有之义。

二、现状分析

（一）城市绿色创新的现状

1. 指标体系构建及测算方法

随着生态环境问题愈加引起国际社会的关注，近年来学术界对绿色创新的研究方兴未艾，与传统创新不同，绿色创新的内涵较为宽泛，意指那些为实现可持续发展目标而采取的减少对环境影响、提高抵御环境压力或更有效地使用自然资源等创新活动，涵盖为避免或减少环境污染，最终有益于环境效益以及可持续发展的工艺、技术、实践、系统和产品等创新形式，科学合理地对绿色创新水平进行评价与测度是研究绿色创新的前提。从现有相关文献可知，目前学者们主要基于以下三种方式对绿色创新水平进行度量：一是基于单层指标进行度量，学者们大多采用环境政策、绿色专利数、有毒气体排放量、绿色专利申请量与授权量之比等来度量绿色创新水平；二是通过选取多指标采用熵权法或主成分分析方法对指标体系进行测算得到综合指数来进行度量，一些学者基于投入、产出、环境、绿色扩散四个维度进行评价，还有学者从创新投入、创新产出绩效、创新过程绩效以及环境绩效四个方面出发对绿色创新进行评价；三是基于投入产出视角，通过选取不同的投入与产出变量然后基于不同模型对绿色创新水平进行度量，最开始一些学者主要借助 DEA 方法中的简单评价模型如 CCR 模型、BBC 模型来进行测算，但由于这些模型只能基于径向视角，且未将产出中的非期望产出加入模型中进行分析，得出的度量值会存在一定的偏差，目前大多数学者的研究都是基于非径向、非角度的 SBM 模型进行分析，在考虑了非期望产出的基础上有效地避免了松弛型等问题，因此对绿色创新的度量方式借鉴 Tone（2003）提出的考虑非期望产出的非径向、非角度的 SBM – DEA 模型。其表达式如下：

$$
\min\rho = \frac{1 - \frac{1}{m}\sum_{i=1}^{m}\frac{S_i^-}{x_{i_0}}}{1 + \frac{1}{S_1 + S_2}\left(\sum_{r=1}^{S_1}\frac{S_r^g}{y_{r_0}^g} + \sum_{r=1}^{S_2}\frac{S_r^b}{y_{r_0}^b}\right)}
$$

$$
\text{s. t.}\begin{cases} x_0 = X\lambda + S^- \\ y_0^g = Y^g\lambda - S^g \\ y_0^b = Y^b\lambda + S^b \\ S^-, S^g, S^b, \lambda \geq 0 \end{cases} \tag{5-1}
$$

式中，ρ 表示测算的绿色创新指标，取值范围为 $\rho \in [0, 1]$，当 $\rho = 1$ 时，说明该评价单元为有效的且为强有效；S^-、S^g、S^b 分别表示投入变量、期望产出变量、非期望产出变量；X、Y^g、Y^b 分别表示投入值、期望产出值、非期望产出值；λ 表示强度向量。

关于绿色创新评价指标体系的选取，本章借鉴李金滟、韩晶、彭文斌等的研究，在投入指标的选取上，采用地方财政中科技投入金额与从业人员中科技人员数分别作为绿色创新投入指标体系中财力、人力投入的替代变量；在产出指标的选取上，选取专利申请授权数作为期望产出指标中经济效益产出的替代变量；选取各地级市工业废水、二氧化硫、烟尘排放量来作为非期望产出中环境效益产出的替代变量。基于上述所设指标体系，使用 DEA – SOLVER – Pro 5.0 软件基于 SBM – DEA 模型对绿色创新进行测算。

2. 测算结果与评价

基于上述设定相关指标数据利用 DEA – SOLVER – Pro 5.0 软件基于 SBM – DEA 模型测得 2005～2017 年中国 270 个地级市各年绿色创新度量值。本部分将基于空间维度对 2005～2017 年城市绿色创新的发展情况进行分析。选取了三个代表性年份 2005 年、2011 年、2017 年的城市绿色创新数据利用 Arcgis 软件采用四分位划分方式将各城市绿色创新水平进行分层，分别是缺失值、低水平绿色创新区域、较高水平绿色创新区域和高水平绿色创新区域四种，利用各城市在地图上的分层情况对其进行空间格局分析。在所研究的 270 个城市中，从时间趋势看，对于 2005 年来说，高水平绿色创新区域城市为 11 个，较高水平绿色创新区域城市有 25 个，大多数城市都还处于较低绿色创新水平区域，这是由当时市场与政府的发展对策所导致的。到 2011 年时，各地级市绿色创新相较于 2005 年变化较大，高水平绿色创新区域城市仅有东部地区 5 个城市高水平以及较高水平绿色创新城市较 2005 年有明显的下降趋势，全国 98% 的城市都属于低水平绿色创新区域，这可能是受 2008 年金融危机的影响，大部分城市尚属于经济发展回流阶段，此时国家以及各地区政府对绿色创新的投入力度不够以及环境污染排放严重从而导致绿色创新水平普遍较低；到 2017 年以后，高水平绿色创新城市有 17 个，较高绿色创新城市有 32 个，相较于 2005 年与 2011 年来说各地级市绿色创新水平均存在一定程度的提升，但高层次以及较高发展水平城市还较少，说明随着我国创新政策的不断加强，目前已取得阶段性成效但总体水平还有待提升。分区域来看，高水平的绿色创新城市主要集中在沿海一带，较高水平的绿色创新城市主要集中在中东部经济比较发达的区域，而且呈现出典型的空间集聚特点。这主要是源于这些城市经济效益和环境效益逐步走向"双赢"。但总体来看，全国大部分城市仍锁定在绿色创新低水平陷阱。在环境压力越发严重和经济增速放缓的当下，绿色创新效率提升迫在眉睫，因此各地方政府应在控制环境污染排放的高标准、高要求下，增加绿色发展和创新驱动的投入力度，推动城市绿色创新水平的提升。

（二）城市经济高质量发展的现状

1. 指标体系构建及测算方法

经济增长问题一直以来都是学者们津津乐道的研究主题。最初在很长的一段时间内对于经济增长研究大多关注的是经济"量"的增长，而对于经济"质"的增长却鲜有提及。在实践过程中出现的一系列如结构失衡、收入差距增大、环境破坏严重等问题使一些研究者逐渐开始注意有关于经济增长质量问题的探讨，对于经济增长质量的度量，学者们采用全要素产生率或者采用多指标综合评价法进行测算。事实上，经济高质量发展与传统的经济增长质量并不等同，两者之间既有联系，又有区别，一般而言，经济高质量发展比经济增长质量具有更为丰富的内涵，高质量发展更倾向于发展质量的增长，只有科学合理地构建高质量发展的指标体系才能更好地找出现阶段我国经济高质量发展存在的问题与缺陷。目前对城市经济高质量发展的测度研究还处于探索阶段，基于对经济高质量发展内涵的不同理解，学者对经济高质量发展的测度方法也存在较大差异。大多数学者基于创新、开放、绿色、协调、共享五大发展理念视角对经济高质量发展进行度量，还有学者从增长的基本面与社会成果两个维度来构建指标体系。本章在综合考量现有相关文献的基础上，从经济规模、经济结构、经济效率、经济福利四个维度来描述经济高质量发展的内涵，其中经济规模使用各城市实际 FDP 与社会零售品销售总额来衡量；经济结构使用各城市第三产业产值占 GDP 比重与各城市人均 GDP 占全国人均 GDP 比重来衡量；经济效率使用各城市实际 GDP 与在岗职工平均人数的比值来衡量；经济福利采用各城市公共财政支出占 GDP 比重与建成区绿化覆盖率来衡量。基于上述设定以 2005 年为基期，利用 SPSS 软件对上述所设指标数据进行因子分析，利用各二级指标所得权重得出最终得分来作为经济高质量发展水平的度量值。

主成分分析法是将多个变量通过线性变换以选出较少个数重要变量的一种多元统计分析，又称主分量分析法。主成分分析法的一般操作步骤为：①对原始数据进行标准化处理以消除数量级和量纲带来的影响。②进行所选指标的相关性判定以确定所选择的原始变量是否适合进行因子分析。③确定主成分的个数。④确定主成分的表达式。⑤进行主成分表达式的命名。⑥计算得出综合主成分值并进行评价与研究。

2. 测算结果与评价

基于 SPSS 软件中因子分析模块主成分分析法综合主成分值并计算得到 2005～2017 年各城市高质量发展的度量值，为更好地分析各城市高质量发展的变化趋势，本部分将基于空间维度分析各城市高质量发展的空间格局。总的来看，2005～2017 年，总体经济高质量发展水平存在逐年增长趋势，且增长趋势愈加明显，2017 年全国 22% 左右的城市达到较高水平或者高水平经济高质量发展阶段，但仍有大部分城市仍处于低水平经济高质量发展阶段。这说明，尽管随着经济增速放缓和城市发展转型，部分城市经济高质量发展水平得到提升，从经济增长阶段转向高质量发展阶段，但就全国而言，处于低质量发展水平的城市数量依然庞大。从区域分布格局来看，城市经济高质量发展存在明显的"东高西低"分布特征，主要表现在研究期间内，处于高水平经济高质量发展的主要为北京、上海、深圳、广州、天津等东部城市，其经济高质量发展水平始终处于高水平阶段，而大部分西部城市如鹤壁、西宁、银川、百色等城市一直锁定在低水平阶段。可见，经济高质量发展在空间维度上存在显著集聚特征，且实行经济高质量发展之路任重而道远。

三、传导机制分析

绿色创新将绿色发展和创新驱动有机结合，是推进生态文明建设和经济高质量发展的重要引擎。近年来，绿色创新正在以前所未有的速度改变传统增长模式和资源配置方式，对经济高质量发展的影响比以往任何时候都更为凸显。为此，首先分析城市内绿色创新影响经济高质量发展的直接传导机制，其次基于溢出效应理论视角探究城市间绿色创新影响经济高质量发展的空间传导机制，最后剖析城市总体绿色创新影响经济高质量发展的综合传导机制。

（一）直接传导机制分析

从"波特假说"来看，要使绿色创新能够助推企业实现环境保护和企业发展"双赢"，关键在于促使绿色创新的"创新补偿效应"大于环境规制的"遵循成本效应"。因此，城市内部绿色创新和经济高质量发展之间的作用机制，与绿色创新的"政府补偿效应"和"创新补偿效应"两方面有关。鉴于此，绿色创新影响经济高质量发展的路径主要有两条：一是政府通过主导绿色创新战略，依托绿色发展政策，提高政府补偿效应，促使企业摒弃黑色发展模式，助推产业结构转型，促进经济高质量发展。政府主导下的绿色创新，通过绿色政策和环境规制的有效搭配，采取财政税收、技术补贴、绿色金融、政府购买等政策手段，提高政府对绿色创新的补偿效应，有助于降低企业前期研发投入和市场风险，激发企业转向绿色创新方向，进而推升经济转向可持续和结构优化的高质量发展。二是发挥绿色创新的技术补偿效应，促进企业产品质量提高和生产效率改善，推动经济实现质量变革、效率变革和动力变革，促进经济高质量发展。积极促进企业开发和应用绿色创新技术，发挥绿色创新的技术补偿效应，实现经济发展实现新旧动能转换，塑造经济高质量发展的基础动力。当前我国经济面临增速放缓、发展动力不足、发展方式难以持续等现实问题，迫切需要转换经济发展的核心动能，从以粗放式要素投入驱动转变为以绿色创新驱动，从微观、产业与宏观层面全方位引领经济高质量发展。在微观层面上，激励企业增加研发投入，培养绿色技术人才，采用更多绿色先进设备和技术，促进组织创新、工艺创新和产品创新，提高生产效率和企业竞争优势，增强企业绿色内生发展动力，助推企业高质量发展。在产业层面上，通过制度创新和政策创新，激发各产业、行业的综合比较优势，形成以企业为主体、市场为导向、产学研深度融合的技术创新体系，驱动产业高质量发展。在宏观层面上，充分融合制度创新、政策创新和技术创新的合力，驱动传统产业转型升级，增加有效供给以及提升供给质量，形成绿色创新驱动力强劲的绿色新兴产业集群及体系，提升绿色产业竞争力，以新旧动能转换促进宏观经济高质量发展。绿色创新兼具绿色发展与创新驱动双重属性，对城市内经济高质量发展具有促进作用。

（二）空间传导机制分析

已有研究证实绿色创新呈现显著的空间溢出效应，这是本部分基于城市间层面研究绿色创新影响经济高质量发展的出发点。正是由于存在这种空间溢出效应，绿色创新才会对城市间其他城市经济高质量发展水平和进程产生影响。具体而言，城市间绿色创新对经济高质量发展的空间效应是通过绿色创新的溢出效应来实现的，其中绿色创新的溢出效应主要表现在知识溢出方面，即通过地理空间上的绿色创新知识扩散对城市间其他城市的经济高质量发展产生作用。具体而言，城市间绿色创新影响经济高质量发展的传导路径主要有两条。一是通过互联网平台加速绿色创新显性知识的空间扩散，促进城市间其他城市经济高质量发展。随着信息技术的迅速发展，人们之间的知识交流与信息输送通过互网络平台得以更快、更好地实现，当某个城市率先采取绿色创新发展战略取得经济高质量发展的进展后，其成功经验会依托互联网平台快速传导到城市间其他城市，其他城市通过学习模仿先行城市的部分或者全部显性知识与成功经验，可以以较快的速度和较低的风险提升其经济高质量发展水平。二是通过绿色创新高层次人才在城市间有效流动，扩大绿色创新隐性知识的溢出效应来提升城市间其他城市经济高质量发展的能力。城市经济高质量发展水平的提升，从根本上来说依赖于绿色创新高层次人才的隐性知识存量，绿色创新高层次人才流动在绿色创新隐性知识转移中起重要作用。目前，随着城市之间合作与城市群建设的加速，绿色创新高层次人才在城市之间的流动也日益频繁，这种人才流动效应不仅能够拓展隐性知识的空间溢出渠道，对人才流入地企业的创新行为也会产生积极影响。这些企业在合理配置创新人才的基础上，实现对绿色创新知识和技术的有效吸收，进一步提升自身绿色创新能力，从而显著促进经济高质量发展，表现为绿色创新会促进城市间其他城市经济高质量发展。

（三）综合传导机制分析

前文分析表明，无论基于城市内层面还是城市间层面，绿色创新对经济高质量发展均具有促进作用。但是值得注意的是，绿色创新对经济高质量发展的城市空间效应并非仅受到城市内直接传导以及城市间空间传导的积极影响，还会受到城市行为博弈的消极影响。一方面，当某一城市先行以绿色创新作为推动经济高质量发展的主要战略时，其必定付出高额的绿色创新成本，而城市间其他城市可以借助溢出效应获得绿色创新的相关隐性知识和技术经验，以较低的绿色创新成本便能显著地提升经济高质量发展水平。显然，先行城市绿色创新水平在一定程度上可以促进城市间其他城市的经济高质量发展，这种现象在经济学上被称为"搭便车"行为，也就是可以获得由溢出效应所带来的后发额外收益。另一方面，正是由于存在"搭便车"这种投机行为，城市间其他城市绿色创新成本要远远低于先行城市的绿色创新成本。对先行城市而言，由于付出了较大成本却不能获得经济补偿，其持续进行绿色创新的动力会被削弱，此时其他城市亦会做出类似决策，产生不利于经济高质量发展的抑制作用，从而制约城市经济高质量发展（称为"邻近城市反馈效应"）。当然，从城市总体来看，现阶段由于我国中央政府强力主导的绿色创新战略在各个城市正如火如荼地开展，绿色创新对经济高质量发展的促进作用要远远大于由于城市间其他城市反馈效应所带来的抑制作用。

四、实证结果分析

（一）空间相关性检验

全局空间自相关检验是基于样本总体对所研究变量的空间依赖性进行分析的一种手段。空间依赖性程度一般采用全局莫兰指数来表征。莫兰指数值介于 $-1 \sim 1$，当其取值为负时，表示该变量在空间上呈负相关；当取值为正时，表示该变量在空间上呈正相关；当其等于 0 时，表示不存在空间相关性。图 5 - 1 为采用 Stata 15.0 计算得到的城市绿色创新与经济高质量发展全局空间自相关检验结果。由图 5 - 1 易得，2005 ~ 2017 年绿色创新与经济高质量发展的全局 Moran's I 均为正，且在 1% 水平上通过了检验，说明绿色创新与经济高质量发展在空间上呈显著正相关，表明两者在空间上的分布并不是随机的，而是表现出一定的空间集聚特征，即绿色创新与高质量发展水平较高的城市相互集聚，绿色创新与高质量发展水平较低的城市相互集聚。进一步观察两者全局 Moran's I 的时间演变趋势可以发现，绿色创新的莫兰指数值 2005 ~ 2014 年增长趋势明显，2015 年以来逐步下降，而经济高质量发展的莫兰指数值一直呈波动发展趋势，这在一定程度上证明了绿色创新与经济高质量发展在空间上存在显著相关性，因此进行空间计量模型对于绿色创新与经济高质量发展进行模型分析是必要的。

（二）变量选取、数据来源与模型构建

1. 变量选取与数据来源

（1）被解释变量：经济高质量发展（qgdp）。采用前文构建的高质量发展指标体系，基于主成分分析方法测得城市经济高质量发展的度量值。

（2）解释变量：绿色创新（gi）。采用前文构建的绿色创新指标体系并基于 SBM – DEA 模型测得城市绿色创新的度量值。

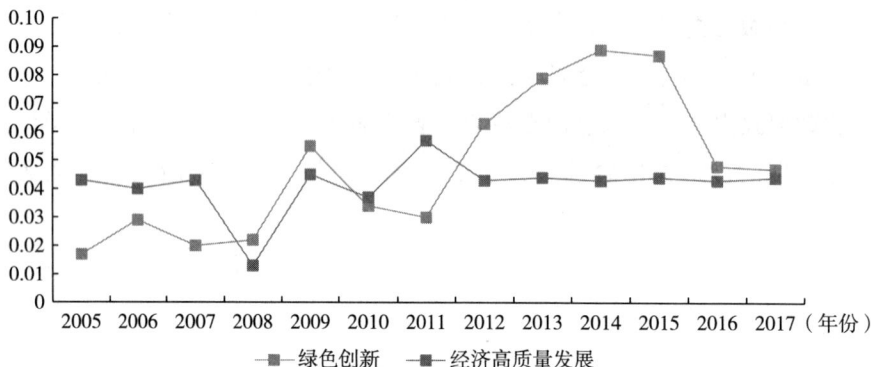

图 5 – 1　2005～2017 年城市绿色创新与经济高质量发展 Moran's I 折线

资料来源：笔者绘制。

（3）控制变量。在参考现有相关文献的基础上，选取政府干预、金融发展、人口密度、创新投入、环境规制、开放程度等来作为本章的控制变量。政府干预是影响经济发展质量的重要因素之一，采用固定资产投资占 GDP 比重来衡量，记为 *gov*；金融发展，作为资金支持，会通过优化资源配置和改善经济发展的投入要素对经济高质量发展产生影响，采用年末金融机构贷款余额来衡量，记为 *fd*；人口是一把"双刃剑"，既可能为各城市带来充足的劳动力，也可能由于老龄化问题严重从而影响经济发展质量。由于各城市人口数目与区域面积有较大差异，采用单位面积人口数来表示人口密度，记为 *pd*；创新投入，采用公共财政支出中科技支出来表示，记为 *te*；环境规制，采用城市居民人均可支配收入来表示，记为 *er*；开放程度，采用外商直接投资所占 GDP 比值来表示，记为 *open*。

鉴于数据可得性，本章最终选取了中国大陆 270 个地级市 2005～2017 年指标数据集，数据来源于各年份《中国城市统计年鉴》、CSMAR 经济金融研究数据库、各地级市统计年鉴以及统计公报，部分指标缺失采用插值法进行填补。为统一货币单位，采用人民币兑换美元平均汇率将外商直接投资金额换算为人民币；同时为消除价格波动带来的影响，对所有价格变量均以 2005 年为基期利用 GDP 平减指数进行不变价处理。为缓解异方差与多重共线性等问题，对所有控制变量均进行对数化处理。

2. 模型构建

由前文分析可知，理论与实践均已证明绿色创新存在显著的空间溢出效应，因此对于绿色创新的相关研究不能忽视空间效应的存在，否则会导致估计结果存在误差。传统普通 OLS 估计仅能从城市内部层面探究绿色创新对经济高质量发展的影响关系，要想深入分析绿色创新对经济高质量发展的城市空间效应，需要借助空间计量模型及方法。构建城市绿色创新对经济高质量发展的 SDM 为：

$$pgdp_{it} = \beta_1 \times gi_{it} + \beta_2 \times \ln x_{it} + \rho \sum_{j=1}^{n} w_{ij} \times pgdp_{it} + \alpha_1 \sum_{j=1}^{n} w_{ij} \times gi_{jt} +$$

$$\alpha_2 \sum_{j=1}^{n} w_{ij} \times \ln x_{jt} + \mu_i + \lambda_t + \varepsilon_{it} \tag{5-2}$$

在式（5-2）中，ρ 表示被解释变量经济高质量发展的空间溢出系数，n 表示所研究样本个数，i、j 分别表示第 i、j 个城市，x_{it} 表示本地区的控制变量，x_{jt} 表示邻近城市的控制变量，w_{ij} 表示经济空间权重矩阵，对于权重矩阵的构建，本章采用地理距离空间权重矩阵，其设定方式为根据各城市省会城市的经纬度坐标，按地理球面距离来计算两城市间的地理距离，将得到的地理距离分别放入权重矩阵中相应位置即可得到所需要的空间权重矩阵。β_i 与 α_i 表示相关变量对经济高质量发展的线性相关系数与空间溢出系数，μ_i 与 λ_t 分别表示空间固定效应与时间固定效应，ε_{it} 表示随机干扰项。

（三）城市空间效应分析

前文由空间自相关检验结果可得绿色创新与经济高质量发展均存在空间集聚特征，因此需选择空间计量模型采用 MLE 估计方法进行估计检验。在使用空间计量模型进行估计检验之前，需对计量模型进行选择，基于一系列模型识别检验分析结果显示，最终选择带有时间固定效应的空间杜宾模型来分析绿色创新影响经济高质量发展的城市空间效应。由于存在反馈作用，SDM 的回归系数不能直接反映自变量对因变量所带来的影响作用。因此，本章借鉴 Lesage 和 Pace 的研究，在基于时间固定效应的空间杜宾模型估计结果基础上，将各种因素对经济高质量发展的空间效应分解为直接效应、间接效应与总效应。这样，就可以利用直接效应、间接效应与总效应的系数，分别表示基于城市内、城市间与城市总体层面各因素对经济高质量发展的影响效应。其中，直接效应系数反映某因素变量变动对本地区经济高质量发展的影响效应，间接效应系数反映某因素变量变动对邻近城市经济高质量发展产生的影响效应，而总效应影响系数反映某因素变量变动对城市总体经济高质量发展产生的影响效应。使用 Stata 15.0 得出经济高质量发展的空间杜宾模型效应分解结果如表 5-1 所示，由表 5-1 给出的结果易得，从本章主要解释变量绿色创新的直接效应影响系数来看，基于城市内层面，绿色创新对经济高质量发展在 1% 的水平上具有显著的促进作用，且绿色创新水平每提高 1个百分点，促使本地区经济高质量发展水平相应提升 0.3343 个百分点。绿色创新通过绿色发展与创新驱动协同促使"创新补偿效应"占优,从而对经济高质量发展产生了显著的促进作用。从间接效应影响系数来看,基于城市间层面,绿色创新对经济高质量发展的影响在1%的显著性水平下显著为正,绿色创新每提高1个百分点,促使城市间其他城市经济高质量发展相应提升2.6181个百分点。绿色创新基于网络效应与绿色创新技术高层次人才流动效应,不仅扩大了绿色创新隐性知识的溢出效应,还拓展了隐性知识的空间溢出渠道,使企业在合理配置创新人才的基础上实现对绿色创新知识和技术的有效吸收,进一步提升自身绿色创新能力从而对城市间其他城市经济高质量发展具有显著的促进作用。从总效应系数来看,城市绿色创新对经济高质量发展在1%的水平下具有显著的促进作用,绿色创新每提高1个百分点,促使城市总体经济高质量发展相应提升2.9524个百分点。从效应分解结果易得,绿色创新的间接效应系数远大于直接效应影响系数,绿色创新不仅能对城市内部经济高质量发展具有显著的促进作用,而且通过溢出效应对城市间经济高质量发展产生更强烈的促进作用,此时城市间由于存在双向空间溢出效应促使相邻城市都实行更好、更完善的绿色创新战略,从而能够更大限度地促进经济高质量发展。因此,从城市总体来看,绿色创新显著促进经济高质量发展。

表5－1　城市空间效应分解结果

变量	直接效应	间接效应	总效应
gi	0. 3343 ***	2. 6181 ***	2. 9524 ***
	(0. 0436)	(1. 0138)	(1. 0120)
lngov	− 0. 2304 ***	0. 4112	0. 1808
	(0. 0206)	(0. 3120)	(0. 3068)
lnfd	0. 4130 **	0. 3967 *	0. 8097 ***
	(0. 0115)	(0. 2270)	(0. 2269)
lnpd	− 0. 0070 ***	− 0. 7269 ***	− 0. 7339 ***
	(0. 0108)	(0. 1784)	(0. 1752)
lnte	0. 1218 ***	− 0. 5040 ***	− 0. 3821 ***
	(0. 0097)	(0. 1827)	(0. 1820)
lner	0. 2703 ***	− 1. 5912 **	− 1. 3209 **
	(0. 0347)	(0. 6588)	(0. 6553)
ln$open$	0. 0267 ***	0. 2772 ***	0. 3039 ***
	(0. 0066)	(0. 1022)	(0. 1009)

注:＊、＊＊、＊＊＊分别表示在10％、5％、1％的水平下显著。括号内为标准误。

五、对策分析

基于上述研究分析，对于构建城市群一体化和经济高质量发展的空间治理模式，提出如下政策建议：

（1）充分发挥国家顶层设计优势，加快构建围绕经济高质量发展的城市总体绿色创新政策。当前我国城市总体的绿色创新和经济发展质量均处于较低水平，新的经济增长方式与增长动力的转换仍需要时间。因此，一方面国家要制定和实施切实可行的奖惩机制，在逐步加大环境规制倒逼绿色创新的前提下，创新财政税收、绿色金融、政府购买等绿色政策，激发城市总体高质量发展活力；另一方面，应从激发企业绿色创新动机出发，完善绿色创新法律法规体系，进一步提升企业进行技术研发和环保技术、设备升级的积极性。同时加大绿色创新的宣传和推广力度，从而更好地服务于经济高质量发展总目标。

（2）完善城市内绿色创新基础设施条件，强化绿色创新激励机制。地方政府应树立并深化城市绿色创新理念，制定和落实具有地方特色的城市绿色创新战略，尤其要加大相关领域的基础设施投资和建设力度，为绿色创新战略顺利落地提供良好的外部环境。同时，由于城市经济高质量发展离不开城市内绿色创新能力和水平，地方政府应大力推进实质性绿色政策扶持绿色创新转型企业，推动城市内绿色创新的整体步伐，推动城市绿色创新水平尽快脱离低水平区域，助推城市经济高质量水平整体跳跃到较高水平或者高水平阶段。

（3）深化城市间"网络效应"和"人才流动效应"，推进形成城市间绿色创新协调机制。加速城市间信息网络互联互通建设力度，构建城市间高层次绿色创新专家流动机制，助推城市间绿色创新知识共享平台一体化建设，构建绿色创新知识传播和人才流动的良好氛围，促进绿色创新显性知识和隐性知识的有效吸收，促进城市群总体经济高质量发展水平共同提升。政府主导的一体化发展战略是区域协同共赢发展的重要途径，通过实施和深化长三角、珠三角和京津冀等区域一体化战略，加强城市间政策协调、资源信息共享，加快形成城市群经济高质量发展共赢的城市间协调机制。

参考文献

［1］Dong L., Gu F., Fujita T., et al. Uncovering Opportunity of Low－Carbon City Promotion with Industrial System Innovation：Case Study on Industrial Symbiosis Projects in China［J］. Energy Policy,

2014（65）：388 – 397.

［2］向国成，谌亭颖，钟世虎等．分工、均势经济与共同富裕［J］．世界经济文汇，2017（5）：40 – 54.

［3］冯志军，陈伟，杨朝均．环境规制差异、创新驱动与中国经济绿色增长［J］．技术经济，2017，36（8）：61 – 69.

［4］周力．中国绿色创新的空间计量经济分析［J］．资源科学，2010，32（5）：932 – 939.

［5］齐绍洲，林屾，崔静波．环境权益交易市场能否诱发绿色创新：基于我国上市公司绿色专利数据的证据［J］．经济研究，2018，53（12）：129 – 143.

［6］陈劲，刘景江，杨发明．绿色技术创新审计指标测度方法研究［J］．科研管理，2002（2）：64 – 71.

［7］Krugman P. Increasing Returns & Economic Geography［J］. Joumal of Political Economy，1991（99）：183 – 199.

［8］Ottaviano G. , Tabuch T. , Thisse J – F. Agglomeration and Trade Revised［J］. International Economic Review，2002（43）：409 – 436.

［9］马歇尔．经济学原理［M］．北京：商务印书馆，1964.

［10］Ohlin B. Interregional and International Trade［M］. Cambridge，1933.

［11］Edgar Malone Hoover. The Location of Economic Activity［M］. McGraw – Hill Book Co. ，1948：102 – 122.

［12］Tone K. A Slacks – based Measure of Efficiency in Data Envelopment Analysis［J］. European Journal of Operational Research，2003，130（3）：498 – 509.

［13］李金滟，李超，李泽宇．城市绿色创新效率评价及其影响因素分析［J］．统计与决策，2017，488（20）：116 – 120.

［14］韩晶．中国区域绿色创新效率研究［J］．财经问题研究，2012，348（11）：130 – 137.

［15］彭文斌，文泽宙，邝嫦娥．中国城市绿色创新空间格局及其影响因素［J］．广东财经大学学报，2019，34（1）：25 – 37.

［16］杨勇，丁雪，赵奇伟．中国地区宜居度的数量测度与空间效应［J］．经济评论，2019（4）：49 – 61.

［17］Elhorst J. P. Specification and Estimation of Spatial Panel Data Models［J］. International Regional Science Review，2003，26（3）：244 – 268.

［18］王建康，谷国锋．土地要素对中国城市经济增长的贡献分析［J］．中国人口·资源与环境，2015，25（8）：10 – 17.

［19］龚新蜀，王曼，张洪振．FDI、市场分割与区域生态效率：直接影响与溢出效应［J］．中国人口·资源与环境，2018，28（8）：95 – 104.

［20］卢娜，王为东，王森等．突破性低碳技术创新与碳排放：直接影响与空间溢出［J］．中国人口·资源与环境，2019，29（5）：30 – 39.

［21］Lesage J. , Pace R. K. Introduction to Spatial Econometrics ［M］. Boca Raton：CRC Press，2009.

［22］马剑锋，王慧敏，佟金萍. 技术进步与效率追赶对农业用水效率的空间效应研究［J］. 中国人口·资源与环境，2018，28（7）：36－45.

［23］谢杰，刘学智. 直接影响与空间外溢：中国对非洲农业贸易的多边阻力识别［J］. 财贸经济，2016，37（1）：119－132.

［24］陶静，胡雪萍. 环境规制对中国经济增长质量的影响研究［J］. 中国人口·资源与环境，2019，29（6）：85－96.

第六章

绿色创新引领农村高质量发展对策*

内容提要：绿色高质量发展是新时代农村区域推进乡村振兴战略，建设美丽乡村的方向总领。本章从农业产业经济的绿色增长效率、农村资源环境的绿色承载能力、农村社会发展的绿色要素贡献水平和农村发展管理的绿色支持能力四个维度进行分项时空比较统计分析。研究发现，湖南省农村产业绿色高质量发展的总体经济绩效较高，但结构化调整速度缓慢、农业生产总体规模以及其社会化服务水平依然较低、绿色投入能力不足，经济增长的生态效益没有充分被挖掘、可长期替代使用的清洁能源市场化开发缺乏和资源节约能力急需提升等问题。绿色发展的水资源承载能力较强，但人口承载能力与土地承载能力相对较弱。绿色人力发展的文化建设基础较好，但卫生服务水平相对偏低、信息化设施服务水平不足。对农村绿色高质量发展具有较好的支持能力，但对环境治理相关产业发展及公共环境服务的投资占比较低，对农村绿色生活革命的扶持性投资不足。研究建议，以绿色全要素生产率增长为高质量发展主体动力，构建培养和提升绿色创新能力的长效机制；构建并完善以生态补偿为核心的城乡之间、产业部门之间、空间区域之间的农村绿色发展外溢补偿机制；以效率金融为统领，提升绿色金融对农村绿色高质量发展要素配置与风险分化的服务水平；以绿色高质量发展为导向，建立农村多元经营主体协同发展的制度激励与保障体系。

关键词：农村高质量发展；绿色发展；乡村振兴

核心观点：

（1）绿色高质量发展是新时代农村区域推进乡村振兴战略，建设美丽乡村的方向总领。

＊　本章为教育部人文社会科学研究规划基金项目（19YJA790124）和湖南省教育厅科学研究项目重点项目（19A158）的阶段性成果。

（2）湖南省农村绿色高质量发展具有较好基础，发展总体态势向好，但存在发展效率结构性失衡、绿色发展投入不足、资源环境承载能力建设不够和支持能力缺乏绿色精准导向等突出问题。

（3）为此，应以绿色全要素生产率增长为高质量发展主体动力，构建培养和提升农村绿色创新能力的长效机制。构建并完善以生态补偿为核心的城乡之间、产业部门之间、空间区域之间的农村绿色发展外溢补偿机制。以效率金融为统领，提升绿色金融对农村绿色高质量发展要素配置与风险分化的服务水平。以绿色高质量发展为导向，建立农村多元经营主体协同发展的制度激励与保障体系。

一、引　言

党的十九大报告明确指出，新时代的基本特征是"我国经济已由高速增长阶段转向高质量发展阶段"，强调"要切实把提质增效放到经济工作的首要位置，推动经济发展质量变革、效率变革、动力变革，提高全要素生产率"。在以"绿色发展"为方向引领、以"产业兴旺、生态宜居、乡风文明、治理有效、生活富裕"为主要发展目标的乡村振兴战略体系中，农村区域作为"产业兴旺"现代农业产业体系的要素资源提供者和生产技术承载者、"农村宜居"生态与"乡风文明、治理有效"社会与"生活富裕"经济的构建平台，是实现乡村综合、农业与农户等其他主体高质量发展的关键性枢纽和主要动力支撑。农村高质量发展应以绿色发展为发展方向，构建以农村生态环境的绿色高质量建设、农村人力资源的绿色高质量提升、农村经济系统的绿色高质量结构为主要内容的全方位高质量发展路径。

由于我国农村长期以来支持城市经济发展建设，其自生能力与新型发展基础普遍较弱。推动农村区域绿色引领的高质量发展，建立恰当的评价指标体系、评估发展现状与主要影响因素，并制定相关政策支持，必不可少。当前，支持农村区域绿色发展的相关宏观管理思路与政策举措有推进农业全产业链绿色生产的产业补贴扶持型与市场监管型政策、实施农村人居环境改善专项行动的财政投入型政策和扶持发展乡村休闲旅游的产业孵化型政策等。上述思路在地方层面得到进一步的具体化，如湖南省农村绿色发展政策体系以农村区域所属主体功能区为核心、以现代农业生产体系发展和人居环境改善为主要抓手，多元化上述政策工具，推进农村区域绿色高质量发展。从与之相关的研究文献来看，现有的研究首先对于"乡村振兴战略"视角下农村绿色高质量发展的系统性认识与研究涉及并不多，所研究的问题主要集中于与农村相关的农业绿色高质量发展、农村人居环境的绿色治理等子问题，涉及"乡村"视角下的农村区域社会经济系统的绿色发展的理论界定、行为机制、水平测度及其支撑政策的研究较少。其中较有代表性的有，经过统计指标体系测算，认为农村绿色发展受发展禀赋限制，总体发展绩效水平较低，因而在政策设计上，应加大绿色生产生活基础资源投入、提升绿色劳动力规模和绿色生产技术水平；经过测算，认为中国农村绿色发展水平总体较好且处于上升阶段，并与人均 GDP、城镇化水平、农业科技水平以及农户投资能力等因素显著正相关，因此在政策建议上，农村区域应根据区域经济发展阶段选择绿色技术、城镇化与基础投资拉动等异质性绿色发展主导模式；同样认为农村区域绿色发展处于总体向好且不断上升的态势，认为以绿色技术构建绿色农业生产体系、完善农村资源环境的绿色治理体系、构建农村绿色生活方式的行动体系和完善农村的绿色财政支持体系是实现乡村绿色振兴的现实选择。然而，上述研究均集中于农村区域绿色均衡发展的水平测度与影响因素的研究；无论是测算指标体系，还是问题分析及政策建议都没有契合高质量发展质量、效率、动力及全要素增长的内涵，未形成与农村绿色引领高质量发展路径相一致的理论认知与政策思路。

为此，本章在借鉴上述研究成果的基础上，充分考虑高质量发展的理论内涵与组成结构，通过构建我国农村绿色高质量发展水平的评价指标体系，对省级层面农区区域绿色高质量发展水平与演进过程予以量化测度，并以湖南省农村区域为研究对象，通过比较分析，揭示其绿色高质量发展存在的问题和可能的改进政策建议。

二、绿色引领农村高质量发展的现状分析

为分析我国农村区域的绿色高质量发展水平，本章以高质量发展理论为体系结构，在借鉴已有农村绿色发展相关成果的基础上，并考虑数据的可获得性，从农业产业经济的绿色增长效率、农村资源环境的绿色承载能力、农村社会发展的绿色要素贡献水平和农村发展管理的绿色支持能力四个维度选取有代表的统计指标进行时间与空间比较分析；结合近五年的动态发展趋势，并对比全国平均水平、东中西部及东北地区平均水平以及与湖南情况较为接近的湖北的发展情况。相关数据主要来源于历年《中国农村统计年鉴》《中国统计年鉴》和各省市统计年鉴。

（一）农业产业经济的绿色增长效率

农村居民人均可支配收入可以体现农村产业经济绿色增长过程中的总体经济绩效。

从全国平均走势来看，近几年各省总体的发展表现出稳定且持续增长的特点，全国平均值由 2012 年的 8570.31 元逐年增加，到 2017 年可达 13885.77 元。据统计数据可以发现，我国东部地区、中部地区和东北地区农村人均可支配收入在 2012~2017 年增长较快，其中东部地区的农民人均可支配收入最高且增长速度最快，其平均值由 2012 年的 12050.47 元增加为 2017 年的 19094.78 元，远高于我国其他各地区和全国平均值。相对于西部地区来说，湖南、湖北的农村居民可支配收入水平较高，到 2017 年，湖南省农村居民人均可支配收入已经达到 12936 元，而处于最低水平的是我国的西部地区，到 2017 年仅可达到 10618 元，低于其他各地区（见图 6-1）。湖南省作为农业大省，自古以来享有"鱼米之乡"的美誉，农村产业经济发展水平较高，这是由于湖南省不仅农村人口众多，还具有优良的地理环境，再加上近几年来政府政策支持和各种先进技术的引进，使湖南省在农业生产方面发展迅速，农民生活质量得到了很大的提高，农村居民人均可支配收入稳步提升，农村产业高质量发展的总体经济绩效增加。

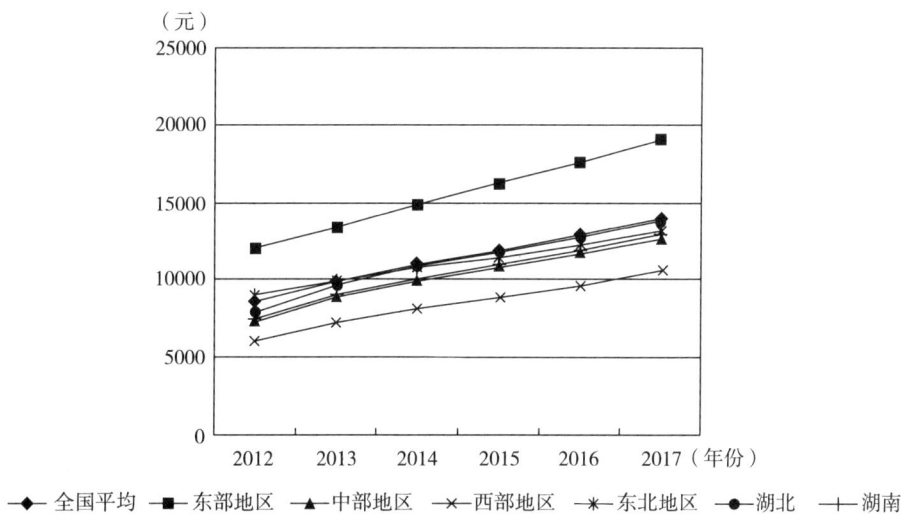

图 6-1 农村居民人均可支配收入的对比分析

各地区农林牧渔业增长值占比可以体现我国各地区农村产业经济绿色发展过程中的发展均衡性和对农业的依赖能力的实际水平，从全国的平均走势来看，其中全国平均值保持在 57% 左右，各省的发展水平相当，体现出平稳发展的特点。从各区域的平均值来看，西部地区的农林牧渔业增长值占比的水平最高，可达到大约 61%，这是因为西部地区地域辽阔，林业占值较大。其次是中部地区、东部地区和东北地区，中部地区的农林牧渔业增加值占比约为 58%，东部地区和东北地区都约为 54%，各区域之间平均值相差不大。在 2015~2016 年，东北地区的农林牧渔业增加值占比下降，原因是我国农村居民收入水平和消费结构的变化和升级给东北三省的农业造成了一定的冲击。湖南和湖北的农林牧渔业增长值占比都可达到61%左右，相当于西部地区的水平，高于中部地区和全国平均值（见图6-2）。而湖南省相比于湖北省来说，其农林牧渔业增长值占比略高，但增长仍不明显。这是由于当前湖南省农林牧渔业的发展受限，受传统经营方式的影响，湖南省农林牧渔各产业的调整速度并不明显，产品过于单一，导致农村产业现代化进程缓慢，各地区农林牧渔业增加值占比基本零增长。

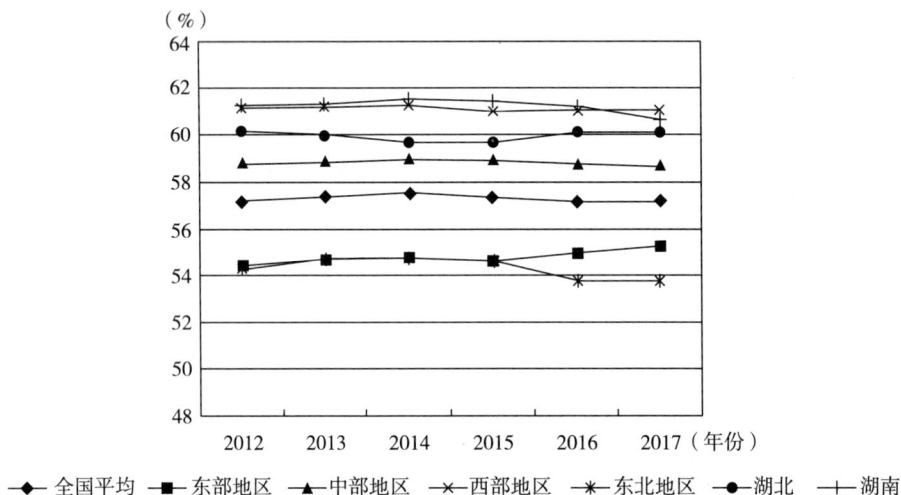

（%）

图6-2 农村农林牧渔业增长值占比的对比分析

农用机械总动力可以体现我国各地区农村产业经济绿色发展过程中的生产技术水平。从全国的平均走势来看，我国农用机械总动力在2012～2015年呈增长态势，全国平均值为2015年最高，约为3909.11万千瓦，而2016年大部分地区有略微下降，这是因为我国部分地区农业机械化仍然存在不平衡、不充分的问题，有效供给得不到解决，以及各农业装备的可靠性需得到进一步提高。从各区域来看，我国中部地区的农业机械总动力最高，在2015年可达到5710.97万千瓦。其次是我国的东部地区和东北地区，西部地区最低，在2015年仅为2413.93万千瓦。因此相对来说，湖南省农用机械总动力处于高水平状态，从2012年逐渐增加，到2017年已经达到了6254.8万千瓦，远远高于全国的平均值，是西部地区农业机械总动力的2倍多，而与湖南省临近的湖北省也仅能达到4335万千瓦的总动力（见图6-3）。这说明湖南省农业产业的生产技术性水平相对于其他地区来说较高，机械化生产已经向丘陵山区推进，生产设备的使用大大提高了农村地区的农业生产率，这在一定程度上体现了湖南省农业生产规模及其社会化服务水平，农业生产向高质量推进。

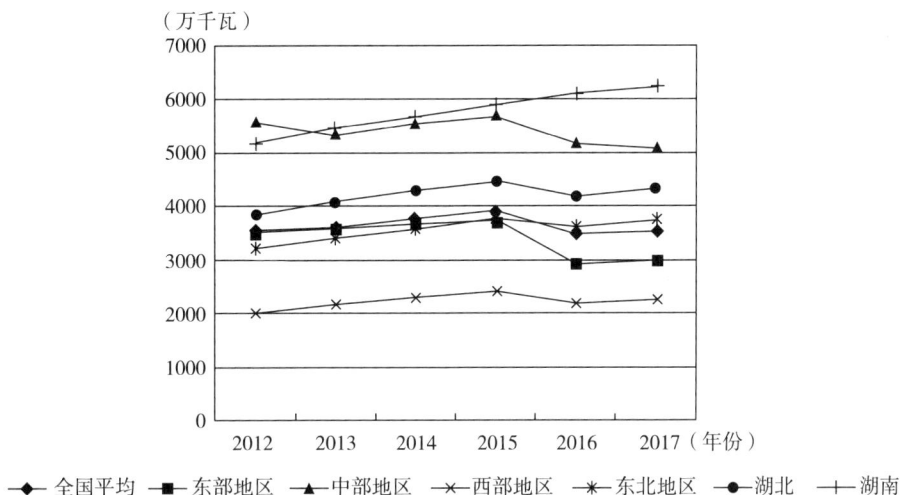

图 6-3　农村农用机械总动力的对比分析

化肥使用量可以体现农村产业经济绿色发展过程中的绿色投入能力，在一定程度上带来了农村产业经济的生态效益。从全国的走势来看，我国各省的化肥使用量总体上呈零增长状态，从各区域来看，其中中部地区和东部地区明显出现了负增长的情形，如东部地区近几年来化肥使用量逐步递减，到 2017 年化肥使用量为 160.99 万吨。而西部地区和东北地区的化肥使用量在近几年有略微上升的趋势，如西部地区 2012 年的化肥使用量为 139.48 万吨，2017 年已经增加为 148.85 万吨。这是由于这两个地区较为偏僻，受到传统的产业经营方式的限制，其绿色发展理念尚未融入农村，存在不合理使用化肥的问题。相比之下，湖南省和湖北省的化肥使用量都在逐年递减，湖北省减少得更为明显。湖南省的化肥使用量已经从 2012 年的 249.1 万吨逐步减少到 2017 年的 245.3 万吨（见图 6-4），但由于湖南省农业产业规模较大、耕地面积较大，化肥使用量仍处于一个较高水平。这说明湖南省绿色投入能力不足，在发展有机农业方面仍有很大的空间，畜禽粪污、秸秆等资源没有得到充分利用，经济增长的生态效益没有充分被挖掘。

农林牧渔业能源合计使用量是对地区能源消费情况的说明，体现了农村产业经济绿色增长过程中的资源节约能力。从全国平均走势来看，我国各省的农林牧渔业能源合计使用量总体呈上升趋势，但上升幅度较为平缓，到 2017 年全国的平均能源使用量为 130.6 万吨标准煤。从各区域看，我国东部地区和中部地区的农林牧渔业能源使用量在 2012~2015 年缓慢增加，而在 2016~2017 年明显减少，2017 年东部地区的农林牧渔业能源使用量为 37.74 万吨，西部地区为 132.63 万吨。东北地区和西部地区出现上升的情况，且上升幅度在 2015~2017 年较为显著，如东北地区用量 2012~2017 年增

（万吨）

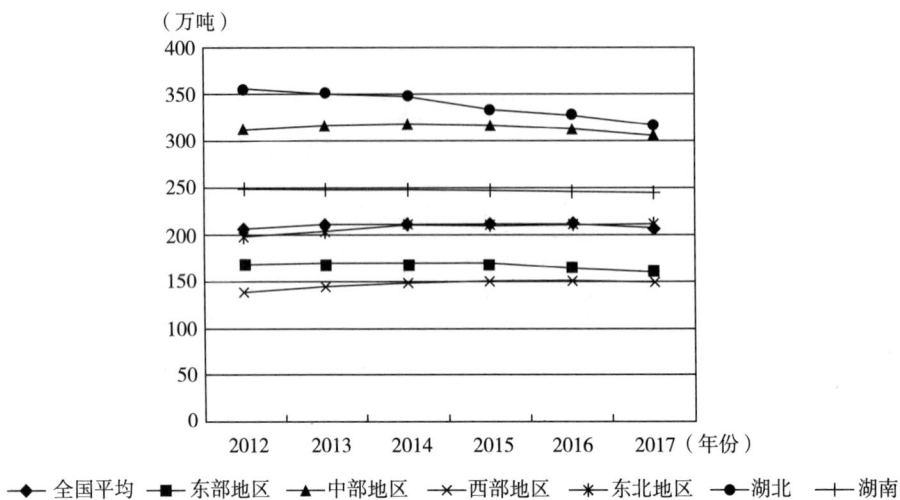

图6-4 农业化肥使用量的对比分析

加了102万吨。从图6-5中可以看到，湖南省在农林牧渔业的能源合计使用量较高，2017年已经达到了493.92万吨，远远高于全国平均值和其他各地区的平均值，其次是湖北省，虽然湖北省的农林牧渔业能源使用量低于湖南省总使用量，但仍高于各地区的平均值。这说明湖南省农林牧渔行业能源消费量大，仍然没有找到可长期替代使用的清洁能源，资源节约能力急需提升。同时能源的大量消耗也随着产值的增加，也就是说湖南省农林牧渔业的产值在逐步上升。

（万吨）

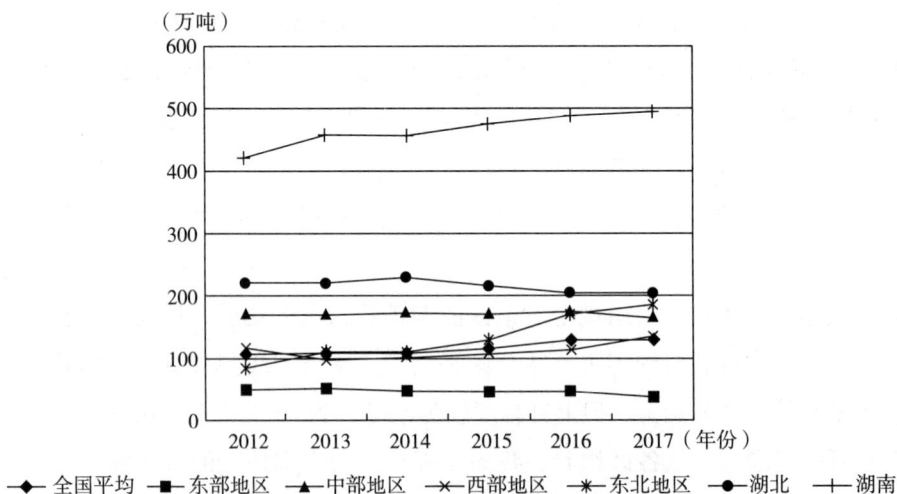

图6-5 农村农林牧渔业能源合计使用量（标准煤）的对比分析

氮氧排放总量可以体现农村产业经济绿色发展过程中的绿色生产程度。从全国的平均走势来看，各省的氮氧排放总量总体上呈下降趋势，在 2015～2016 年下降程度最大，2017 年全国平均值为 42.1 万吨。这说明近几年来我国的大气环境得到了明显的改善，污染程度逐年递减，农村产业经济的绿色生产程度逐年提高。从各区域来看，中部地区的氮氧排放总量最大，在 2012 年约为 93.59 万吨，而在 2017 年已经减少为 46.17 万吨，减少了 1 倍左右。其次是东部地区，氮氧排放总量在 2012 年可达 85.76 万吨。西部地区的氮氧排放总量相对于其他地区来说较低，2017 年已经减少为 27.88 万吨。湖南省和湖北省的氮氧排放总量和变化趋势在近几年大约一致，且低于全国平均值，2017 年湖南省的氮氧排放总量为 36.47 万吨，而湖北省则为 37.67 万吨（见图 6－6）。相对于全国各地区来说，湖南省的氮氧排放总量较低，大气环境较好，绿色生产程度逐年增加。这说明湖南省节能减排行动得到成效，环境质量日益提高，农村人居环境得到改善。减少氮氧总量的排放是农村环境体制机制改革的一个重要项目，也是实现农村高质量发展过程中的一项必要举动。

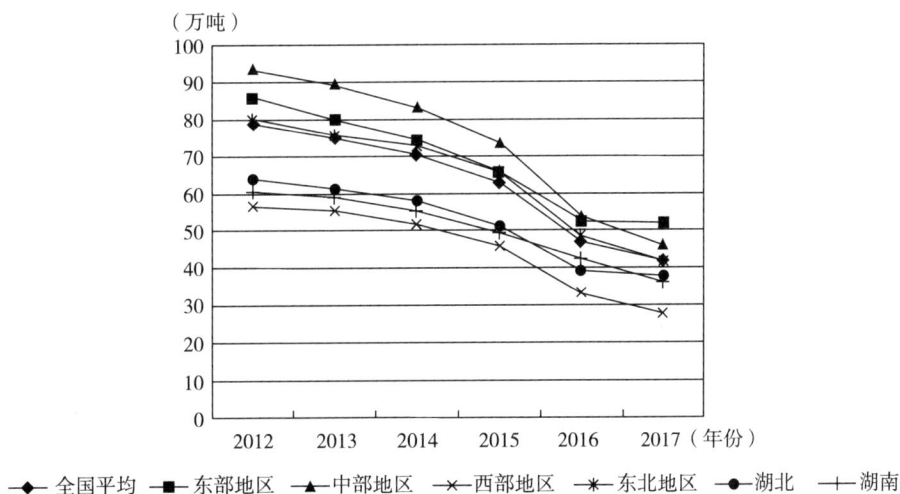

图 6－6　农村氮氧排放总量的对比分析

（二）农村资源环境的绿色承载能力

农业用水可以体现农村资源环境的水资源承载能力。该指标因为各地区的水资源、作物的种类以及耕地的面积等的差异而不同。从全国的平均趋势来看，各省的总体水平没有很大的变化，年用水量较为平均，近几年保持在 120 亿～130 亿立方米的农业用水。从各地区来看，东北地区的整体农业用水量较高，且呈持续增长的趋势，2008 年该地区农业用水量为 126.11 亿立方米，2017 年达到 130.29 亿立方米，这是因为东北地区农业用地面积较大，粮食种植业较为发达。其次是中部地区，变化程度和全国平均值相似，但总体上高于全国水平，近几年保持在 130 亿～140 亿立方米的农业用水量，西部地区则低于全国平均值，保持在 115 亿～125 亿立方米。湖南省农业用水量处于一个较高的水平，在 2014 年可以达到 200.2 亿立方米，而最低在 2011 年为 183.1 亿立方米，远高于全国平均值和其他各地区的平均值。湖北省的农业用水量比湖南省低，且在 2012～2016 年出现了下降趋势，这是由水资源的紧张导致的农业用水紧缺。湖南省作为一个农业大省，农业用地面积大，但水资源充沛，且水利工程建设较多，水资源承载能力较强，为农村高质量发展提供了优异的水资源环境。

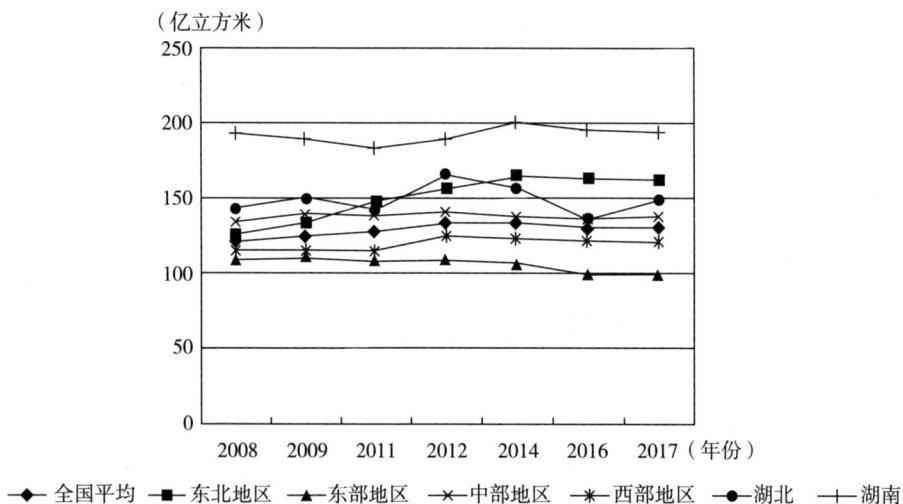

（亿立方米）

图 6-7　农村农业用水的对比分析

人均耕地面积可以体现农村资源环境的人口承载能力，该指标一定程度上反映了我国居民人均粮食供求能力。从全国的平均走势来看，各省人均耕地面积在 2008～2012 年几乎没有变化，而部分地区在 2012～2016 年出现了不同程度的增加，在 2016 年全国人均耕地面积达到 2.04 亩。由于退耕还林、退草还湿地政策的影响，在 2016～2017 年人均耕地面积呈现减少的趋势，2017 年为 1.35 亩，其原因是全国人口增加。从各区域来看，东北地区的人均耕地面积最大，和全国平均值的变化趋势相似，2016 年最高可达 3.93 亩，远高于全国平均值，2017 年下降为 2.63 亩。其次是西部地区，同样在 2016 年达到最高值，为 2.28 亩，2017 年下降为 1.51 亩。中部地区和东部地区的人均耕地面积相对较低，2017 年中部地区平均值为 0.84 亩，东部地区仅为 0.44 亩，这是因为东部地区耕地面积少且人口多，建设用地占地面积大。湖南省的人均耕地面

积就相对较少，远低于全国平均值，但略高于东部地区的平均值。虽然在 2012～2014
年出现上升趋势，但由于退耕还林政策的影响，在 2017 年下降为 0.61 亩（见图 6 -
8）。湖北省的人均耕地面积比湖南省略高，变化趋势相似。这是因为湖南省多山地丘
陵，人口数量也大，因此农村资源环境的人口承载能力相对较弱。

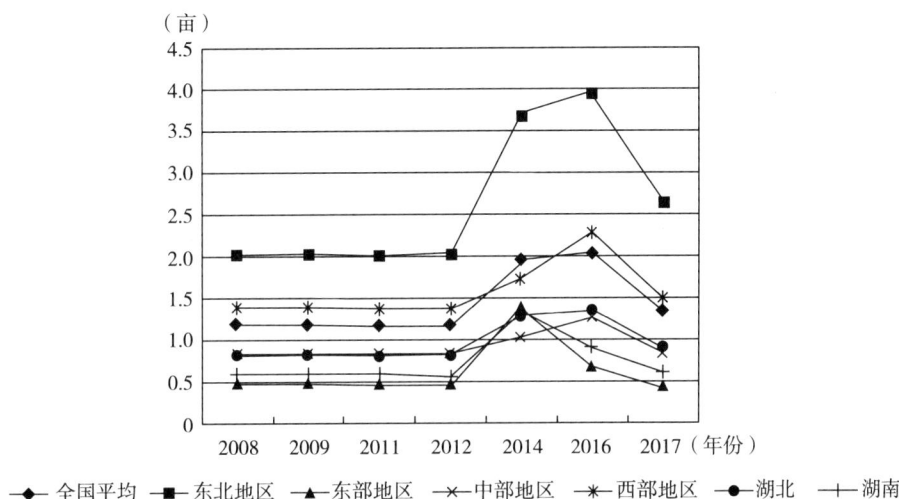

图 6 - 8　农村人均耕地面积的对比分析

单位面积粮食产量可以体现农村资源环境的农业生产承载能力，这个指标是指土地
生产率，反映出农业生产经营状况。从全国的平均走势来看，各省单位面积粮食产量总
体上呈上升趋势，但增长速度缓慢，2012 年为 0.51 万吨/千公顷，2017 年增加为 0.57 万
吨/千公顷，增长幅度较小。从各区域来看，东北地区的单位面积粮食产量较高，在 2009
年受到气候等自然因素的影响，出现了较大幅度的下降，随后几年总体上呈上升趋势，
2017 年可达 0.65 万吨/千公顷。其次是东部地区和中部地区，其单位面积粮食产量变化
趋势一致，表现持续增长的特点，但增长速度缓慢。受到气候和土地质量影响，西部地
区的单位面积粮食产量较低，2017 年为 0.48 万吨/千公顷。湖南省的单位面积粮食产量
相对较高，2017 年达到 0.62 万吨/千公顷，高于全国平均值和其他各地区。湖北省产量
比湖南省略低，但仍处于一个较高的水平，2017 年可达 0.58 万吨/千公顷（见图 6 - 9）。
这一方面说明湖南省粮食生产条件相对优良，如水资源充分、气候适宜、技术因素、农
用机械化较高，水利设施齐全等；另一方面说明对湖南省对农业的各种政策支持有所成
效，土地质量和生产技术的提高增大了农村区域的农业生产土地承载能力。

森林覆盖率可以体现农村资源环境的绿色环境贡献能力，该指标反映出农村发展
过程中的生态状况。从全国的平均走势来看，各省的森林覆盖率总体呈上升趋势，从
2008 年的 28.69% 增加为 2017 年的 34.4%。从各区域来看，东北地区的森林覆盖率较高，

且呈逐年增长的特点，2017 年可达 40.59%，相比 2008 年增加了 4% 左右。其次是中部地区和东部地区，由于该部分地区人口多，人为占用林业面积变为农田，该部分地区的森林覆盖率并不高，2017 年为 35.54%。由于西部地区土地沙漠化严重，该地区的森林覆盖率较低，但随着植树造林行动的进行，2017 年西部地区的森林覆盖率为 27.06%。湖南省的森林覆盖率处于一个较高的水平，同样受退耕还林政策的影响，2017 年森林覆盖率可达 47.77%，高于全国平均值和其他各地区的平均值，覆盖率比西部地区高 20% 左右（见图 6 - 10）。湖北省的森林覆盖率低于湖南省，2017 年为 38.4%。这说明随着生态文明和绿色农业建设的推进，湖南省的林业建设发展较好，林业治理体系较为完善，绿色总量增长较快，为农村高质量发展提供了良好的绿色环境。

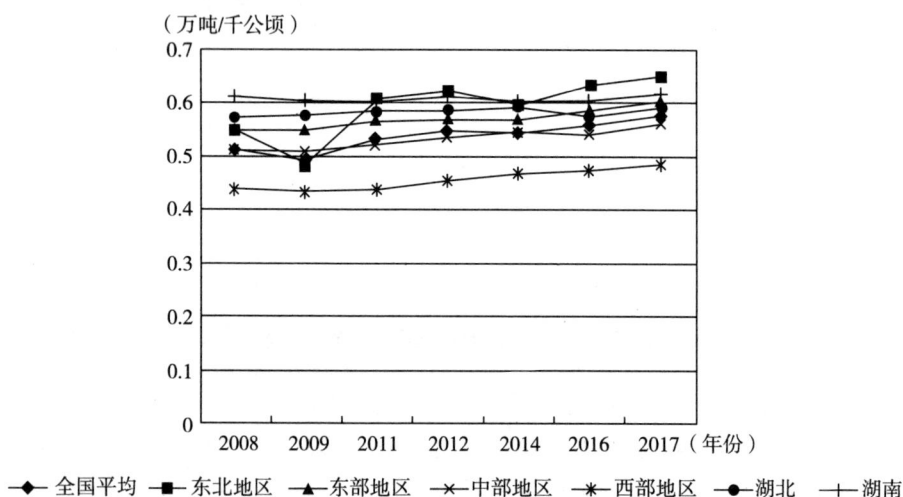

（万吨/千公顷）

2008　2009　2011　2012　2014　2016　2017（年份）

◆ 全国平均　■ 东北地区　▲ 东部地区　✕ 中部地区　＊ 西部地区　● 湖北　＋ 湖南

图 6 - 9　农村单位面积粮食产量的对比分析

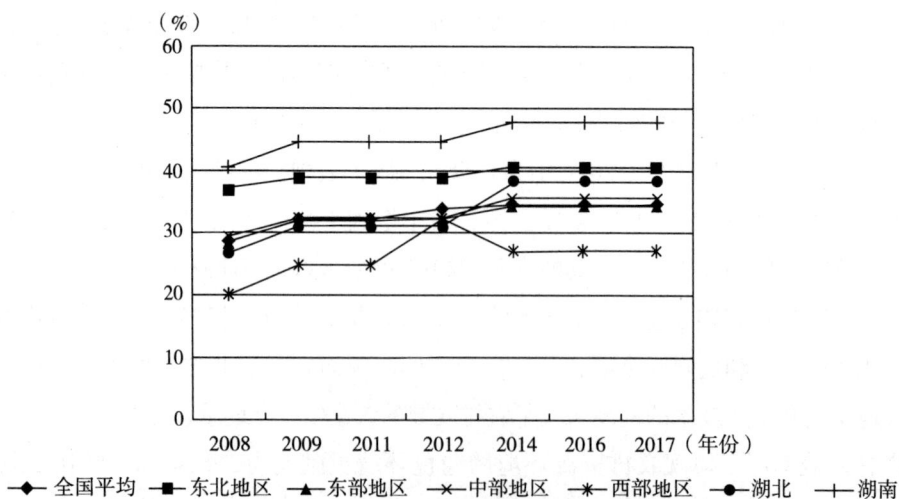

（%）

2008　2009　2011　2012　2014　2016　2017（年份）

◆ 全国平均　■ 东北地区　▲ 东部地区　✕ 中部地区　＊ 西部地区　● 湖北　＋ 湖南

图 6 - 10　农村区域森林覆盖率的对比分析

　　土地流失治理面积可以体现农村资源环境的绿色生产能力，综合反映了生态环境质量治理潜力。从全国的平均走势来看，各省的土地流失治理面积总体增加，2017 年治理面积可达 4076.55 千公顷。从各区域来看，东北地区的土地流失治理面积在 2008～2012 年高于其他各地区，而在 2012～2014 年由于土地质量的改善出现了下降趋势。到 2017 年，该地区土地流失治理面积又增加为 3958.62 千公顷。其次是西部地区，该地区多沙漠，土地流失治理面积处于一个较高的水平，且逐年增加，2017 年可达5518.49 公顷。中部地区土地流失面积也在逐年增加，2017 年可达 4573.51 千公顷。东部地区的土地流失治理面积水平较低，远远低于全国平均值，2017 年为 2255.57 千公顷，约等于全国平均值的一半。湖南省的土地流失治理面积相对较低，仅高于西部地区水平，由 2008 年的 2758.75 千公顷增加为 2017 年的 3592.19 千公顷。湖北省的治理面积较大，远高于湖南省，2017 年达到 5963.49 千公顷（见图 6 - 11），因为湖北省地势复杂，降水分配不均匀导致洪涝灾害严重。这说明了湖南省的土地环境相对较好，土地生产能力较强，加上治理水平较高，导致农村资源环境条件日益改善，土地利用率提高。

（千公顷）

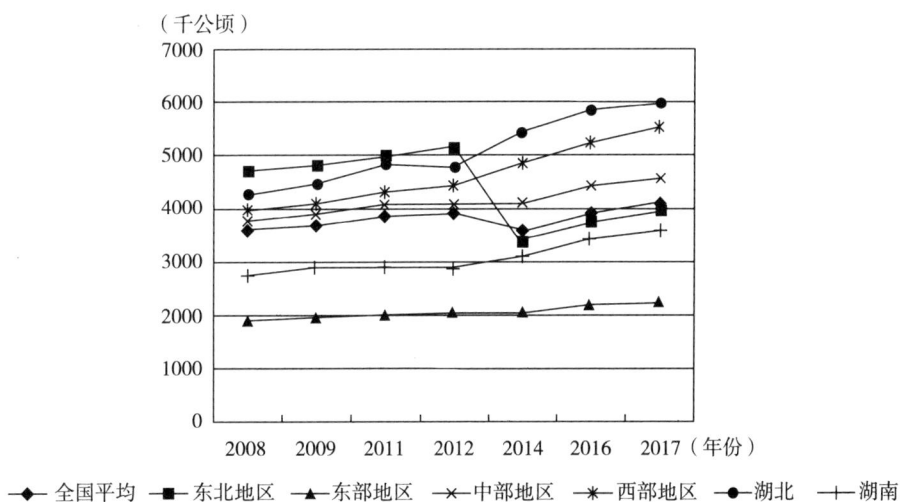

图 6 - 11　农村土地流失治理面积的对比分析

（三）农村社会发展的绿色要素贡献水平

　　乡镇文化站建设情况可以体现社会发展的人力资本技能水平对农村高质量发展的要素贡献。从全国的平均走势来看，近几年来各省的乡村文化站数量约为 1110 个。从各区域来看，中部地区的乡镇文化站个数最多，在 2015 年可达 1547 个，高于全国平均值。其次是西部地区，在 2012 年有 1283 个乡镇文化站，然而在 2012～2013 年，其数量明显减少，2013 年仅为 1226 个。相对来说，东北地区和东部地区的乡镇文化站个数最少，在 2017 年东北地区是 826 个，东部地区是 784 个，其原因一方面是这部分地区农村文化队伍人才的缺乏，另一方面是这部分地区文化建设资金存在缺口。湖南省的乡镇文化站个数较高，在近几年最高可达 2238 个，高于各地区，约为全国平均值的两倍，是东部地区的两倍多。湖北省的乡村文化站个数约为 1030 个，约为湖南省的一半（见图 6-12）。由此看来，湖南省在农村文化建设方面的投入力度较大，文化基础设施较为齐全，农村的人力资本技能水平较高，为农村产业经济绿色发展做出了一定的人才贡献，而人才是经济高质量发展过程中不可或缺的因素。也同时说明了乡镇文化站是乡村文化振兴中的一个极为重要的环节，在农村文化建设中有不可替代的地位。

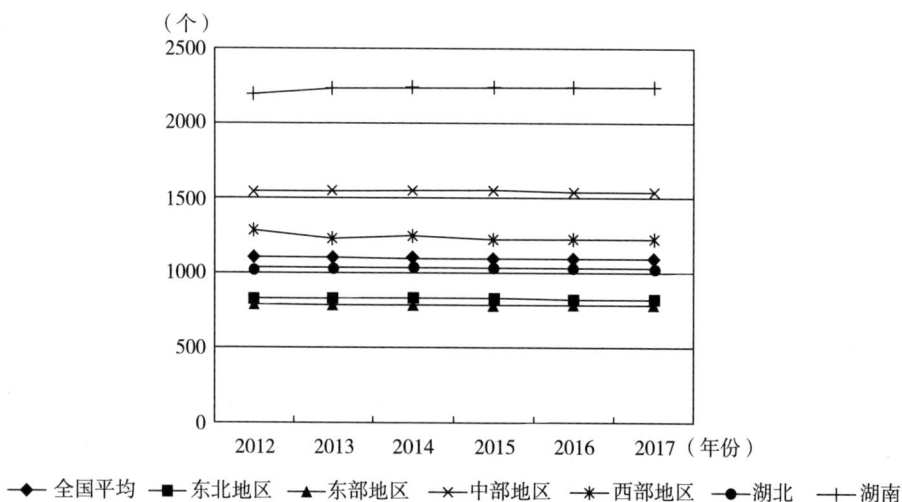

图 6-12　农村乡镇文化站建设的对比分析

农村卫生技术人员人口占比可以体现社会发展的人力资本长效贡献能力对农村高质量发展的要素贡献。从全国的平均走势来看，各省农村每千人技术人员占比表现出缓慢上升的特点，2012 年占比为 3.73，到 2017 年已达到 3.46。从各区域来看，东部地区的农村每千人技术人员占比最大，2017 年可达 5.35，相比于 2012 年增长了 0.57，其在 2015～2016 年出现下降趋势，其原因是该地区卫生人员总量不足以及结构不合理。其次是东北地区，2017 年可达 4.21，但其增长速度较为缓慢。西部地区的农村每千人卫生技术人员占比略高于中部地区，在 2017 年分别可达 4.41 和 3.84，中部地区最低，2017 年为 3.84。湖南省和湖北省农村每千人卫生技术人员占比增长速度较快，其中湖南省 2012～2017 年增长了大约 1.04，湖北省占比增长了 1.53（见图 6-13）。

湖南省农村每千人技术人员占比低于全国平均值，仅高于中部地区平均值。这说明湖南省农村区域的卫生服务水平相对来说并不高，卫生服务质量和效率一定程度上对农村人才的供给造成影响，人力资本的贡献水平下降，从而给农村产业生产率带来负面效应。

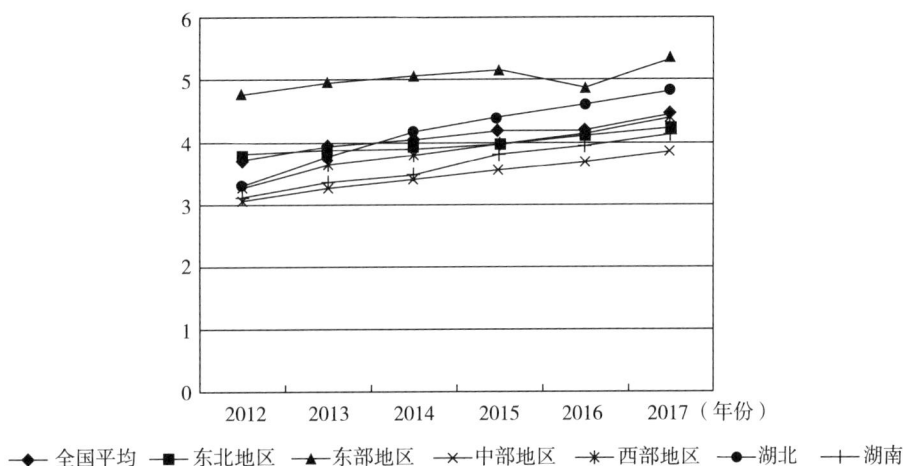

图 6 – 13　农村每千人卫生技术人员占比的对比分析

互联网普及率可以体现农村社会生产生活的绿色信息化水平对农村高质量发展的要素贡献。从全国的总体趋势来看，各省份的互联网普及率表现出持续平稳增长的特点。互联网普及率的全国平均值由 2012 年的 41.95% 逐渐增加为 2017 年的 54%。从各区域来看，东部地区的互联网普及率处于一个较高的水平，到 2017 年，该地区可达 64.2%。其次是东北地区，该地区互联网普及率增长较快，2012 年为 41.17%，到 2017 年可达 54.33%，但该地区在 2014 年出现了下降趋势，这主要是因为互联网技术还不够成熟。中部地区和西部地区的互联网普及率相对来说较低，但其增长速度较快，如中部地区在 2017 年已经达到 49% 的水平。湖南省的互联网普及率低于湖北省，相差大约 7% 的水平，与最高水平的东北地区相差大约 22%，与全国平均值相差 8%（见图 6 – 14）。这说明了湖南省农村区域的社会生产生活的绿色信息化水平较低，互联网利用率不高。湖南省很多农村地区位置偏僻，交通落后，信息传递的方式仍比较传统。近几年互联网发展迅速，互联网与产业融合发展已成为常态，利用互联网技术进行信息交流、生产建设、智能处理和拓宽销售渠道成为农村产业高效快速发展的新道路。

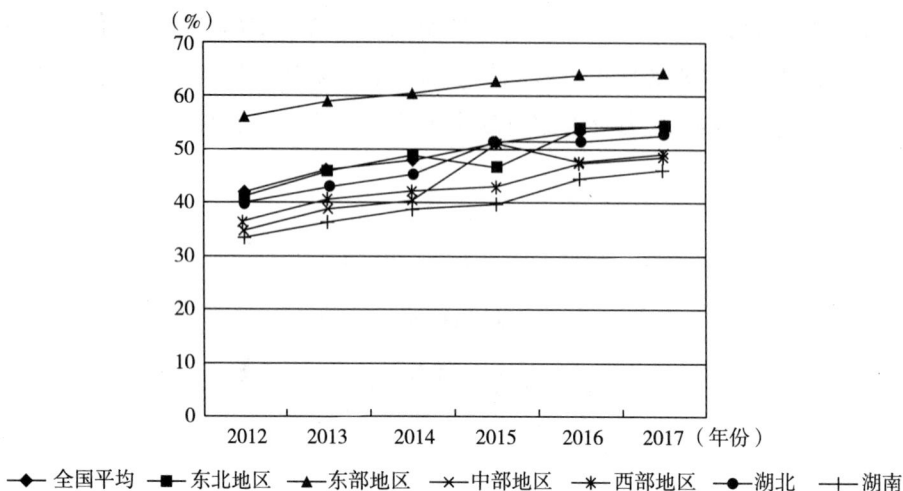

图 6-14　农村区域互联网普及率的对比分析

　　具有碳排放稀释作用和其他环境绿化功能的造林总面积可以体现农村生产生活的绿色外溢贡献能力对农村高质量发展的要素贡献。从全国的平均走势来看，各省的造林总面积总体上呈上升趋势，2012 年全国平均值为 174701.55 公顷，在 2017 年已经达到 228587.9 公顷。分别在 2014 年和 2016 年发生了小幅度的下降，原因是土地沙漠化和环境的恶化。从各区域的变化趋势来看，西部地区的造林总面积处于一个比较高的水平，该地区土地面积大，到 2017 年，该地区平均值为 342560.8 公顷，相比 2012 年增加了 100000 多公顷。其次是中部地区，2017 年该地区的造林总面积为 312534.8 公顷，比西部地区少 30000 公顷左右。东北地区和东部地区的造林总面积处于一个较低的水平，2012 年东部地区的平均值仅为 87714.5 公顷。这是因为东部地区人口众多，住房占用了大量的耕地面积。湖南省和湖北省的造林总面积较高，且变化趋势相似。其中湖南省造林总面积平均值在 2017 年可达 554139 公顷，远远高于全国平均值和各地区的平均值，比最低水平的东部地区多大约 426501 公顷，在 2015 年，增长速度最快（见图 6-15）。湖北省造林总面积低于湖南省，这是因为湖南省山区面积更大。这就说明湖南省生态环境较好，且日益改善。林业可持续发展所带来的生态效益与农村居民的经济收入相关，湖南造林总面积的增长同时也说明农民生产生活的绿色外溢贡献能力增加。

（四）农村发展管理的绿色支持能力

　　国家财政用于农林水各项事务的公共预算支出可以体现农村发展管理过程中区域相关各级政府部门对农业绿色生产的支持能力。从全国的平均走势来看，各省的总体发展水平体现出持续上升的特点，且增长速度较快，2011 年国家财政用于农林水各项

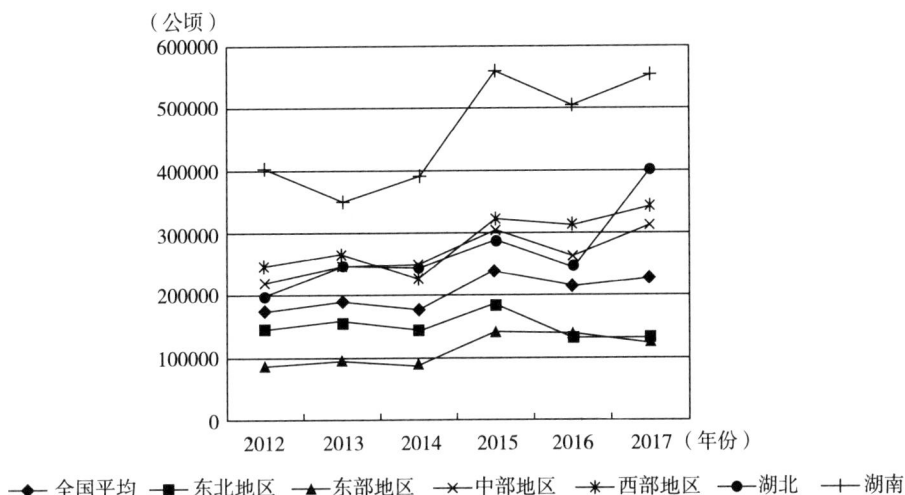

图 6 - 15　农村造林总面积的对比分析

事务的公共预算支出为 314.47 亿元，到 2017 年增长为 608.88 亿元，增加了 1 倍左右。从各区域来看，中部地区用于农林水各项事务的公共预算支出高于其他地区，2017 年为 696.92 亿元，高于全国平均值。东部地区和东北地区的公共预算支出水平相当，到 2017 年都能达到 600 亿元左右。西部地区用于农林水各项事务的公共预算支出总体来说相对较少，2017 年仅为 540.37 亿元。湖南省的公共预算支出处于一个较高的水平，近几年增长速度较快，2017 年可达 782.42 亿元，高于全国平均值和其他各地区（见图 6 - 16）。湖北省的公共预算支出总体上低于湖南省。这说明湖南省乡村振兴战略的实施加大了政府对农村的资金投入，财政部紧紧围绕农业农村优先发展的政策，逐步完善财政支农政策体系，充分发挥了财政资金对农村产业的引导作用。农村的金融和社会资本的增加，既提高了绿色生产支持能力，也推进了农村高质量发展。

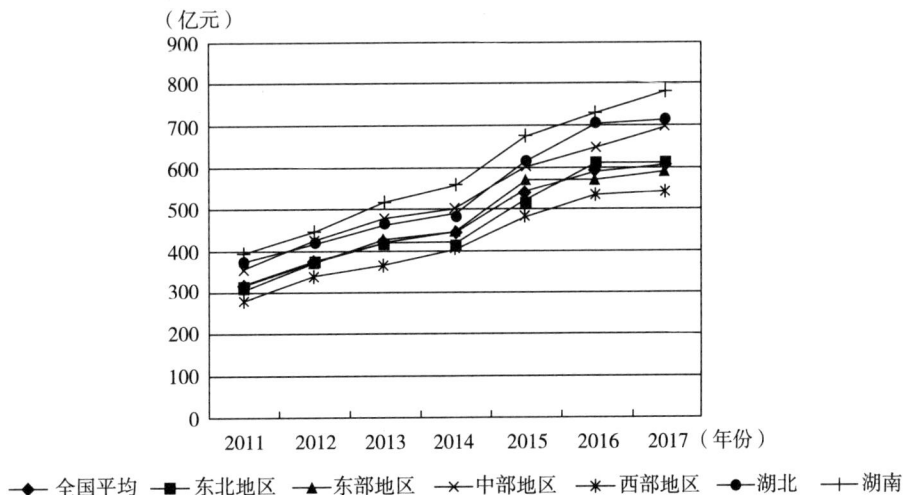

图 6 - 16　农村农林水各项事务的公共预算支出的对比分析

环境治理投资占 GDP 的比重可以体现污染排放治理对农村发展管理的绿色支持能力。从全国的平均走势来看，各省的总体发展体现出小幅度震荡的特点，如 2011 ~ 2013 年，环境治理投资占 GDP 的比重上升了 0.1% 左右，而在后两年下降 0.4% 左右，其比重在 2013 年达到最高，平均值为 1.62%，在 2017 年最低，约为 1.22%。这是因为我国 GDP 虽然逐年增长，但环境污染越来越严重，而对环境的治理控制并不稳定。从各区域来看，西部地区对环境治理投资占 GDP 的比重较高，在 2013 年可达 2.16% 左右，然而在 2013 ~ 2016 年发生了不同程度的下降，2016 年仅为 1.57% 左右。中部地区的环境治理投资占 GDP 的比重相对来说高于东部地区和东北地区，东北地区在 2017 年仅可达到 0.78%。湖南省的环境治理投资占 GDP 的比重相对来说较低，且出现了较大的波动，在 2014 ~ 2015 年增长了大约 1.07%，后两年持续下降为 0.63%，远低于全国平均值和其他各地区的平均值（见图 6 - 17）。而湖北省的变化趋势较为平缓。这说明随着经济发展和农村区域的城镇化、工业化，工业生产量加大和能源开发增强，环境污染日益加剧。随着农村产业经济的绿色发展，环境质量要求不断提高，因此对污染排放的治理能力需进一步加强。

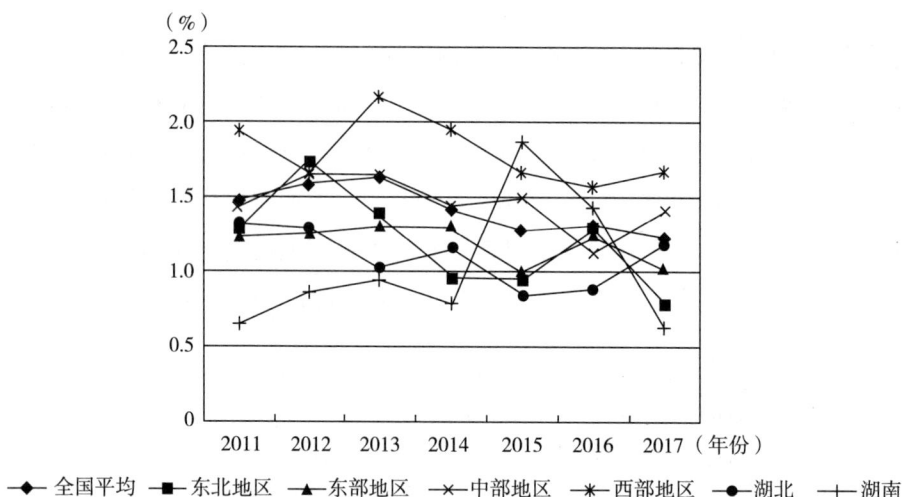

图 6 - 17　农村环境治理投资占 GDP 比重的对比分析

农村区域的卫生厕所普及率可以间接体现农村绿色发展过程中管理部门对绿色生活的支持能力。从全国的平均走势来看，各省的厕所普及率体现出平稳增长的特点，近几年增长速度几乎一致，2017 年全国平均值可达 78.78%。从各区域来看，东部地区的卫生厕所普及率最高，到 2017 年，该地区平均值可达 92.93%。其次是中部地区和东北地区，中部地区厕所普及率从 2011 年的 66.55% 增加为 2017 年的 78.28%，东北地区从 2011 年的 61.08% 增加为 2017 年的 77.67%。西部地区的厕所普及率相对来说较低，在 2016 年有略微下降，到 2017 年增长为 70.26%，比东部地区低 23% 左右，这说明经济发展情况和卫生厕所的普及率有一定的关系。湖南省的厕所普及率低于部分地区，2011 年为 63.22%，2017 年增加为 82.6%，增长速度较平均，增长幅度相对较大（见图 6-18）。湖北省总体比湖南省略高。这说明随着厕所革命的普及和推进，湖南省农村卫生厕所普及率增长较快，健康、生态、经济和社会效益逐步显现，湖南省农村区域的社会卫生服务能力提高，农民群众文明卫生素质提升，农村人居环境得到改善，最终表现为农村产业经济高质量发展过程中绿色生活支持能力的提升。

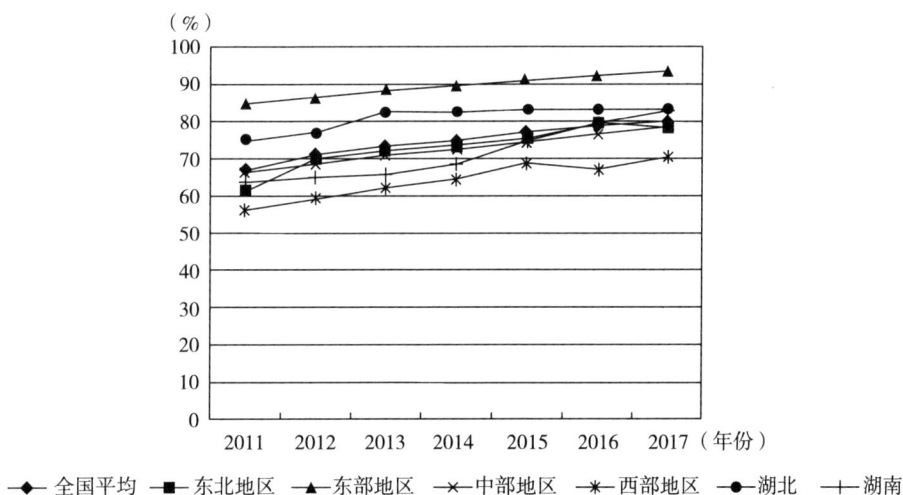

图 6-18　农村卫生厕所普及率的对比分析

农村区域的普通高中在校生规模代表农村技能型劳动力比重，可以体现农村发展管理过程中的绿色人力支持能力。从全国的平均走势来看，各省的总体水平在逐年下降，2011 年为 80.63 万人，到 2017 年已经下降为 76.89 万人，其原因一方面是人口的增加，高中生适龄人口比重却下降，因此受到普通教育人口的比重并没有增加；另一方面是初中生进入普通高中的门槛提高。从各区域来看，中部地区的普通高中在校生最多，在 2011 年为 116.53 万人，到 2017 年下降为 113.21 万人。其次是东部地区，该地区普通高中人数在 2017 年为 78.51 万人。东北地区和东部地区的普通高中在校生相对来说比较低，2017 年东部地区为 53.33 万人，西部地区为 62.53 万人。相对大部分地区来说，湖南省和湖北省的普通高中在校生较多，高于全国平均值，且湖南省的普通高中在校生逐年增加，2017 年为 114.63 万人，增加了 13 万人左右，增长速度平稳。而湖北省则逐年下降，2017 年为 81.94 万人，减少了 36 万人左右（见图 6-19）。这说明湖南省近几年重视对人才的培育，教育水平有所提高。湖南省作为一个教育大省，教育资源十分丰富，因此湖南省农村地区人力资本雄厚，对农村产业经济的绿色发展提供了人力支持和技术支撑。

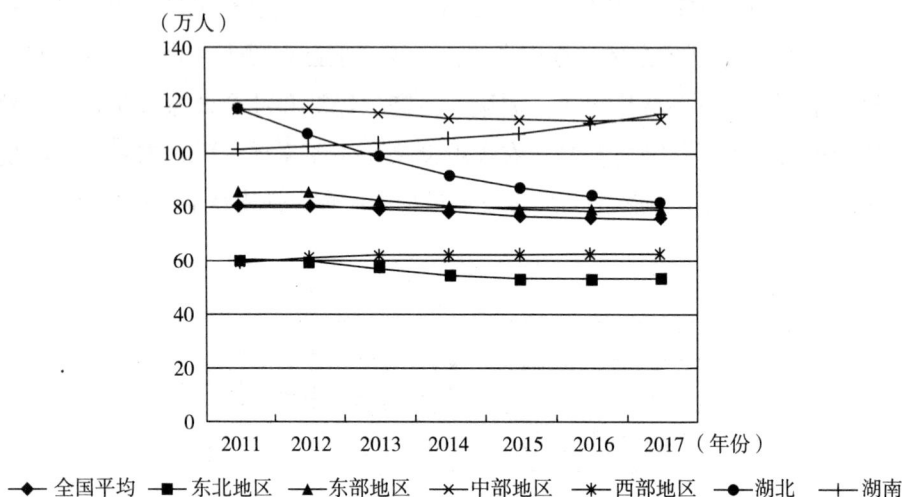

图 6 – 19 农村普通高中在校生的对比分析

农村居民生活最低保障人数可以初步体现农村发展管理过程中的绿色消费支持能力。从全国的平均走势来看，各省总体的农村居民最低生活保障人数出现了不同程度的下降，其中 2014 ~ 2017 年的下降趋势较为明显，2017 年约为 123.49 万人，较 2019 年下降了 39 万人。从各区域来看，中部地区和西部地区的农村居民最低生活保障人数处于一个较高的水平，其中中部地区在 2014 年的人数达到 242.56 万人，2017 年减少为 165.55 万人，而西部地区在 2012 年的人数可达 225.84 万人，2017 年减少为 173.67 万人。东部地区和东北地区的农村居民最低生活保障人数处于一个较低的水平，其中东部地区 2017 年的人数仅为 71.92 万人。这是因为东部地区居民生活水平普遍较高，而东北地区人口较少。湖南省的农村居民最低生活保障人数在 2011 ~ 2015 年呈上升状态，在 2015 年人数达到 317.87 万人，远远高于全国平均值和其他各地区平均值，2015 ~ 2017 年人数下降，且在 2016 ~ 2017 年下降幅度较大，在 2017 年人数为 124.9 万人，与全国平均值大约一致（见图 6 – 20）。湖北省的农村居民最低生活保障人数与湖南省变化趋势相似，但总人数始终低于湖南省。这说明近两年湖南省农村区域的社会服务能力增强，总体经济水平有所提升，农村居民人均收入提高，导致最低生活保障人数下降。同时也说明湖南省虽然农村居民人数众多，但乡村振兴战略的实施初见成效，人们生活质量提高，导致绿色消费支持能力上升，推进了农村高质量发展。

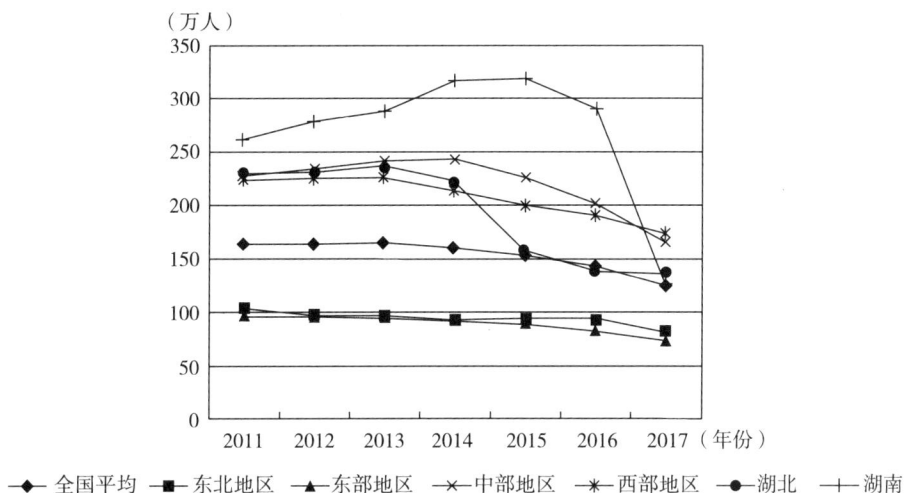

（万人）

图 6-20　农村居民生活最低保障人数的对比分析

三、湖南省农村高质量发展存在的问题及原因

综合上述研究可以发现，湖南省农村绿色高质量发展态势总体向好，但依然存在以下问题：

（1）在农业产业经济的绿色增长效率方面，湖南省农村居民人均可支配收入稳步提升，农村产业高质量发展的总体经济绩效增加。但农林牧渔各产业的调整速度并不明显，产品过于单一，导致农村产业现代化进程缓慢。湖南省农业生产规模以及其社会化服务水平是推进农业生产向高质量推进的瓶颈性要素。绿色投入能力不足，在发展有机农业方面仍有很大的空间，畜禽粪污、秸秆等资源没有得到充分利用，经济增长的生态效益没有被充分挖掘。湖南省农林牧渔行业能源消费量大，仍然没有找到可长期替代使用的清洁能源，资源节约能力急需提升。

（2）在农村资源环境的绿色承载能力方面，湖南省作为一个农业大省，农业用地面积大，具有水资源充沛的比较优势，且水利工程建设较多，水资源承载能力较强，这为农村高质量发展提供了优异的水资源环境。但是湖南省多山地丘陵，且农村人口数量较大，因此农村资源环境的人口承载能力相对较弱，必须通过提升土地质量、引入相关生产技术、提升土地流失治理能力，增大湖南农村区域农业生产的土地承载能力。

（3）在农村社会发展的绿色要素贡献水平方面，由于湖南省在农村文化建设方面的投入力度较大，文化基础设施较为齐全，使农村的人力资本技能水平具有一定的基础；但是由于农村区域的卫生服务水平相对偏低、以互联网普及率为核心的信息化设施服务水平不足等因素，导致可支持产业绿色转型、高质量发展的以农村知识型和技能型为主的人力资本对农村区域绿色高质量发展的长效贡献能力存在动力不足的问题。

（4）在农村发展管理的绿色支持能力方面，由于湖南省农村农业公共预算支出长期处于一个较高的水平，近几年增长速度较快，体现出区域政府对农村绿色高治理发展具有较好的支持能力。分结构来看，对农村教育和生活保障投入比重较高，有利于农村技能型人力资本的充分发展和要素流动优化配置；但是对环境治理相关产业发展及公共环境服务的投资占比较低，对农村绿色生活革命的扶持性投资不足，这些都对农村绿色高质量发展有所制约。

四、湖南省绿色引领农村高质量发展的对策建议

作为中部地区农业产值高占比与农村劳动力人口大省，湖南省乡村振兴战略的具体实施规划，基于国家乡村振兴战略实施规划框架，进一步针对自身农村发展的现实特征（"农村三次产业融合发展深度不够；农村基础设施薄弱，公共服务水平偏低；农村环境和生态问题比较突出；农村人口老龄化、'空心化'严重；村级集体经济整体薄弱，乡村治理能力和体系亟待强化；脱贫攻坚成果巩固长效机制尚未完全建立；城乡之间要素合理流动机制亟待健全"），对农村高质量型发展路径做了精准设计。主要思路包括：①在农村发展目标高质量导向方面，提出"立足于融合化统筹城乡发展空间，以主体功能区规划为核心，加快构建以'一核两带三组团'为主体的城镇化战略格局，系统系配合以'一圈三区'为主体的农业战略格局和以'一湖三山四水'为主体的生态安全战略格局"。因此，规划中对农村发展目标的设置是对接所属功能区总体发展目标，通过深度城镇化将农村区域社会经济系统全面融入功能区域，借此全方位地提升农村发展的全要素生产率水平。②在农村发展资源高质量投入方面，提出"立足发展基础，聚焦阶段任务，按照'城郊融合型、特色保护型、搬迁撤并型、集聚提升型'分梯次分类型推进乡村发展的总体布局，同时将把打好精准脱贫攻坚战作为实施乡村振兴战略的优先任务"，强调按照农村区域发展需要精准配置发展资源投入。③在农村发展动力机制高质量设计方面，提出通过提升农村对现代农业产业体系、生产体系、经营体系一体化平台的嵌入服务能力提升农村农户农业经济收入，通过发展多种新经

营业态，打造农村绿色收入增长机制。④在农村发展的高质量产出方面，规划强调绿色发展对农村生产生活的总体导向，以人居环境的绿色改进为生活发展抓手，以现代化农业产业体系为生产发展抓手，由此推动农村区域绿色高质量全面发展。

基于上述规划并结合湖南农村农业发展特色，进一步应做好以下几方面工作：

（1）以绿色全要素生产率增长为高质量发展主体动力，构建培养和提升绿色创新能力的长效机制。农村区域的绿色创新能力既包括现代农业生产技术水平和资源节约、环境友好水平，又包括农村绿色消费倾向、以人力资本提升为内核的资本积累的绿色化等。对于农业产业大省和农村人口大省，湖南省农村区域在绿色全要素率增长方面存在非常大的潜力，具体举措可以包括加大农业的产学研合作深度和广度、引入多元化农村绿色生产补贴机制（对绿色生产体系，包括农资生产、供应链、生产、消费端进行全流程的针对性补贴和逆向税费征收）、打造农村绿色消费供应体系（绿色产品准入制度、绿色产品销售与物流体系、绿色消费补贴制度等）、加大以技能应用为主的农村人才培养体系（以较完善的义务教育为基础、围绕现代农业、制造业和服务业需求，建立起与用人企业间的深度定制教育合作模式）等。

（2）构建并完善以生态补偿为核心的城乡之间、产业部门之间、空间区域之间的农村绿色发展外溢补偿机制。农村绿色高质量发展需要基于绿色外溢效应收益方与提供方责任与利益公平分配的模式，通过合理测算外溢效应与成本收益价格，构建多元主体间的农村绿色发展外溢效应补偿机制。具体包括以污染减排贡献为主体的城乡之间的绿色环境补贴机制、以能耗节约和绿色产品供给为主体的制造业服务业与农业间的绿色生产补贴机制和发达地区、欠发达地区之间人力与土地资源的流动补贴机制等。湖南省在绿色发展生态补偿方面具有较强的发展基础，可以充分实验各类外溢补偿模式，从而提炼出适合湖南自身全面协调发展的农村绿色发展空间外溢补偿机制体系。

（3）以效率金融为统领，提升绿色金融对农村绿色高质量发展要素配置与风险分化的服务水平。绿色金融工具主要包括绿色信贷、绿色资产证券化和绿色基金。湖南省可以广泛使用各类绿色金融工具，提升绿色金融服务水平，对于不同主体功能区农村发展模式定制不同的绿色金融服务包，实施差异化的资本价格和项目准入标准，长短期相结合，构建由风险偏好异质性的多元投资主体、多元农村经营主体与参与者组成、农地资源"三权分解"的绿色金融资本市场，从而为农村区域绿色高质量发展提供具有较高针对性和服务水平的资本要素配置机制和风险分散化、收益多元共享的项目投融资与风险分解服务平台。

（4）以绿色高质量发展为导向，建立农村多元经营主体协同发展的制度激励与保障体系。农村绿色高质量发展需要农村多元经营主体协同推进，要构建由专业合作社和农户家庭等组成的农业生产主体和技术提供者、农村集体组织和农地经营权所有者所组成的土地要素供给者、农村农户和城乡深度融合组成的技能异质性人力资本供给者等多元经营主体所组成的农村高质量发展要素市场。在此基础上，进一步拓展外延，通过城乡之间、三次产业之间深度融合打造农产品生产与销售的绿色供应链和全面绿色管理。其中，需要针对不同经营主体利益诉求和发展模式，加大改革力度，精准施策，优化政策供给，确保经营主体的长期利益，激励市场良性竞争。

参考文献

［1］农业农村部. 2019 年农业农村绿色发展工作要点［J］. 农业工程技术, 2019, 39（11）：1－2.

［2］中共湖南省委湖南省人民政府. 湖南省乡村振兴战略规划（2018—2022 年）［EB/OL］. http：//www. hunan. gov. cn/xxgk/wjk/swszf/201812/t20181212_ 5233648. html. 2018.

［3］李谷成. 中国农业的绿色生产率革命：1978—2008 年［J］. 经济学（季刊）, 2014, 13（2）：537－538.

［4］何寿奎. 农村生态环境补偿与绿色发展协同推进动力机制及政策研究［J］. 现代经济探讨, 2019（6）：106－113.

［5］谢里, 王瑾瑾. 中国农村绿色发展绩效的空间差异［J］. 中国人口·资源与环境, 2016, 26（6）：20－26.

［6］余威震, 罗小锋, 薛龙飞等. 中国农村绿色发展水平的时空差异及驱动因素分析［J］. 中国农业大学学报, 2018, 23（9）：186－195.

［7］袁久和. 我国农村绿色发展水平与影响因素的实证分析［J］. 山西农业大学学报（社会科学版）, 2019, 18（6）：46－53.

［8］张欢, 罗畅, 成金华等. 湖北省绿色发展水平测度及其空间关系［J］. 经济地理, 2016, 36（9）：158－165.

［9］郭永杰, 米文宝, 赵莹. 宁夏县域绿色发展水平空间分异及影响因素［J］. 经济地理, 2015, 35（3）：45－51, 8.

［10］李晓西, 刘一萌, 宋涛. 人类绿色发展指数的测算［J］. 中国社会科学, 2014（6）：69－95, 207－208.

［11］赵领娣, 张磊, 徐乐等. 人力资本、产业结构调整与绿色发展效率的作用机制［J］. 中国人口·资源与环境, 2016, 26（11）：106－114.

［12］胡宗义, 李毅. 金融发展对环境污染的双重效应与门槛特征［J］. 中国软科学, 2019（7）：68－80.

［13］Liu J－Y, Xia Y, Fan Y, et al. Assessment of a Green Credit Policy Aimed at Energy－intensive Industries in China Based on a Financial CGE Model［J］. Journal of Cleaner Production, 2017（163）：293－302.

［14］陈朝兵. 农村土地"三权分置"：功能作用、权能划分与制度构建［J］. 中国人口·资源与环境，2016，26（4）：135－141.

［15］赵霞，韩一军，姜楠. 农村三产融合：内涵界定、现实意义及驱动因素分析［J］. 农业经济问题，2017，38（4）：49－57，111.

产业发展篇

第七章

数据垄断与平台经济高质量发展*

内容提要：数字经济时代，新兴平台经济发展迅速，在稳定国民经济增长、促进产业升级、创造就业机会方面都发挥了关键作用，成为新动能的重要组成部分。然而，我们也目睹了数据垄断的出现——一些大公司控制着领域内的关键平台，并通过在其平台上获取的数据巩固其市场影响力。在过去的十几年，许多国家为了促进创新、加强互联网科技领域的国际竞争力，对于这些高科技企业都是持"放任自由"的态度。然而，当平台经济发展到一定阶段时，数据垄断带来的负面效应逐渐凸显，比如产品服务质量下降、社会财富分配失衡、限制创新、消费者隐私问题等。我们应该认清数据垄断带来的风险，规避其带来的负面效应，才能更有效地促进平台经济健康发展，充分发挥平台经济对经济社会发展的关键性带动作用。

关键词：数字经济；数据垄断；平台经济

核心观点：

（1）在向数据驱动型经济过渡的过程中，数字经济已经成为国家发展战略的重要一环。在推动"互联网"深入发展、促进数字经济加快成长的过程中，我们不仅要充分利用数字经济带来的各种机遇，也要深刻认识到伴随而来的风险与挑战：数据垄断——一些超级大公司控制着一个关键平台，吸引着用户、卖家、广告商、软件开发人员等加入它的生态系统中，这些企业通过其具有先发优势的领先平台，吸引着大量多样化的个人数据在其平台上流动，通过获取和利用这些个人数据获得了巨大的市场势力。

＊ 本章为湖南省教育厅科学研究一般项目"混合所有制改革路径、成效及启示研究——以国际电信业为例"（18C0346）的阶段性成果。

（2）数据垄断所带来的危害主要体现在：①产品、服务质量下降；②社会财富高度集中，财富分配格局失衡；③消费者信任缺失；④企业创新积极性下降；⑤垄断体现出可持续性。

（3）我国现有反垄断法对于互联网平台经济存在滞后性。如何界定互联网公司相关地域市场、如何界定相关商品市场、如何衡量并判定互联网企业是否具有市场支配地位、如何鉴定滥用市场支配地位行为等都没有具体标准。在探索适应平台经济的反垄断分析工具时应当与时俱进，及时吸收新的经济理论，进一步强化在反垄断问题中的经济分析，加深信息科学、经济学、法律与公共政策等领域的跨学科沟通与对话。

一、引 言

在 2016 年 G20 杭州峰会发布的《二十国集团数字经济发展与合作倡议》中明确定义数字经济是指"以使用数字化的知识和信息作为关键生产要素、以现代信息网络作为重要载体、以信息通信技术的有效使用作为效率提升和经济结构优化的重要推动力的一系列经济活动"。[①] 在这一概念中，我们可以将"数字化的知识和信息"理解为"数据"。在数据经济中，数据成了经济增长中除资本、劳动和技术以外的一个关键生产要素，在市场竞争中的关键作用越来越明显，其在平台经济竞争关系（本章特指平台间竞争）中的作用尤为突出。

平台经济是新经济的一种重要形态，其具体类型非常丰富，早年学术界对于平台经济的认识主要是基于市场的多变性，如索尼、任天堂等游戏主机平台，信用卡、借记卡等支付平台，以及电脑与移动设备操作系统平台等。在互联网发展过程中，一些新兴平台经济形式也随之出现，如搜索引擎平台经济，交通出行平台经济，社交媒体平台经济，B2B、B2C、C2C 电商平台经济，金融互联网平台经济等。因而"平台经济"这一词也被重新定义，产业界将平台经济视为一种基于数字技术，由数据驱动、平台支撑、网络协同的经济活动单元所构成的新经济系统，是基于数字平台的各种经济关系的总称。这些新兴平台经济发展迅速，在稳定国民经济增长、促进产业升级、创造就业机会方面都发挥了关键作用，成了新动能的重要组成部分。2019 年的《政府工作报告》中也明确提出，要"坚持包容审慎监管，支持新业态新模式发展，促进平

---

① 《二十国集团数字经济发展与合作倡议》，2016 年 9 月 29 日，http://www.cac.gov.cn/2016 - 09/29/c_ 1119648520.htm。

台经济、共享经济健康成长"。① 我国在平台经济发展方面位居世界前列，无论是规模、影响力，还是产业创新力方面都领先世界其他国家。目前，我国数字经济的规模达 31 万亿元，约占 GDP 的 1/3②，平台经济已经深入融合国民经济各行各业，平台所提供的产品、服务也在人们的日常活动中扮演着越来越重要的角色，成为社会生活中不可或缺的一部分。平台经济是一种新的商业模式，也被称为新经济形态。从其定义便可直观认识到，数据在其经济活动中的关键作用。在探讨平台经济的竞争与发展问题时主要围绕平台间竞争展开，如同类型平台企业之间的竞争。而竞争者之间的较量也不仅仅围绕资本、劳动力、技术等传统经济中的生产要素，数据之争也逐渐成为竞争者之间的关键。日本软银集团（Softbank）创办人兼集团董事长孙正义在 2017 年的软银世界大会上也曾说："得数据者得天下。""三分技术、七分数据"，可见数据在市场竞争中举足轻重的地位。

然而，伴随着平台经济的发展，一些新的问题也随之而来——数据垄断（Data-opoly）。在我们向数据驱动型经济过渡的过程中，我们目睹了数据垄断的出现——一些超级大公司控制着一个关键平台，吸引着用户、卖家、广告商、软件开发人员等加入它的生态系统中。例如，苹果和谷歌分别控制着 IOS 和安卓移动操作系统（据 Net Market Share 发布的最新数据显示，截至 2019 年 8 月，IOS 和安卓在全球应用操作系统市场占比分别达到 30.03% 和 69.3%）以及该平台上的关键应用程序，谷歌搜索引擎在全球范围内所占市场份额达到了 86.11%（移动终端）和 75.74%（PC 端）。在美国和欧洲市场，亚马逊控制着最大的在线商户平台，Facebook 控制着最大的社交网络平台。在中国市场中，该现象也同样存在，百度主导了搜索引擎市场，腾讯在即时通信类社交平台领域也是"一枝独秀"。这些企业通过其领先的具有先发优势的平台，吸引着大量、多样的个人数据在其平台上流动，而通过获取和利用这些个人数据让这些公司获得了巨大的市场影响力，进一步形成了赢者通吃的市场局面。

国外的相关反垄断和监管机构也已经意识到这一点。2017 年 6 月，欧盟委员会对谷歌处以 24.2 亿欧元以上的反垄断罚款，以制裁谷歌利用其在搜索领域的主导地位来对比价购物市场实施反竞争行为（推广谷歌自有服务 Google Shopping，打压竞争对手）。德国反垄断监管机构裁定 Facebook 在收集、合并和使用用户数据方面滥用了其市场主导地位，Facebook 在其用户使用条款中要求"利用其社交网络的条件是，允许其无限制地收集利用第三方网站生成的各种数据，并将其与用户的 Facebook 账户合并"。此外，2017 年 5 月，欧盟委员会（European Commission）针对 Facebook 在 2014 年欧盟

---

① 《政府工作报告——2019 年 3 月 5 日在第十三届全国人民代表大会第二次会议上》。
② 《人民日报》2019 年 4 月 3 日，第 2 版。

对 Facebook 收购 Whats APP 的合并规定的调查中提供不实和误导性的信息处以了 1.1 亿欧元罚款。

美国和欧洲在执法方面存在差距，欧洲竞争法对占主导地位的市场参与者存在"特殊管制"，而美国则不认为企业，哪怕是垄断企业需要被实施特殊管制。美国司法部反垄断部门负责人还指出，美国司法部特别关注数字市场，但拒绝承认其"明显损害竞争和消费者，美国不愿意对数字平台强加任何特殊管制，我们担心特殊管制可能会扼杀创新，正是这些创新创造了动态竞争并造福消费者"。反观我国，互联网平台企业反垄断诉讼案件中，影响最大的莫过于 2012～2014 年的 360 诉腾讯垄断案，该反垄断诉讼案最终以"腾讯并未处绝对主导地位，而且也未加以滥用，因而不存在滥用市场支配地位的情况，不支持原告 360 的全部诉讼请求"告终。在该案件中，充分体现了我国现有反垄断法对互联网平台经济的滞后性，几大核心问题存在诸多争议，如如何界定互联网公司相关地域市场、如何界定相关商品市场、如何衡量并判定互联网企业是否具有市场支配地位、如何鉴定滥用市场支配地位行为等。

我们可以看到，无论是学术界还是相关执法部门，对于数据垄断问题都存在明显分歧。一些观点认为，倘若服务是免费并不断发展的，不存在使消费者受到损害的现象，在现有通过消费者福利评定反垄断的标准下，数据垄断似乎是没有危害的。比如，搜索引擎对消费者是免费的，消费者可以仅通过点击一下就切换到另一个搜索引擎，因而判定其构成垄断的依据是不存在的。另一些观点则认为，数据垄断不适用古典经济分析中消费者福利评定垄断的方法。互联网平台企业提供的"免费"服务，并不是真正意义上的"免费"，消费者承担的成本是其个人数据。随着科技的发展，各种算法的进一步完善，通过收集、存储、应用各种数据，给企业带来了巨大商机的同时，也让拥有海量数据的企业拥有了市场势力。例如，数据垄断企业可能拥有在相关市场的主宰权力（谷歌、百度、Facebook 有可能主宰某些在线广告市场）。与早期的垄断不同，数据垄断并没有通过向消费者收取更高的价格来行使自己的权力。但这并不意味着数据垄断是无害的。因而，针对数据垄断所带来的潜在危害应当从多方面进行探讨。

平台经济在稳定经济增长、促进产业升级、创造就业等方面，都发挥了重要作用，成为社会经济发展不可或缺的一部分。但是，在看待平台经济对消费者带来创新产品、服务的同时，有必要明晰平台经济竞争的主要规律，对探索适应平台经济发展、有利于公平竞争的创新监管方式意义重大。认清数据垄断可能存在的隐患，才能更好地规避其带来的负面效应，从而促进平台经济健康发展，充分发挥平台经济对经济社会发展的关键性带动作用。表 7-1 为相关行业研究机构对数字经济的定义。

表 7 - 1　相关行业研究机构对数字经济的定义

相关行业研究机构	定义
中国信息通信研究院	数字经济是以数字化的知识和信息为关键生产要素，以数字技术创新为核心驱动力，以现代信息网络为重要载体，通过数字技术与实体经济深度融合，不断提高传统产业数字化、智能化水平，加速重构经济发展与政府治理模式的新型经济形态
腾讯	数字经济指数覆盖医疗、旅游等产业和云计算、企业号等创新元素，体现云计算、大数据、移动互联网与各个传统行业和其他经济部门的融合发展。数字经济 = 数字产业 + Cloud 用云量 + 企业微信
财新数联	数字经济是由信息技术驱动的经济发展。内涵：电信、计算机、通信设备等信息技术相关的行业。外延：有信息技术革命所带来的新商业模式、新生活方式，以及人们所获得的更多效用，都属于数字经济

资料来源：中国信息通信研究院：《中国数字经济发展与就业白皮书（2019 年）》；腾讯研究院：《中国互联网 + 指数报告（2018）》；财新数联：《数字经济的供给侧——中国数字经济指数 2018 年度报告》。

二、传统反垄断分析方法不适用于数字平台经济

反垄断分析中涉及垄断界定有两个关键点：①在相关市场拥有垄断势力和具备市场支配地位；②故意获取或滥用市场支配地位。因而在提出反垄断诉讼中，原告必须提供：①被告在其控制的市场中拥有并且运用了"压倒性"的优势；②这一优势排除了一些潜在的竞争对手，限制了一些实际的竞争；③这一优势并不完全归因于被告的能力、规模经济、研究、自然优势以及对不可避免的经济规律的适应。因此，为了避免反垄断请求被驳回，反垄断原告必须提供有力的证据表明被告企业"对竞争造成了实际或潜在的伤害"。典型的行为特征是排他性或掠夺性。

一般情况下，当一家公司非法取得或维持其垄断地位时，一个反竞争效应就是垄断本身所带来的诸如产量减少、价格上涨或质量下降。此外，根据新古典经济学理论，在需求曲线向下倾斜的市场中，垄断者会带来另一个反竞争效应，即无谓损失（Deadweight Lost）。在这种情况下，垄断者将产量降低到竞争水平以下，并从其剩余客户那里榨取超竞争价格。如果没有完全的价格歧视，一些购买者会放弃或减少他们在超竞争价格下的购买，而这种减少代表了无谓的福利损失（Deadweight Welfare Loss）。第三个危害是垄断企业浪费性寻租活动的成本。

数据垄断企业不太可能提高其商品和服务的价格。Facebook 在收购 Whats APP 或

Instagram 时并没有开始向用户收费。相反，Facebook 取消了 Whats APP 在一些国家为其短信应用收取的小额费用。由于数据垄断企业没有将价格提高到高于竞争水平（或将产出降低到低于竞争水平），因而，按照现有的反垄断界定方法，对于这些数据垄断企业似乎并不具有垄断势力。

除了价格没有上涨外，由于网络效应，数据垄断企业提供的产品或服务质量也可以得到提高。当一个产品或服务对客户的价值随着其他使用该产品或服务的客户数量的增加而增加时，网络效应就会发生。电话就是一个典型的例子，有更多的人打电话增加了拥有电话的价值。Facebook 和微信的社交网络直观地展示了这种网络效应，也叫直接网络效应。

此外，由于间接网络效应的存在，数据垄断企业可以通过在制造商和开发者中形成正反馈回路来降低成本和提升质量。搜索引擎就是一个典型。使用特定搜索引擎的人越多，搜索引擎算法就越有可能了解消费者的偏好，搜索结果也就越有可能变得相关，对于用户来说，也就能够有更好的使用体验，从而吸引其他人使用该搜索引擎，使这种正向反馈循环持续下去。

这种数据驱动的网络效应会增加企业在客户得失上的风险。通常情况下，客户的获得或者流失影响的是销售的收益或损失。例如，当消费者更换竞争对手的电视机时，领先品牌的电视机的质量不会受到影响。相比之下，由于数据驱动网络效应，用户的获得和流失会影响产品或服务的质量。例如，随着越来越多的用户使用数字助理，以及越来越多的开发人员掌握了数字助理的技能，数据垄断企业的个人数字助理的质量可以得到提高。虽然数据垄断者可能会创新，但质量提高的很大一部分原因可能仅仅来自用户和开发人员的网络效应，而不是其创新。

从现有反垄断界定角度来看，反垄断的唯一目标是提高配置效率。将反垄断法用于与效率无关或对立的目标是不合理的。因此，从现有反垄断的角度来看，如果没有传统的经济证据表明存在效率损失（如价格上涨、产量减少），那么意味着没有必要对其进行反垄断审查。与其他类型垄断企业不同（如制药行业，会因为垄断效应而形成垄断价格），数据垄断企业不会向消费者收取过高的价格。并且，依赖于网络效应，企业可以提高产品和服务质量。那么，这些"免费"产品和服务带来的无谓福利损失或财富转移的风险微乎其微，由数据垄断带来的相关影响似乎都是良性的。然而，正是因为传统反垄断分析方法不再适用于平台经济领域，尤其是数据垄断带来的复杂局面，我们需要进一步探讨其带来的潜在风险。下一节我们将讨论这种推理存在的几个缺陷，并对数据垄断可能带来的潜在危害进行识别分析。

三、数据垄断带来的风险与挑战

本小节对数据垄断的潜在危害进行了分类。这些潜在的危害主要包括产品、服务质量下降；社会财富分配失衡；消费者信任缺失；市场创新积极性下降；以及数据垄断可能比一些早期的垄断具有更强的持续性。

（一）数据垄断使产品、服务质量下降

正如前文所言，西方反垄断执法机构在过去几十年一直关注垄断效应中的价格问题，即产能减少或质量下降。而由数据垄断所带来的垄断效应在某些参数上的质量会提高，而在隐私保护等其他重要竞争参数上的质量会下降。在某种程度上，数据垄断企业的商业模式依赖于收集和利用个人数据，因此它们有动机将隐私保护降低到低于竞争水平的水平，并收集高于竞争水平的个人数据。

首先，收集过多的数据可能等同于收取过高的价格。用户放弃的个人数据的数量和种类远比用户获得的交换价值高。如果执法者仅仅依靠以价格为中心的工具，他们就会忽视这一危害。竞争监管机构通常使用 SSNIP（A Small，But Significant，Nontransitory Increase in Price）测试来定义市场，并评估市场力量。SSNIP 测试的是，一个假想的垄断者是否可以在价格上施加一个幅度不大但是显著的、非临时性的上涨。然而，当产品或服务是免费的时候，SSNIP 测试并不适用。对于数据垄断企业来说，一个更合理的测试将是 SSNDPP（A Small，But Significant，Nontransitory，Decrease in Privacy Protection），即隐私保护方面的小幅但显著的非暂时性下降。在许多消费者关心收集和使用个人资料数据的市场中，保护私隐可能更有意义。举例来说，Facebook 收购了竞争对手短信应用 Whats APP。收购前的 Whats APP 每年向部分用户收取 0.99 美元的短信应用费用。倘若只关注垄断者能否将短信应用的费用提高到 1.05 美元，并不能真实地反映市场动态。用户可能更关心合并后的隐私升级，而不是是否多花一分钱。

其次，除了降低隐私保护之外，数据垄断企业几乎没有面临改变当前不透明隐私政策的竞争压力。用户并不知道数据垄断企业跟踪和数据收集的程度。正如经合组织（OECD）所指出的那样，"通过故意模糊隐私政策，服务提供商让消费者很难评估自己数据的真实价值。用户获得了这项零价格服务的即刻好处，但不知道泄露信息的短期或长期成本，因为他们不知道这些数据将如何使用，由谁使用"。即便一个数据垄断企业在其隐私声明中表示，它在其产品和服务中收集的数据将被用于广告目的，也不能

说明该企业有试图将不透明的隐私政策透明化。因为在实际层面上，如果用户不知道收集了哪些数据、他们的个人数据将如何使用以及由谁使用，那么这种告知条款毫无意义。

最后，即使数据垄断企业清楚地披露了它收集的数据及其对数据的使用情况，但在议价能力如此不平等、用户没有切实可行的替代选择时，通知与同意制度毫无意义。数据垄断企业通常以"要么接受要么放弃"的方式提供服务。我们当前注册任何网站账户都可以明显感知到，在面对服务提供商的数据收集以及隐私条款时，要么接受"全部条款"，要么放弃使用该服务。潜在用户通常别无选择，只能同意。拿社交网络来说，除非用户和他们的家人朋友都切换到另一个社交网络，否则任何一个人都不可能在放弃与家人朋友互动的情况下切换到别的平台，这是所有社交网络的核心功能。

因此，依靠市场力量不能提供最佳的隐私或数据保护。垄断势力是一种公认的市场失灵，网络效应和其他进入壁垒让数据垄断企业免受多种形式的竞争。当为用户提供更大程度的个人数据保护与数据垄断企业的利益相违背时，企业无疑会毫不犹豫地放弃这种"保护"，用户隐私必将受到损害。

（二）数据垄断使财富高度集中，财富分配格局失衡

市场力量的分配效应是市场失灵的另一种体现，反垄断讨论的初衷也是为了防止这种分配不均，即财富、机会不平等所带来的阶层分化。在数字经济时代，这一问题变得更加复杂。企业所提供的产品和服务表面上是"免费的"，数据垄断企业榨取社会财富的形式发生了变化。

第一，数据垄断企业可以通过获取个人数据（包括用户的好恶、意图等）来获取财富，而无须为数据的真实市场价值付费。从表面上看，许多数据垄断企业"免费"提供服务。不过，所收集的个人资料的价值，可能远超提供"免费"服务的成本。这项服务是"免费的"并不意味着用户提供的数据资料得到了公平的补偿。假设在一个竞争激烈的市场中，个人数据价值10元，为了获取这些数据，一家公司提供了价值1元的服务。通常情况下，用户会拒绝并选择另一个（a）为数据支付合理价格的服务提供商（提供"免费"服务，另加9元作为代价），（b）提供更大价值回报（提供价值10元的服务）的服务提供商，或（c）收集较少的个人数据资料的服务提供商。如果一个网站合并后，开始要求用户提供更多的个人数据，或者将这些数据提供给第三方作为提供其"免费"产品的条件，那么这等同于提高价格或降低产品质量。因此，数据垄断企业有强大的经济动力来维持盈利的现状——用户几乎不知道自己提供了多少个人数据，这些数据是如何被使用的，以及它们的价值是多少。

第二，数据垄断企业获取财富的第二种方式是免费从用户那里获得有创意的内容。

倘若是在一个以消费者为导向的竞争市场中，用户不仅可以要求对他们的数据进行补偿，还可以要求对其在视频网站和社交媒体上贡献的内容进行补偿。然而，数据垄断企业使这种情况无法发生。现在的情况是：用户通过发布内容、评论其他人的内容，为数据垄断企业无偿贡献，进而数据垄断企业利用用户发布的内容来吸引其他人进入他们的平台。事实上，以新浪微博为例，当用户"赞"某个产品、广告或公司时，他们实际上充当了免费推广人的角色。我们可以设想，如果用户停止无偿工作，那么帖子的质量和发布频率就会下降，微博的利润可能会缩水。但是，如果由于网络效应，又没有可替代的社交网络存在，那么数据垄断企业就不用担心在其平台上肆意利用用户发布的内容。

第三，数据垄断企业可以从其上游的卖家和供应商榨取财富。前面我们讨论的更多是平台经济中，数据垄断企业如何榨取消费者财富，事实上，对于另一侧的卖家和供应商，情况也并不乐观。例如，美国联邦贸易委员会（FTC）调查了一些指控，称谷歌"不公平地'窃取'或盗用某些竞争网站的内容，将这些内容冒充自己的，然后威胁称，当这些竞争对手抗议其内容被非法盗用时，谷歌将把它们完全从谷歌的搜索结果中剔除"。谷歌明显地在窃取别人的内容。谷歌的威胁也向市场发出了一个信号，即谷歌可以，也将利用其在搜索领域的垄断力量，从竞争对手的创新成果中榨取利润。在谷歌承诺停止"窃取"之后，FTC 在 2013 年初结束了调查。然而，尽管谷歌做出了承诺，它并没有完全停止其窃取行为。正如一名投诉者所指出的，"艺术家也需要谋生以维持其创造力，因而授权许可（Licensing）这种方式就至关重要；然而，如果谷歌为了吸引流量，创造一种可以将个人创作的利润价值据为己有的环境，艺术家们将无法生存"。

除了窃取数据内容，数据垄断企业还可以通过向其平台上的供应商收取极具竞争力的资费来获取财富。以亚马逊为例，当其平台上的供应商拒绝接受亚马逊越来越高的折扣和收费要求时，亚马逊凭借其市场势力对供应商实施了报复行为。其中，最典型的案例是 2004 年的"瞪羚项目"，21 世纪初，随着亚马逊巩固了其在图书业务中的主导地位，公司 CEO 贝佐斯告诫员工"应该像猎豹追逐生病的瞪羚那样接近那些小出版商"，要求小型出版商提供更优惠的价格，这项活动被称为"瞪羚项目"。其中一个目标是梅尔维尔书屋（Melville House），这是一家位于纽约布鲁克林的严肃小说和非小说类书籍小型出版商。亚马逊找到梅尔维尔书屋，要求它支付一笔可观的费用，并拒绝说明在亚马逊的网站上售出了多少本梅尔维尔的图书。对于这种霸王条款，梅尔维尔的首席执行官丹尼斯·约翰逊感到愤怒并拒绝支付，随后便对 *Publishers Weekly* 吐露自己的忧虑。当杂志报道了丹尼斯·约翰逊的故事后，令人震惊的事情发生了：报道的第二天，梅尔维尔亚马逊页面上的"购买"按钮突然消失了。当时，亚马逊占该公司销售额的 8%，这是公司无法承受的损失。最后，丹尼斯·约翰逊不得不按照亚马逊的要求向其支付费用。"我付了钱，我们的图书才又出现在亚马逊网站上。"约翰逊说。

第四，数据垄断企业可以间接地榨取用户的财富，他们向广告商收取的高费用最终将转嫁到商品价格中。如果数据垄断企业的广告服务面临更多的竞争对手，那么厂家的广告成本可能会降低，进而产品成本也将降低。

第五，数据垄断企业可以通过行为歧视，从上游供应商和下游消费者那里榨取财富。数据垄断企业还可以利用其丰富的个人数据，对上游供应商进行价格歧视。以亚马逊为例，许多作家如今依靠亚马逊出版和推广他们的作品，为了得到这些服务，他们不得不向严苛的条款让步。有些作家不再按每本 Kindle 下载量付费，而是按人们实际阅读电子书的页数付费。如果作者不能把读者的注意力吸引到最后一页，作者的收入就会被削减，数据垄断企业从而把利润据为己有（毕竟对读者的定价方式并未改变，依旧是需要单次支付整本书的价格，而不是根据阅读页数来付费）。由此可见，数据垄断企业可以通过追踪我们在网上读到的内容来转移财富。在未来，依靠技术进步、算法优化，数据垄断企业可以榨取更多的财富。通过它们的网络和智能数字助理，数据垄断企业可以收集个人数据，以评估作者创作电子书所需的最低成本。事实上，在美国，全职图书作者的写作相关收入从 2009 年的 2.5 万美元下降至 2015 年的 1.75 万美元，下降了 30%。兼职作家的写作收入从 7250 美元下降到 4500.107 美元，下降了 38%。这些全职作者收入的减少并不一定会使读者受益。一个数据垄断企业，知道谁在读哪个作者的作品，读者能读多远，读者有多忠诚，可以向忠实的粉丝收取更高的价格（例如，不打折）。

通过行为歧视，数据垄断企业可以说服消费者以他们愿意支付的最高价格购买他们不一定想要的东西，从而从下游消费者那里榨取财富。数据垄断企业在收集用户数据时，可能会直接对其销售的商品和服务进行行为歧视。数据垄断企业能帮助广告商进行区别对待。如果广告客户处于信息劣势，他们就不能很容易地识别并锁定那些更有可能被诱使以更高价格购买产品的客户。因此，广告商依靠数据垄断企业来识别和定位这些消费者，每当消费者点击或看到广告时，数据垄断企业就会得到回报。

总之，数据垄断的反竞争策略非但不能促进经济增长和福利，反而会减少就业、降低质量、阻碍创新。歧视性定价会降低上游供应商和下游消费者参与经济活动的积极性（因为他们不再获得任何剩余）。随着数据垄断企业将其平台扩展到个人数字助理、物联网和智能技术，它们的数据优势将进一步增强其竞争优势和市场势力。随着它们获取财富的能力增强，更多的财富也将流向数据垄断企业。

（三）数据垄断使信任缺失

正如前一节所讨论的，尽管数据垄断不会向消费者收取高昂的服务货币价格，但它仍然可以榨取消费者和卖家的财富。当一个数据垄断企业向用户发布的内容或提供的数据支付太少（或者什么都不支付）时，一些人可能会放弃创造，譬如放弃写文章、写书、发布图片或者制作高质量的音乐和电影。这种损失将代表无谓的福利损失（Deadweight Welfare Loss）。

此外，数据垄断造成的隐私退化会增加不信任，从而增加无谓的福利损失。市场经济依赖于信任。公平和信任是高度相关的，公平与信任准则是市场经济高质量发展的基石。为了让在线市场发挥其效益，用户必须信任公司和他们对个人数据的使用。但随着技术的发展和更多个人数据被收集，我们逐渐意识到，企业收集并使用用户的个人信息是为了企业的利益，而不是用户的利益。英国的竞争机构在一项调查中发现，许多公民对企业解释收集个人数据的方式感到不满。该机构也在其调查的结论中表示，如果人们对新技术或企业管理、使用数据的方式持有负面看法，企业可能会面临来自消费者的信任危机。未来这种信任危机可能会进一步恶化（数据收集和使用方式可能发生的改变，如用户数据通过物联网进行更被动的收集）。

如果数据垄断使隐私保护低于竞争水平，一些消费者将选择不分享他们的数据，限制他们与公司的数据共享，甚至提供虚假信息。消费者可能会放弃数据垄断企业的服务，这种损失即经济学家所称的无谓福利损失。换句话说，随着不信任的增加，整个社会会变得更糟。

（四）数据垄断使相关市场创新积极性下降

过度的规制或者监管可能会影响企业创新，所以我们可以看到近年来许多国家对于相关高科技企业都是持"放任自由"的态度，目的也是促进创新、促进相关领域发展。然而，当市场发展到一定阶段，企业规模变大、行业高度集中，垄断企业对创新的限制作用也逐渐暴露出来。对于当下平台经济相关市场，数据垄断企业在限制创新方面主要体现在以下几点：

第一，数据垄断企业的一些创新可能会伤害用户。例如，他们通过创新提高他们跟踪用户和收集用户数据的能力，这将明显降低用户的隐私保护。据《纽约时报》报道，通过审查了数百份 Facebook 的专利申请，发现该公司在追踪用户生活的方方面面：你在哪里，你和谁在一起，你是否在谈恋爱，你在谈论哪些品牌和政客。更甚者，该公司甚至试图为一种预测朋友死亡时间的方法申请专利。

第二，数据垄断企业可能阻止威胁其利益的创新。依赖广告收入的数据垄断企业可能将一些保护隐私的技术视为威胁。数据垄断企业可以禁止这些与隐私保护相关的创新应用在其平台上推广。作为平台方，他们可以决定谁能访问他们的用户、决定推广何种技术，甚至下架对其构成威胁的应用，数据垄断企业可以切断任何构成竞争威胁的开发人员对其平台、数据的访问。

第三，数据垄断企业拥有限制创新的新武器。早期的垄断企业（如微软、IBM）很难了解到客户和竞争对手在做什么、计划做什么，而目前一些平台企业通过分析访问数据可以比其他平台（包括政府）更早地识别市场威胁。他们可以通过搜索查询、社交网络帖子、微博和其他数据来识别趋势，从而实现"即刻预测"。一方面，即刻预测可以为社会经济生活带来诸多好处，提高整体福利，比如预测流感、失业率等；另一方面，即刻预测也代表了一种强大的基于数据的武器，这是以前垄断企业不具备的——实时监控新商业模式。数据垄断企业可以利用其在访问和处理个人数据方面的相对优势，比如从社交网络上的帖子、搜索查询、电子邮件等方面观察其专有数据的趋势，从而快速识别并压制新的竞争威胁。处于主导地位的企业可以在进入者造成重大竞争威胁之前收购它们或限制这些初创企业的成长。[①] 例如，操纵搜索引擎的结果，使用户很难找到这些初创企业，或者将它们直接从应用程序商店中删除。

因此，拥有即刻预测系统的数据垄断企业可以实时监控追踪竞争对手的门户网站，而初创企业可能就会出现在这些门户网站上。它们可以在这些新出现的竞争威胁被监管机构发现之前就迅速将其扼杀在摇篮中。对于初创企业来说，成为被追踪目标的风险可能会抑制它们在某些方面（威胁数据垄断企业利益的方面）的创新动力。

（五）数据垄断的持续性

虽然数据垄断带来了许多潜在的危害，但如果这种垄断所带来的市场势力是短暂的，我们尚且不必那么警惕。然而，基于以下几个方面的考虑，数据垄断将比以前的各种垄断持续性更强。

第一，这些数据驱动行业的特质本身意味着高昂的前期沉没成本和接近于零的边际成本。这种成本结构，必将使大数据的市场集中在少数参与者手中。

第二，网络效应有助于保护数据垄断企业的市场势力。由于企业是在具有网络效

---

① 例如，Facebook 收购了数据安全应用 Onavo，以追踪用户的智能手机活动，这种即刻预测雷达帮助 Facebook 发现了几个潜在的威胁：2012 年收购了照片应用 Instagram；2014 年，以 220 亿美元收购了即时通信服务 Whats APP；2017 年收购了刚刚上线 9 周的社交投票应用 THB。2013 年，Snapchat 拒绝被收购，作为报复，它抄袭了这款应用最成功的功能。Evan Smith, The Techlash Against Amazon, Facebook, and Google—and What They Can Do, ECONOMIST（Jan. 20, 2018）, https：//www.economist.com/briefing/2018/01/20/the - techlash - against - amazon - facebookand - google - and - what - they - can - do.

应的市场中竞争，最终可能会向一两种产品或平台倾斜。用户从商品消费中获得的效用会随其他消费者消费数量的增加而增加，随着一种产品或标准越来越受欢迎，它就会趋向于占据主导地位。一旦市场主导地位形成，规模较小的竞争对手就更难扩大规模推翻数据垄断。这些数据驱动的网络效应的结果是，会限制人们转向更好的选择。例如，剑桥分析公司（Cambridge Analytica）数据丑闻发生后，用户可能对 Facebook 感到愤怒。但如果他们的朋友还在 Facebook 上，他们就不能单方面地切换到另一个社交网络。用户可能更喜欢 DuckDuckGo 的隐私政策，但仍会使用占主导地位的搜索引擎，因为该引擎得益于网络效应，提供了更好的搜索结果。正如 OECD 所观察到的，"主导该平台市场的企业可能不会做任何明确的反竞争的事情，但这种反馈回路可以加强其主导地位，阻止其竞争平台获得客户"。

第三，创新可能只是加强了顾客锁定（Lock - in）和数据垄断企业的市场势力，而不是打破现状。数据本身可以惠及多个群体，包括非营利组织和政府实体，但现在主要惠及某一些市场参与者（如广告商）。数据垄断企业可以决定谁有权访问数据，以及为了什么目的访问数据，从而影响创新的本质。

第四，数据垄断的危害往往不那么明显。传统的垄断发生时，企业的超竞争性定价（Supra - competitive Pricing，指定价超过了在竞争市场中的均衡价格）会吸引其他企业进入，除了向潜在的加入者发出投资机会的信号外，剥削性的价格还可能引发消费者的愤怒，增加政府部门的审查，并对企业本身造成负面的声誉影响。与这种超竞争性定价形成对比的是，数据垄断企业不是以直接向消费者提高价格来获取利益，而是通过消费者数据的收集与使用来获取利益。数据垄断企业在其内部使用数据，也就不会向市场发出利用数据的信号，而消费者也不会知道他们数据被收集、被使用的情况。

此外，当数据垄断企业可以逃避反垄断审查时，这种垄断将一直持续下去。数据垄断企业的反竞争行为很难被察觉，比如，使用即刻预测系统抑制新生的竞争威胁，阻止竞争对手访问相关有利于形成竞争的数据，他们利用在一个市场的竞争优势来在另一个市场获得优势，提高顾客的转换成本。当前的反垄断审查以及竞争监管机构的评估工具都是以价格为中心，往往不适用于数据驱动领域。

四、适应性对策分析

在数字经济时代平台经济发展的过程中，数字平台企业快速崛起、发展、壮大，为经济社会发展带来了诸多社会福利，同时也带来了许多新的挑战。在充分利用数字经济大幅提高经济运行效率、带动国民经济高质量发展的过程中，我们需要深入理解平台经济的运行规律，厘清数据垄断可能带来的多重挑战，从而规避其可能带来的多方面危害。

第一，加强对数字平台垄断的认识。平台经济的蓬勃发展不仅使商业模式发生了变化，也带来了资源配置的新问题。正如前文所讨论的，数字经济市场中的市场失灵，无论在表现形式还是影响深度、广度方面，都较传统工业时代的垄断有很大的不同。企业所提供的产品和服务表面上是"免费的"，但数据垄断企业榨取社会财富的形式发生了变化，不再是直接从垄断价格中获取超利润。数据垄断企业通过获取个人数据、用户的创意内容来获取财富，通过其拥有平台市场的市场支配地位在相关市场实施反竞争行为，从而获取超额利润。因而针对数字平台领域，应该要认清这种区别，更加科学认识其经济运行规律，在充分利用平台经济的规模效应、网络效应改善资源配置、提高经济运行质量、改善社会福利的同时，也要清醒地认识到数据垄断使财富高度集中，财富分配格局失衡的风险。在反垄断规制方面，目标不是针对数字平台经济的"一家独大"的"大"，而是通过监管和机制设计防止其滥用市场支配地位的反竞争行为。

第二，创新数字经济时代平台经济的反垄断分析思路。在第二部分，我们讨论过不同国家的反垄断政策倾向，不同国家之间、同一国家不同历史时期都有不能的政策导向。在数字经济时代平台经济领域，由于其急剧变化的动态特性和本身所具有的新特点使反垄断分析变得更加复杂。正如前文所述，传统的价格因素在分析数字市场反竞争行为中不再能够发挥关键作用，更多地要考量价格以外的相关因素，如服务产量、数据安全、隐私保护，以及利用市场势力在其他相关市场实施反竞争行为等。因而，在利用探索性的反垄断分析工具时应当与时俱进，及时吸收新的经济理论，进一步强化在反垄断问题中的经济分析，加深信息科学、经济学、法律与公共政策等领域的跨学科沟通与对话。比如，针对数字垄断中出现的数据滥用、算法合谋以及利用数据访问许可铸造市场进入壁垒等，尤其需要各个领域的专家学者的共同合作与交流。

第三，加强消费者数据隐私保护。随着技术的发展和越来越多的个人数据被收集，我们意识到了积累的数据的价值最终流向了企业。企业收集使用这些个人数据的目的是企业的利益，而不是用户的利益。当这种不对等越来越被用户所知悉时，伴随而来的必然是用户对企业所收集、使用数据的补偿不满（当下这种补偿几乎没有）。从现有的一些调查结论中我们也发现，用户已经对企业解释收集个人数据的方式感到了不满，这种来自用户的不满可能会带来消费者与企业之间的信任危机。因而，在这种消费者与企业信息不对称的情况下，加强消费者数据隐私保护只能依赖于相关政策法规保障，比如个人数据交易许可机制、个人数据泄露滥用举报机制等。在不妨碍企业利用数据进行创新促进产业发展的前提下，调节财富分配，实现平台经济高质量发展。

近十几年来，数字经济飞速发展，成为国民经济的重要组成部分，无论是产业界、政府还是学术领域都认识到其对社会经济发展的巨大贡献，但相关的理论与实证研究相对匮乏，尤其是针对数据垄断的相关讨论还处于起步阶段。平台经济本身的动态性、交叉性决定了其科学研究的难度，互联网将全球数字市场连接起来，使原本就复杂的平台经济变得更加多元化、复杂化，为进一步科学分析其市场行为以及界定市场边界增加了难度，反垄断规制也变得异常艰难。本章仅从经济学角度对平台经济中数据垄断问题进行了初步探讨，尚有诸多不尽完善的地方，下一步将在现有基础上，对各个部分开展深入研究、科学论证。

参考文献

［1］Netmarketshare，https：//netmarketshare. com/search – engine – market – share.

［2］Case AT. 39740，Google Search（Shopping）［EB/OL］. 2017 E. C. 1/2003，http：//ec. europa. eu/competition/antitrust/cases/dec＿ docs/39740/39740＿ 14996＿ 3. pdf［https：//perma. cc/JGM8 – 49QC］.

［3］Bundeskartellamt Press Release，Preliminary Assessment in Facebook Proceeding：Facebook's Collection and Use of Data from Third – Party Sources Is Abusive（Dec. 19，2017）.

［4］European Commission Press Release IP/17/1369，Mergers：Commission Fines Facebook 110 million for Providing Misleading Information about WhatsApp Takeover（May 18，2017），https：//perma. cc/CC42 – VHCJ.

［5］Makan Delrahim，Assistant Attorney Gen. ，Dep't of Justice，Good Times，Bad Times，Trust Will Take Us Far：Competition Enforcement and the Relationship Between Washington and Brussels（Feb. 21，2018）. https：//perma. cc/K38A – PYE2.

［6］OECD Big Data Report. OECD，Big Data：Bringing Competition Policy to the Digital Era：Background Note by the Secretariat，at 18，DAF/COMP（2016）14（Apr. 26，2017），https：//one. oecd. org/document/DAF/COMP（2016）14/en/pdf.

［7］Eleonora Ocello et al. ，What's Up with Merger Control in the Digital Sector? Lessons from the Facebook/WhatsApp EU Merger Case，COMPETITION MERGER BRIEF，Feb. 2015，http：//ec. europa. eu/competition/publications/cmb/2015/cmb2015＿ 001＿ en. pdf.

［8］Statement of the U. S. Federal Trade Commission Regarding Google's Search Practices，In the Matter of Google，Inc. ，FTC File No. 111 – 0163（Jan. 3，2013），https：//www. ftc. gov/system/files/documents/public＿ statements/295971/130103googlesearchstmtofcomm. pdf.

［9］Samuel Gibbs，Getty Images Files Antitrust Complaint Against Google，GUARDIAN（Apr. 27，

2016），https：//perma. cc/5WZK – EF98.

［10］Olivia Lavecchia & Stacy Mitchell，Amazon's Stranglehold：How the Company's tightening grip is stifling competition，eroding jobs，and threatening communities 23（Institute for Local Self – Reliance Nov. 2016），https：//ilsr. org/wp – content/uploads/2016/11/ILSR_ AmazonReport_ final. pdf.

［11］The Authors Guild，the Wages of Writing，Key Findings from the Authors Guild 2015 member survey 5（2015），https：//www. authorsguild. org/wpcontent/uploads/2015/09/Wagesof Writing_ Final_ 10 – 22 – 15. pdf.

［12］U. K. Competition and Markets Authority，the Commercial Use of Consumer Data：Report on the CMA's Call for Information 11（2015），https：//www. gov. uk/government/uploads/system/uploads/attachment_ data/file/435817/The_ commercial_ use_ of_ consumer_ data. pdf.

［13］Sahil Chinoy，What 7 Creepy Patents Reveal About Facebook，N. Y. TIMES（June 21，2018），https：//nyti. ms/2MGqm7T.

［14］中国信息通信研究院. 中国数字经济发展与就业白皮书（2019 年）［EB/OL］. http：// www. caict. ac. cn/kxyj/qwfb/bps/201904/P020190417344468720243. pdf.

第八章
智能化与制造业高质量发展*

内容提要：我国经济已由高速增长阶段转向高质量发展阶段，制造业是实体经济的主体，制造业的高质量发展关系到经济高质量发展的全局。本章从智能化的角度分析智能化与制造业高质量发展的内涵和基本框架体系。针对目前我国制造业在高质量发展过程中出现的新情况、新趋势和新挑战，破解制约制造业在高质量发展的瓶颈和难题。并对这些问题结合我国智能化发展的实际进行细致的分析，指出智能化要增强制造业高质量发展需要建立完善的政策体系；智能化引领制造业高质量发展必须实施创新驱动，推进制造业高质量发展的深度和广度；智能化推动制造业高质量发展需要全面的、均衡的生态系统，打造一个完整的制造业高质量发展的工业体系。

关键词：智能化；制造业；高质量发展；政策

核心观点：

（1）智能化增强制造业高质量发展需要建立完善的创新能力和提升产业整体竞争的政策体系、指标体系和评价体系。

（2）智能化引领制造业高质量发展需要实施创新驱动、实现数字赋能，不断推进制造业高质量发展的深度和广度。

（3）智能化推动制造业高质量需要建立全面的、均衡的生态系统，打造一个完整的制造业高质量发展的工业体系。

---

* 本章为湖南省社会科学基金智库专项目（19ZWC01）的成果。

一、引 言

进入 2018 年以来，中美贸易摩擦加剧，在复杂的国际背景下，我国制造业面临严峻的外部环境，工业经济运行下行压力加大，不确定性、不稳定性因素明显增多。作为立国之本和兴国之器的制造业在实体经济中占据主体地位，如何保证我国制造业高质量发展成为当务之急。

在 2019 年中央经济工作会议部署的重点工作任务中，推动制造业高质量发展排在了首要位置，这也是中国经济高质量发展、增强国际竞争力的迫切需要。目前，国家也陆续推出了多项举措推动制造业的高质量发展。例如，加强创新能力建设，继续实施国家制造业创新中心建设工程。深化制造业结构调整，实施新一轮重大技术改造升级工程，引导传统产业改造提升。优惠制造业发展环境，进一步放宽市场准入，降低制度性交易成本，促进科技、金融、人才与制造业协同发展。进一步扩大对外开放，全面实施准入前国民待遇加负面清单管理制度等。发挥好投资对优化供给结构的关键性作用，加大制造业技术改造和设备更新力度，引导企业加快数字化转型和智能化改造。

制造业高质量发展，重点和难点在传统产业。将制造优势与网络化、智能化相叠加，形成数字时代新供给能力，对重塑制造业竞争优势具有重大意义。智能化、数字化转型是传统制造业升级的必由之路。实施数字化、智能化改造，可以引领制造业高质量发展。近年来，通过淘汰落后产能，加快产业优化升级等多方面举措，制造业提质增效步伐正在加快。加快发展智能制造，是培育我国经济增长新动能的必由之路，抢占未来经济和科技发展制高点的战略选择，对推动我国制造业供给侧结构性改革，打造我国制造业竞争新优势，实现制造强国具有重要战略和现实意义。

二、我国制造业高质量发展的现状及存在问题分析

党的十八大以来，我国高度重视创新驱动发展，我国制造企业创新能力不断提升，正在由"跟跑者"变为"并跑者"，甚至在一些领域成为"领跑者"。通过改革开放 40 年来的快速发展，我国制造业得到了持续快速发展，目前已建成了门类齐全、独立完

整的制造体系。从整体看，制造业规模虽跃居全球第一，但也存在许多突出的问题。

（一）制造业高质量发展的现状

1. 制造业高质量发展顶层设计和政策体系加速落地实施

2019 年，中央首次提出要把推动制造业高质量发展作为稳增长的重要依托，对推动制造业高质量发展做出了一系列的战略部署，多部门围绕制造业高质量发展密集出台落实的支持政策。工信部加快推进制造业高质量发展顶层设计，实施传统产业改造提升重大工程。财政部、国家税务总局日前明确固定资产加速折旧优惠扩至全部制造业，促进企业加快设备更新，促进制造业转型升级。并进一步改革完善金融支持机制，健全多层次资本市场，提高直接融资比重，发挥政策性金融、开发性金融和商业性金融的协同作用，加大对先进制造业的融资支持。

制造业高质量发展地方政策和实施方案也在加速推进和落实。长三角地区提出了推动长三角制造业率先实现高质量发展的号角。上海市专门成立了制造业高质量发展领导小组，打造工业互联网平台，拓展"智能＋"，打造世界级制造业集群，赋能经济高质量发展。江苏省贯彻落实《江苏省政府关于深化"互联网＋先进制造业"发展工业互联网的实施意见》等文件，推动制造业数字化、网络化、智能化转型。浙江省推动和实施了《浙江省人民政府关于加快发展工业互联网促进制造业高质量发展的实施意见》等。在珠三角地区，广东省酝酿建立制造业高质量发展的体制和机制，进一步推动制造业高质量发展，构建具有国际竞争力的现代产业体系。大力发展智能制造，支持企业通过工业互联网"上云上平台"，推动先进制造业和现代服务业深度融合。在中西部地区，湖北省将围绕集成电路、新一代信息技术、智能制造等十大重点产业制定年度行动计划。湖南省实施《深化制造业与互联网融合发展的若干政策措施》等一系列政策，大力推进制造强省和工业新兴优势产业链建设，加快推动工业经济高质量发展。河南省郑州市先后出台了《关于加快制造业高质量发展的若干意见》《加快工业投资促进制造业高质量发展的若干政策》等一系列政策体系。重庆市人民政府印发了《重庆市推动制造业高质量发展专项行动方案（2019—2022 年）》，着力构建重庆制造业高质量发展指标体系。京津冀地区加大力度打造国际智能制造产业示范区，北京市、天津市、河北省进一步深化京津冀产业协同发展，推动工业结构性改革，以提高质量和效率推进制造业高质量发展。其他省份和地区也在实施和加紧酝酿开展制造业高质量发展的相关政策体系。

2. 制造业智能化转型加快推进，高质量发展的特征日趋明显

2018 年以来，以创新驱动为发展方向，实现制造业智能化转型，实现更具竞争力的先进制造业保持着快速增长的势头，高质量发展的特征明显增强。一是制造业创新

体系日趋完善，重点领域创新发展逐步加快。2018 年，制造业创新中心建设新增了集成电路、智能传感器、轻量化材料成型技术及装备、数字化设计与制造四家国家级中心。国家科技重大专项扎实推进，一批高端装备竞相涌现。二是制造业关键领域提质增效实现突破。2018 年，工业领域出台了重大短板装备专项工程实施方案，支持 15 项重大短板装备取得阶段性进展。三是制造业新动能培育壮大明显加快。2018 年，在政策鼓励引导和产业集体努力下，新材料、新能源汽车、5G 等新兴产业加速壮大，一批新兴产业集群和龙头企业涌现。我国新能源汽车产销量首次突破 100 万辆，同比增幅超过 40%，连续 4 年产销量稳居全球首位。机器人产业健康快速发展，2018 年工业机器人年产量超过 14 万台，成为全球第一工业机器人产销国。四是新兴技术与制造业深度融合，推动制造业新旧动能加速转换。人工智能、工业互联网、物联网等新型基础设施建设步伐加快，让传统制造业从以机械化、自动化为主向数字化、网络化、智能化转变，提升了制造业生产效率，改变了制造业商业模式。智能制造是制造业高质量发展的重要抓手，2018 年，我国新遴选确定了 99 个智能制造试点示范项目，项目覆盖 53 个行业，分布在 25 个省份。五是制造业数字化转型步伐加快，工业企业数字化研发设计工具普及率和关键工序数控化率分别达到 68% 和 49%，制造业智能主导的特征日趋明显。六是制造模式变革趋势明朗，制造业向数字化、网络化、智能化方向演进。大数据、物联网、人工智能等信息技术进步将极大地提升制造能力的稳定性、灵活性，提高产品服务的适配性、精准性，使原有的产业形态不断解析重构。七是先进制造业与现代服务业、新一代信息技术深度融合。加快发展先进制造业，既要加快培育人工智能、5G 等重点新兴产业，推动重大技术突破和关联技术升级，又要利用信息技术和先进适用技术推动传统产业改造提升，在关键环节积极推广应用新技术、新工艺、新装备、新材料，大力提升企业生产技术水平和经济效益。

3. 制造业高质量发展的创新驱动、数字赋能进一步加强

2018 年以来，中国深入实施创新驱动发展战略，创新能力和效率进一步提升。坚持创新引领发展，培育壮大新动能，促进新旧动能接续转换。

创新驱动方面：大力优化创新生态，调动各类创新主体积极性。深化科技管理体制改革，推进关键核心技术攻关，加强重大科技基础设施、科技创新中心等建设。强化企业技术创新主体地位，积极促进技术创新，推动制造业高质量发展的根本动力。2019 年，制造强国重点工程深入推进，重大短板装备、关键新材料、工业互联网等补短板工程开始实施，人工智能突破关键核心技术"揭榜挂帅"新机制探索建立。目前，国家制造业创新中心已达 10 家，各地认定并培育了 90 余家省级制造业创新中心。不断加大创新力度，既要以先进制造业为牵引，也要在传统产业转型中找到机遇。自 2015 年工信部开展智能制造试点示范专项行动以来，已遴选出 305 个智能制造试点示范项

目，覆盖 92 个行业类别、31 个省级行政区；在此基础上初步建成 208 个具有较高水平的数字化车间或智能工厂。这些项目智能化改造前后对比，生产效率平均提升 37.6%，运营成本平均降低 21.2%。

数字赋能方面：我国智能制造工程全面实施，工业强基工程稳步实施，制造业数字化转型步伐加快。随着数字经济的蓬勃发展，大数据、人工智能、物联网等先进技术赋能传统行业转型升级，无人仓储、全场景刷脸支付、线上线下一体的社区生鲜等新业态不断涌现。在服务业供给能力不断增强的同时，我国服务业的增长质量也显著提升，突出表现在服务业结构不断优化，新兴服务业引领作用增强。数据显示，2019 年 4 月，信息传输、软件和信息技术服务业生产指数同比增长达到 25.0%，增速比一季度加快 3.8 个百分点；增速快于全国服务业生产指数 17.6 个百分点。新兴服务业发展迅速，有力地促进了新动能加快培育。

4. 制造业高质量发展的创新支撑体系逐步建立

制造业高质量发展需要加强创新能力建设，包括完善国家制造业创新体系，加快建立以创新中心为核心载体、以公共服务平台和工程数据中心为重要支撑的制造业创新网络。加强关键核心技术研发，强化企业技术创新主体地位，支持企业提升创新能力，推进国家技术创新示范企业和企业技术中心建设等。一是搭建了以国家科学中心、国家自主创新示范区等为引领的一批高水平创新平台，设立了一批高质量的"双创"基地，培育壮大了一批高科技企业，一批国家制造业创新中心也将加速崛起。到 2025 年，我国将形成 40 家左右的国家制造业创新中心。二是形成一批国际视野的企业家、掌握国际前沿技术的科学家、具有专业化学科知识及跨学科复合型高层人才，及掌握先进制造业工艺的应用型人才和产业工人。三是创新财政支撑体系逐步建立。党的十八大以来，我国高度重视创新驱动发展，不断加大研发投入，2018 年全社会 R&D 经费约 1.94 万亿元，占 GDP 的比重为 2.15%；强化金融投资结构更加倾向实体经济，更加倾向科技创新薄弱环节，更加倾向守信中小企业，破解民营企业融资困局，激发微观主体活力。四是不断完善和建立了制造业制度环境体系。推动制造业高质量发展需要积极向上、既有活力又有秩序的制造业制度环境体系支撑。我国制造业制度环境还难以适应制造业高质量发展的要求及全球价值链竞争的软性要求。五是加快构建了制造业政策协同机制，推动制造业高质量发展，满足政策系统性、衔接性、配套性，防止制造业服务政策"碎片化"，形成制造业高质量发展全局强大合力。

（二）制造业高质量发展存在问题分析

1. 制造业高质量发展的良好创新生态系统尚未形成

目前，中国制造业大而不强、大而不精的客观情势仍较为突出，与德国、日本、美国等全球制造业先进强国的差距依然明显。大国必须要有一个完整的工业体系，强国必须要有一个高质量的制造业体系。推动中国制造业向更高质量发展，必须以"新发展理念"为统领，大胆改革、勇于突破，采取有力措施，构建高质量的制造业创新生态体系、以企业为主体的产学研用一体化创新机制，加大研发投入力度，实现制造业从加工制造型向创新创造型转型的蜕变。

推动先进制造业和现代服务业深度融合必须完善产业生态系统。一是加强生产生态建设。主要依托工业物联网、大数据、人工智能等新一代信息技术推动制造业和服务业升级，促进制造业与生产性服务业深度融合。同时，以新技术、新业态、新模式改造传统制造业和服务业，提高服务业与制造业的匹配程度，加快形成服务型制造体系。二是加强服务生态建设。支持研发设计、知识产权、创业孵化、科技金融、营销等现代服务业发展，培育覆盖全周期、全要素的高新技术服务产业链，鼓励龙头企业建立服务平台，促进先进制造业和现代服务业融合发展。三是加强创新生态建设。推动技术创新与产业融合互促共进，大力发展创新联盟、技术中介等新型创新组织，强化创新型龙头企业的引领作用，促进企业间紧密互动联合，推动形成企业主导、产学研用一体发展的创新体系。

2. 制造业高质量发展存在不平衡、不充分现象

今后很长一段时间，我国制造业还将存在中高端制造能力不足、创新基础能力和关键技术能力不强、产业结构不优、区域布局不合理等诸多情况，发展不平衡、不充分问题依然突出。其一，从市场角度看，主要是制造业的产业结构和产品结构不平衡、不充分。"低端产品大量过剩，高端产品明显不足"。制造业发展"不平衡、不充分"在不同范围、不同层次有不同表现。制造业发展"不平衡、不充分"是直接外在的表现，而行业结构、技术结构、企业结构、地区结构、资本结构、人才结构、进出口结构等"产业结构"的失衡和相关支撑工作的失误则是造成产品市场表现不佳的内在原因。其二，企业发展不平衡、不充分。企业数量进入平缓增长期。我国智能制造前进脚步持续加快。2014～2015年中国智能制造行业新成立企业数量骤增，处于上升风口时期，工业巨头、互联网科技等领域企业拓展业务范围，积极转型，进军智能制造行业，2016年以后，中国智能制造新增企业数量开始降低，开始纵向拓展和深化智能制造关键技术和应用领域，到2018年，新增企业数量为530家。其三，区域发展不平衡、不充分。从企业地区分布来看，中国智能制造企业在地域分布方面存在明显差异，普遍分布在一线城市，从地区分布来看，中国的智能制造产业园区大部分集中在全国经济最为发达的长三角地区、珠三角地区、中部地区、环渤海地区和西南地区五大区域。

3. 制造业高质量发展的纵深发展不够

融合是现代产业发展的显著特征和重要趋势，也是推动制造业高质量发展的有效途径。当前，全球产业发展的一个突出特点是专业分工和产业融合并行共进，新一代信息技术与制造业的深度融合推动制造业模式和企业形态根本性变革，制造业与相关产业和要素深度融合，催生了更多引领制造业发展的新模式、新业态。苗圩（2019）指出，相对于世界发达国家，中国推动制造业的智能转型，环境更为复杂，形势也更为严峻，任务更加艰巨。推动智能制造深入发展，发展智能制造是扭转制造业低质低效，实现新旧动能转换的关键所在，下一步工信部将积极主动地适应智能制造发展趋势，在良好开局的基础上加快培育智能制造的发展生态，推动智能制造向纵深发展。一是产学研协同联合创新不够深入，产学研同创新的动力不足，产学研协同创新过程中，产学研协同创新融资渠道不畅。二是智能制造试点示范、智能化工厂没有在全行业领域深入发展。智能制造试点示范项目还集中在一些先进制造和高端制造行业。一些人工智能等新技术在智能制造新模式当中的应用不全面。三是地方政府在推进过程中有偏颇，而没有真正做到全面发展。在产业特色鲜明、转型升级需求迫切、地方政府积极性高、基础能力差、工作烦琐的行业和企业推进速度和广度比较慢。四是缺乏推进制造业高质量发展纵深发展的基础支撑体系。智能制造需要标准、工业软件、工业互联网等的有力支撑，当前急需补齐这些短板，按照共性先例、急用先行的原则，针对数据集成、互联互通等关键瓶颈性问题，开展基础共性、关键技术、重点行业标准与规范的研究，力争到2020年建立起较为完善的智能制造标准化体系，针对感知、控制、决策、执行过程中面临的数据采集、集成、计算分析等问题，加快研发相关的设计、工艺、仿真、管理、控制类软件，加强工业互联网的发展战略研究、体系架构等顶层设计，推进技术研发，加快产业化应用推广，打造安全的保障体系。

4. 制造业高质量发展的评价指标体系有待进一步完善

我国当前工业化发展阶段的特点，工信部将会同有关部门从创新、协调、绿色、开放、共享等多维度来制定制造业高质量发展的指标体系和评价体系，来引导地方、行业和企业保持工业合理的发展速度，避免制造业占国民经济的比重过快下滑，同时更加注重发展的质量和效益。我国要加快研究新经济统计的理论与方法，探索新经济统计的资料来源。一是我国的创新指标体系不够优化。根据我国经济社会发展的新情况、新变化、新挑战，我们要梳理现行统计指标体系，剔除那些不适宜、不适用的指标，充实反映发展综合质量效益、供给侧结构性改革和新发展理念落实情况的指标。二是我国的统计信息化建设不够完善。深入推进统计流程再造，全面深刻变革统计工作方式，形成"互联网＋"统计生产方式，构建新时代现代化统计调查体系，实现高质量发展统计工作全流程的数字化、网络化、智能化、云端化，为我国统计体系现代化奠定坚实基础。三是我国的制造业高质量发展指标体系反映不够全面。必须更加注重反映发展的质量、结构和效益，更加注重反映人民日益增长的美好生活需求。按照高质量发展的内涵和统计指标体系理论与方法，高质量发展指标体系应包括九个方面指标：动力变革指标、产业升级指标、结构优化指标、质量变革指标、效率变革指标、协调发展指标、绿色发展指标、开放发展指标、共享发展指标。四是综合评价指数的权重设置不够合理。为避免使用单一方法所产生的局限性，可将这两类赋权法有机结合起来，采用综合集成赋权法确定各项指标的权重，建立高质量发展综合评价指数。五是制造业高质量发展监测预警指标体系缺乏。从高质量发展指标体系中选取先行指标、同步指标和滞后指标，建立高质量发展监测预警系统，编制景气指数，设计预警信号系统，及时发布高质量发展目标完成情况"晴雨表"，对高质量发展进行及时监测、适时诊断、评价预报，提前发现可能出现的问题，预先防范和及时采取化解措施，加快科学推进高质量发展。六是制造业高质量发展政绩考核体系不合理。改革和完善干部考核评价制度，从制度层面纠正以经济规模和增长速度考核评价政绩的偏向，促进各级领导干部树立正确的政绩观，有效推动高质量发展。

三、制造业实现智能化转型推动高质量发展的作用机理分析

（一）智能化引领制造业高质量发展的基本概念和理论分析

我国经济已由高速增长阶段转向高质量发展阶段。高质量发展是一个包容性很强的概念，可以从不同的角度观察和认识。必须准确把握高质量发展的内涵，建立健全高质量发展评价体系，从而为推动我国经济实现高质量发展提供有效制度支撑。

1. 智能制造的基本内涵和总体架构

《中国制造 2025》提出：加快机械、航空、船舶、汽车、轻工、纺织、食品、电子等行业生产设备的智能化改造，提高精准制造、敏捷制造能力；统筹布局和推动智能交通工具、智能工程机械、服务机器人、智能家电、智能照明电器、可穿戴设备等产品研发和产业化；发展基于互联网的个性化定制、众包设计、云制造等新型制造模式，推动形成基于消费需求动态感知的研发、制造和产业组织方式等。智能制造是将制造技术与数字技术、智能技术、网络技术的集成应用于设计、生产、管理和服务的全生命周期，在制造过程中进行感知、分析、推理、决策与控制，实现产品需求的动态响应，新产品的迅速开发以及对生产和供应链网络实时优化的制造活动的总称，可分为

智能设计、智能生产、智能管理、智能制造服务四个关键环节。

2. 智能制造与制造业高质量发展的内涵和基本逻辑

西方经济学对经济高质量发展没有专门的定义，与之相近的概念为经济发展质量，这是相对增长速度而言的。从狭义看，经济高质量发展可以理解为高效率发展，即以最少的投入获得最大的产出。从广义看，经济高质量发展不仅包括经济发展质量、效率等因素，而且涵盖动力、区域、生态、开放、民生等方面，是"三大变革"和"新发展理念"的融合，既要通过质量变革、效率变革、动力变革提高全要素生产率，又要实现创新发展、协调发展、绿色发展、开放发展和共享发展。就制造业而言，高质量发展应具有以下特征。从质量维度看，要求产品和服务供给体系与需求结构有效匹配，满足人民对美好生活的需要；从效率维度看，要求投入产出比高，以尽可能低的资源要素消耗获得最大的经济效益；从动力维度看，要求增长动力从依靠要素驱动转向依靠创新驱动；从区域维度看，要求形成彰显优势、协调发展的城乡区域格局；从生态维度看，要求构建绿色生产方式，实现可持续发展；从开放维度看，要求培育一批具有全球影响力的企业，引领产业迈向全球价值链中高端水平；从共享维度看，要求产业链上下游配套合作密切、大中小企业融通发展。

（二）制造业实现智能化转型推动高质量发展的有效途径

1. 创新驱动路径

创新是引领发展的第一动力，是建设现代化经济体系的战略支撑，发展实体经济建设、制造强国必须坚定不移地实施创新驱动发展战略，加快建立以企业为主体、需求为导向、产学研深度融合的技术创新体系，实施国家制造业创新建设工程。面向战略提升的重点领域开展前沿技术研发的转化扩散，突破产业链关键技术屏障，力争实现引领性原创成果重大突破；面向优势产业发展需求，开展共性关键技术和跨行业融合性技术研发，突破产业发展的技术瓶颈，带动产业转型升级，为建设制造强国提供有力支撑。通过实施智能制造，着力促进"两化"深度融合。要牢牢把握智能制造主攻方向，集中力量攻克关键技术设备，培育智能制造生态体系，深化制造业与信息技术的深度融合，推动产品创新、技术创新和商业模式的创新，不断提高制造业数字化、网络化、智能化水平，大力发展基于互联网的个性化定制、在线增值服务、分享制造等"互联网＋制造业"的模式，培育新的经济增长点。

2. 打造新业态，培育新动能模式

智能制造发展路径的关键在于形成新业态发展模式，制造业智能化新业态模式包括大规模个性化定制、网络协同制造以及远程运维服务。智能制造发展的目的之一就是解决需求与供给不匹配的问题。网络协同制造是以互联网为基础纽带，通过互联网技术、大数据技术、云计算技术等智能制造技术的融合，通过产生的信息流优化物质流、技术流以及资金流等，能够通过资源的有效配置促进产品以及服务结构的升级，促进生产效率的大幅度提升，从而实现智能化转型升级。新业态模式的关键在于应用移动互联网技术、云服务技术以及大数据技术搭建企业远程运维服务平台，能够提供实时监测、在线诊断、预知性维护以及远程优化升级等服务，远程运维服务模式增加了产品的价值链，能够满足智能制造要求的技术服务阶段，因此通过新业态模式实现智能化转型升级是一条有效路径。推动工业化和信息化的深度融合，以智能制造培育新动能，以新动能促进新发展，成为世界产业变革的重要方向，从全球制造业发展趋势来看，都可以促进制造业的转型升级，实现制造业高质量发展。

3. "互联网+""智能+"升级路径

移动互联网、物联网、云计算、大数据等新的技术在制造业中不断渗透、融合和应用，促进了制造业的加速变革，向数字化、网络化和智能化转变。数字化是实现智能化的基础，本质是机器产品物理世界模型化、数字化和虚拟化；网络化是智能化发展的核心平台，为制造业共聚生产关系，网络平台传递的就是企业数据；智能化是制造自动化更高级的形态，通过数字化与自动化的集成，基于大数据的分析与决策来实现企业从刚性自动化转向未来的柔性自动化。

智能制造的发展离不开互联网技术的快速发展，随着互联网逐渐渗透到传统产业内部，跨界融合的产业发展特征使制造业向着"互联+制造业"的模式发展。智能化转型升级涉及产品设计智能化、制造过程智能化、技术服务智能化以及管理智能化四个方面。认为制造业智能化转型升级必须借助互联网技术，互联网技术的应用减少了生产制造的中间环节，使企业更加专注用户体验，提升了产品设效率及效果。学者周济在研究互联网驱动智能化转型升级的过程中，指出两条智能化升级路径：借助互联网优势嵌入或重构价值链；基于互联网整合智能制造资源，实现智能化转型升级。

（三）智能化增强制造业高质量发展创新能力指标评价体系分析

我国当前工业化发展阶段的特点是，制造业高质量发展要从创新、协调、绿色、开放、共享等理念来推动制造业高质量发展，还需建立健全制造业高质量发展的政策体系、指标体系和评价体系，制造业高质量发展的体制和机制正在发挥作用，有效的制造业高质量发展的综合评价体系也尤为重要。

1. 综合评价方法的选择

评价就是以目的为出发点，目的是确定研究目标的自身特性，并把研究目标的特性转化为具体的可测量的数值进行分析。全面分析评估是指对各个方面进行比对评估。针对目标对象不同比较复杂的研究情况，需要选择相应合适的评价方法，以便得到公正客观的结论。选择合适的方法对智能制造综合能力进行科学的评价。就现有的评估分析方式总结概括，可以将其大致分为两种，即利用客观的方式进行评估以及完全凭借主观的思维方式进行评估。其中最常用的是以客观方法进行展开分析，客观分析的方式又包含了具体的研究方法。智能制造是一个长期发展和推进的过程，政府、行业、企业为分析判断智能制造发展现状、水平，制定规划及发展战略，需要智能制造评价指标及评估方法，为各级政府及行业主管部门提供一个指导、考评本地区行业智能制造发展水平的工具，为企业制定智能制造发展规划提供依据。

2. 智能制造的评价指标

智能制造企业通用的共性评价指标，主要有智能基础设置评价、智能发展水平和经济效益三个一级指标、若干二级指标及三级指标构成。

智能基础评价指标主要包括：信息技术设备装备率、智能终端普及率、数据中心及软件平台覆盖率、智能制造认知度，决策能力，职工智能教育覆盖率及智能职工普及率等。

智能化发展水平评价指标主要包括制造关键业务智能化普及率、覆盖率，经营管理智能化普及率、覆盖率、信息资源开发利用水平等。智能制造效益评价指标主要包括经济效益评价、社会效益评价。

3. 评价方法

智能制造评价方法可以分为单项评价和综合评价两种方法。一是智能制造单项指标的评价标准。总结国内外智能制造企业经验制定每个单项指标的评价评分标准，将评价标准、评估级别分优、良、好、中、差五级；主要有制造关键业务智能化普及率覆盖率评价，经济效益评价。二是智能制造综合评价。通过专家采用综合分析评价法对智能制造企业综合评价，参照评价指标、评价标准及各权系数，可求得智能制造企业发展水平的总分，也是智能制造企业发展指数。

四、推动制造业高质量发展的对策

推动制造业高质量发展是一个系统工程。应坚持新发展理念，按照建设现代化经济体系的要求，以供给侧结构性改革为主线，加快推进制造强国建设，推动制造业高质量发展。

第一，坚持创新驱动，提高制造业技术创新能力，加强制造业创新能力建设。完善国家制造业创新体系，加快建立以创新中心为核心载体、以公共服务平台和工程数据中心为重要支撑的制造业创新网络；加强关键核心技术研发，强化企业技术创新主体地位，支持企业提升创新能力，推进国家技术创新示范企业和企业技术中心建设；推进科技成果产业化，完善科技成果转化运行机制，建立完善科技成果信息发布和共享平台，健全以技术交易市场为核心的技术转移和产业化服务体系。

第二，全面推进制造业高质量发展，加快改造和提升传统制造业。重点要围绕全产业的升级转型，推动产业链整体变革。升级产业链条，推动传统产业升级转型，加快新产业培育进程，实现全产业链条转型升级的协同推进。优化供需链条，落实钢铁、煤炭等过剩行业的去产能任务，实现供给与需求的结构性平衡。

第三，打造制造业高质量的人才梯队，增加产业人才供给。大力发展职业教育和培训，提高职业教育办学水平，将城镇化过程中释放的潜在劳动力引导纳入职业教育与培训体系中，将人力资源有效转化为人力资本；优化高等教育专业设置，围绕制造业十大重点领域，推进相关学科产、学、研合作机制建设，输出高质量创新型人才。优化人才激励机制，要加大人才招引力度，通过"千人计划"等人才引进方案，吸纳海外高层次领军人才和创新创业人才；改革科研管理体制，强化研发及技术转化的激励作用，培育以工匠精神、劳模精神为代表的工业精神，培育保护企业家精神。

第四，深化体制机制改革，营造高质量的制度环境。深化税收体制改革，降低企业经营成本。深化要素市场化改革，降低企业的生产成本。通过"放管服"改革，降低企业的交易成本。要优化政绩考核与区域协调机制，建立企业的市场进入与退出机制，降低企业要素区域流动的制度壁垒。

第五，提升制造业国际竞争力。全球制造业转型是大趋势，人工智能引发的智能制造将会被越来越多的企业应用，且不可避免。发展智能制造是各国制造业应对经济全球化、提高国际竞争力的迫切需要，是以信息化带动工业化、促进传统制造业结构调整和优化升级的必然选择。

参考文献

[1] 吉艳平，韩明华，郑大亮. 企业家的实证研究及其启示——基于企业主体的视角 [J]. 经济体制比较，2018（6）：89 - 93.

[2] 苏贝. 制造业智能化转型升级影响因素及其实证研究 [D]. 西安：西安理工大学，2018.

[3] 苗圩. 打造新常态下工业升级版 [J]. 求是，2015（1）：23 - 25.

[4] 苗圩. 高质量发展阶段的制造强国战略 [J]. 求是，2018（1）：23 - 25.

[5] 周济. 智能制造——"中国制造2025"的主攻方向 [J]. 中国机械工程，2015，26（17）：2273 - 3284.

[6] 邵坤. 山东省智能制造综合能力评估研究 [D]. 青岛：青岛大学，2018.

［7］庄志彬．基于创新驱动的我国制造业转型发展研究［D］．福州：福建师范大学，2014．

［8］张恒梅，李南希．创新驱动下以物联网赋能制造业智能化转型［J］．经济纵横，2019（7）：93－100．

［9］吕薇．以创新引领制造业高质量发展［N］．经济日报，2019－07－09．

［10］许召元．制造业高质量发展的核心标准和关键环节［N］．中国经济时报，2019－01－01．

［11］吕铁，刘丹，制造业高质量发展：差距、问题与举措［J］．学习与探索，2019，1（1）：23－26．

第九章

乡村振兴视角的农业高质量
发展测度研究

内容提要： 以乡村振兴战略视角的农业高质量发展为切入点，测度新时代中国农业高质量发展水平并分析其空间分布规律，以构建面向新时代农业现代化高质量发展水平测评体系为基础，采用熵权灰色关联法进行实证研究，得出我国不同省份农业高质量发展各子系统水平的分布特征，构建了我国各省份确保粮食安全、优化农业结构、完善市场机制、促进农业经济、创新驱动发展、完善基础设施、传承传统文化、建设生态文明、促进治理有效、发展成果惠民10个方面75个指标的农业高质量发展水平测度体系，并针对实证研究结论，结合各区域、各省份的实际情况，提出了针对性政策建议与对策，为把脉新时代农业高质量发展水平分布规律，推动各区域、各省份农业高质量协同发展，提供了理论依据。

关键词： 乡村振兴；农业高质量发展；熵值法；灰色关联分析

核心观点：

（1）我国乡村振兴战略视角下的农业高质量发展水平总体较低，并且呈东部强、中部一般、西部弱的梯度层次。

（2）我国乡村振兴战略视角下的农业高质量发展水平提升速度不明显，各区域、各省际之间的协同效应较差。

（3）我国乡村振兴战略视角下的农业高质量发展水平提升应从思想、理念上树立坚定信念，加强针对性的政策性建设、制度性框架建设和典型示范引领的打造，加强区域协同与省际合作，并构建起全国性农业高质量发展水平的监测、测度、评价长效机制，促进农业高质量发展水平有序提升。

一、引　言

习近平总书记在党的十九大报告中指出："我国经济已由高速增长阶段转向高质量发展阶段。""高质量发展"已成为新时代中国特色社会主义经济发展的新目标、新任务。党的十九大报告提出的实施乡村振兴战略，坚持农业农村优先发展，建立健全城乡融合发展体制机制和政策体系，推进农业农村现代化。乡村振兴战略事关国家全面振兴、长治久安、民族伟大复兴。乡村振兴战略要围绕农村三次产业融合发展，构建乡村产业体系，实现产业兴旺。近年来，各地聚焦夯实农业传统优势，注重产业融合发展，大力培育产业带动主体，加快了产业结构调整。2018 年全国粮食总产量 65789 万吨（13158 亿斤），比 2017 年减少 371 万吨（74 亿斤），下降 0.6%。其中，谷物产量 61019 万吨（12204 亿斤），比 2017 年减少 502 万吨（100 亿斤），下降 0.8%。农业设施化水平明显提高，建成 3300 多万公顷旱涝保收的高标准农田，农田有效灌溉面积占比超过 52%，设施农业超过 367 万公顷，告别了靠天吃饭的局面，总体保障了粮食安全，实现了粮食综合生产能力稳中有进；2018 年农作物耕种收综合机械化水平达到 83.0%，五年间单位耕地面积机械总动力年均增长达 2.71%；水资源利用水平和能力持续提升，有效灌溉面积年均增长 0.93%；积极发展区域优势特色农业产业，大力发展生态循环农业，促进小规模分散经营的传统模式向规模化、集约化的现代农业发展水平稳中向好。近五年间，万人农林牧渔业法人单位数年均增长 49.2%，农业服务业增加值占比年均增长 6.9%，秸秆综合利用率年均提高 1.5 个百分点，化肥、农药施用强度基本保持稳定；单位耕地面积三次产业增加值，农村居民人均第一产业增加值，农村居民人均可支配收入年均增长分别为 5.2%、13.4% 和 10.2%。

过去 40 年，中国农业农村发展成绩斐然，但制约农业农村发展的深层次矛盾还没有消除，农村经济社会发展明显滞后的局面没有根本改观，农业农村改革和发展仍然处在艰难的爬坡攻坚阶段，实施乡村振兴战略，推进农业高质量发展，解决好"三农"问题是工业化、城镇化进程中重大而艰巨的历史任务。

然而，从现有的文献中发现，研究者仍然聚焦在农业农村数量型粗放式增长，在依附于工业化、城镇化发展的被动地位上进行相关扩展研究，对农业农村优先发展的主体地位认识不足，对乡村振兴战略的科技内涵重视程度不够，没有对农业高质量发展的本身应有之义进行澄清。农业高质量发展意味着对原有的农业经济增长进行了外延和拓展，所涉及的范围更广、要求更高、内涵更丰富，更能体现新时代人民对美好生活的追求，包含了经济、社会、人文、生态、环境诸多方面的融合，如何将这些新思想、新内容融入乡村振兴视角下的农业高质量发展？如何进行测度和评价？这一问题的研究不仅可为科学地认识新时代农业高质量发展的水平、能力提供参考，更能够全面、协同提升我国各区域之间农业高质量发展水平提供政策建议，因此，具有重要的意义和价值。

综上所述，本章结合当前乡村振兴战略、农业高质量发展的主要问题，据此构建适合新时代农业高质量发展水平的测度体系，采用灰色关联分析法和熵权法量化研究2017 年中国 30 个省份农业高质量发展水平，研究其空间布局规律；归纳主要结论，提出具有针对性的政策。

二、文献述评

第二次世界大战结束后，以 Lewis（1954）为首的部分发展经济学家认为发展中国家存在两个部门和两个区域，传统的农业部门生产率低下、现代的工业部门生产率高，存在凋敝的农村和繁荣的城市两个区域，发展中国家在这种典型的二元经济结构上采取工业、城市优先发展，实施着工业主导农业、城市主导乡村的不平衡发展战略。Krugman（1991）认为，发展中国家在市场经济背景下资本、人才、商品、技术等要素向城市集中、向工业部门流动的极化效应，导致城市区域与工业部门发展更快、更繁荣；相反，农村区域与农业部门发展更慢、更落后。随着研究深入与实践创新，尤其在看到发展中国家工农、城乡发展之间差距对整体经济发展带来不良的影响后，德国地理学家 Christaller（1933）强调城市与农村、工业与农业协调发展关系。马克思主义政治经济学对城乡关系进行了经典论述，1847 年恩格斯在《共产主义原理》中提出了城乡融合发展思想，认为要消除由产业不同带来的城乡就业对立、人口空间分布上的不均衡，以及由城乡对立产生的城乡福利差异。古典经济学和新古典经济学中李嘉图（1962）在 1871 年出版的《政治经济学及赋税原理》中，系统地对农业与工业、农村与城市发展问题进行了阐述，认为两者之间存在相互协调和相互促进的关系。美国学者库兹涅茨（Kuznets，1955）通过对发达国家经济发展过程中农业、工业和第三产业部门的变化关系，以及这种变化关系对不同部门就业与收入的影响进行分析，指出国民经济三次产业产值、就业结构之间存在结构性的协调关系。

中国 20 世纪 80 年代初期的改革开放从乡村开始，逐步扩展到国家经济社会的方方面面。1950～1980 年，农业部门总共为国家工业化提供了大约 10243.74 亿元的积累，农业资源输出总额达到 14508.77 亿元（王伟光等，2014），而农业部门从工业部门和城市得到的资金和物质支援，则远远低于输出的积累和资源，直接造成农业发展滞后于工业、乡村发展滞后于城镇的二元发展格局。这种发展格局虽然带来了国家工业体系的建立，以及少数特大和大城市的繁荣发展，但给国民经济发展带来了不可持续性。张元红（2009）认为，要在国民经济的收入分配、消费、投资和就业方面体现乡村价值，就要消除城乡分割的二元发展状态，实行城乡经济社会统筹发展。韩长赋（2012）认为，二元发展战略下导致了工农业和城乡资源要素交换的不平等，形成了工农业产品价格剪刀差和城乡发展要素配置的剪刀差。形成了不等价的要素交换关系、产品交换关系、劳动力就业关系，最终导致农业资源（如土地、资金和劳动力等）过多地流向了工业和城市。韩俊（2013）认为，农业是国民经济的基础，是国家安全的保障，没有农业的发展就没有国民经济的发展和国家的安全。关于农业高质量发展的内涵，潘建成（2018）提出在不断升级的中美贸易摩擦下，更加凸显出习近平总书记关于"中国人的饭碗任何时候都要牢牢端在自己手上"经典论述的深刻意义，潘建成认为确保粮食安全是农业实现高质量发展的首要任务。钟钰（2018）认为，我国农业发展已经进入提质转型新阶段，高质量的发展不仅包括农产品质量，还包括生产经营体系质量和产业效益的高水平发展。韩长赋（2018）从加快推进产业转型升级的角度定义农业高质量发展的内涵，即产品质量、产业效益、生产效率、经营者素质、国际竞争力和农民收入"六个高质量"维度。

　　辛岭（2009）在比较研究其他国家和地区的经验之后，提出我国从反映农业现代化投入水平、农业现代化产出水平、农业现代化农村社会发展水平、农业现代化劳动力就业率等维度的评价指标体系构建。杨少垒（2014）建立的农业现代化评价测评指标体系包括农业生产手段、农业生产能力和结构、农村经济社会发展、农业生态环境等内容。中国农科院文献中心（2015）研究中立足收入和消费水平、农村经济发展水平、农业生产发展水平、农业基础设施与投入四个维度，对农业现代化指标体系的构建进行了较为深入的细化。崔凯（2011）基于25年的数据（1985～2009年），运用层次分析法（AHP法）对我国粮食主产区农业现代化进行分析和评价。沈琦、胡资骏（2012）运用因子分析法取代了原有学者研究的层次分析法，简化了农业现代化测评指标体系。李丽纯（2013）研究提出灰色优势分析排除主观因素干扰对指标进行赋权，从而提升农业现代化评价体系的可信度。朱晓明（2013）采用内生变量和外生变量的联立方程模型，预测出七大农业现代化指标的历年基准值，做出了中国正处于农业现代化前期的判断。

　　上述大量研究从不同的侧面对农业经济进行了质量测度和评价，但通过构建测度体系对中国各省份进行农业农村高质量发展水平的综合性量化研究却少见。农业高质量发展，核心是高质量，主体是农业，强调质量要素在农业发展中的重要性和前沿性，对农业发展进行了整体性的有效提升，发展的内涵与乡村振兴战略相吻合，重点是包含经济因素在内的社会因素、人文因素、生态环境因素进行有机的融合。强调了农业农村的主体地位，在研究上是一个思想理论的升华。虽然理论界对这个前沿问题的研究还不够全面、系统，但积累了极为可贵的研究基础，研究中所涉及的农业经济增长、农业创新驱动、农业质量测评、农业生态环境保护、农业农村可持续发展等内容，都是本章难得的珍贵文献，提供了重要的借鉴。

三、乡村振兴视角下农业高质量发展水平测度：逻辑、体系与方法

（一）测度逻辑

农业高质量发展是关乎我国现代化建设的大战略，必须要贯彻落实好党和国家的决策部署，坚持实施质量兴农战略，坚定不移走质量兴农之路。农业高质量发展是乡村振兴的前提和基础，是乡村振兴的内源性动力支撑，是促进农民增收脱贫的关键所在，是推动新旧动能转换的重要任务。随着农业现代化的稳步推进，我国农业发展也步入了晋挡升级的关键期。要意识到质量发展的复杂性、趋势性和规律性，否则就会影响战略实施效果。因此，及时反映农业高质量发展的进程，深入剖析农业高质量发展的短板和不足就显得尤为重要。与之不相匹配的是，对于农业高质量发展水平的测度，始终缺少一套相对完整的评价体系。研究测度我国各省（市、区）农业生产转变方式、优化结构、转换动力的进程，反映农业供给侧结构性改革的质量，对于乡村振兴战略来讲具有重要的参考价值和实践意义。本章以此为出发点，在原有农业现代化测评体系基础上，探索建立用于评价农业高质量发展的指标体系和测度方法。

研究立足我国乡村振兴战略视角下农业高质量发展的内涵和特点，探讨农业高质量发展测评体系的构建，以新发展理念为指导，构建农业高质量发展指标体系，运用灰色关联分析模型，采用熵值法赋权，排除主观因素对模型结论的潜在影响。从确保粮食安全、优化农业结构、完善市场机制、促进农业经济、创新驱动发展、完善基础设施、传承传统文化、建设生态文明、促进治理有效、发展成果惠民10个维度对各省（市、区）[①] 农业发展质量进行分析阐释。在实证分析的基础上，得出结论并推导出建设性政策建议和对策。具体构思如下（见表9-1）：

（1）确保粮食安全。从粮食安全上考虑，我国主要农产品"总量平衡、丰年有

---

① 港、澳、台、西藏地区因数据难以获取，不做分析，下同。

余"，稳定地解决了中国近 14 亿人的吃饭问题，但是农业资源要素过度开发利用问题突出，每公顷化肥用量是世界平均用量的 2.7 倍，利用率不足 40%，2017 年我国水稻、玉米、小麦三大粮食作物化肥利用率为 37.8%，过量化肥没有吸收利用冲到地下，影响土壤营养平衡。2017 年，农产品总体抽检合格率为 97.8%，农业部提出到 2020 年农产品例行监测合格率稳定在 97% 以上。步入高质量阶段后，不仅要守住农产品质量安全这条底线，还要在此基础上进行突破。例如，澳大利亚油菜籽平均含油量为 42.4%，加拿大油菜籽含油量均值也在 42% 以上，加拿大及澳大利亚的油菜籽杂质最大含量分别为 4% 和 3%。而我国每年临储收购的国标三等质量要求，其标准为含油量大于 38%，水分 8% 以内，杂质 3% 以内。在出油率方面，进口油菜籽出油率为 40%，而国产油菜籽出油率为 35%。可以看出，我国的农产品品质不高，产品竞争力不强。

（2）优化农业结构。我国各个省（市、区）农业发展差异较大，存在明显发展短板，主要是非种植业产值持续下降，非种植业产值是提升农业竞争力的重要力量，一旦呈现下降趋势，将会导致我国地理资源应用受限，并且还会降低我国地理资源等方面的优势，阻碍农业竞争力的提升。并且激发隐藏在农业发展中附加值增高问题，抑制农业第二、第三产业发展，三次产业不能全面实现优化升级，产业结构协调性降低。

（3）完善市场机制。2018 年中央一号文件提出"推进质量兴农战略"，2014 年我国中等收入群体比重为 33.2%，约 4.54 亿人，到 2020 年这一群体将达到 6 亿人，今后高质量农产品消费将从少数群体转向"橄榄形"社会大众，从季节性转向常态性，更好地满足高收入群体和中等收入阶层个性化、多样化、品质性的需求，让发展型、享受型消费需求持续释放，为农业发展提供不竭的动力。农业市场机制受外部影响大，有半公共产品的性质，因此，市场信息不对称，农业信息传递滞后，导致生产结构调整滞后、农产品生产不到位、销售渠道不明确，农产品市场供需平衡遭到破坏，面临严重的生产风险、销售风险、经营风险。加入 WTO 以来，我国由农产品净出口国转为净进口国，2013 年后农产品贸易逆差持续扩大，年均超过 500 亿美元。传统优势农产品出口有所下降，如蔬菜、水果、水产品等劳动密集型产业，在外部需求弱化、国内成本刚性增长作用下，价格竞争力减弱。大量进口农产品受国内成本过快上涨、人民币汇率升值、国际农产品价格下跌所表征的国内外价格较长时期、常态化倒挂因素影响。将近年上升阶段的成本与上一周期进行比较不难发现，多数农产品的每亩净利润和成本利润率水平未见明显提高，甚至还大幅下降。2016 年稻谷、小麦、玉米三种粮食的平均每亩净利润和成本利润率分别为 -80.28 元和 -7.34%，低于 2011 年的 250.76 元和 31.7%；2016 年大豆平均每亩净利润和成本利润率分别为 -209.81 元和 -30.93%，低于 2012 年的 128.63 元和 22.25%，甚至不如 20 世纪 90 年代初、中期。长期以来，我国农产品市场盈利能力未能从根本上提高，产品缺乏价格上涨的原动力和筹码。我国的粮食产品生产成本已经全面高于美国，其中人工成本高 6 ~ 25 倍，土地成本高 10% ~ 130%，价格与成本双重挤压，导致了当前的"高产量、高库存、高进口"困境。

（4）促进农业经济。近年来，农业资本总体投入量增长明显，投资额从 2003 年的 534.8 亿元增加至 2014 年的 14697 亿元，10 年间增长了 27 倍多，占全社会固定资产投资额的比重也从 0.96% 上升至 2.9%，到 2015 年超过了 3%。大量社会资本进入农业，在有效地保障或提高农业产出的基础上造成了农业结构性产能过剩，经常出现农产品滞销现象。2017 年，我国人均 GDP 突破 8500 美元，居民消费需求内涵大大扩展，迫切需要加强农业科技创新，尽快提高农产品品质，以更好地适应消费结构升级需求来应对国外低价挤压倒逼农产品竞争力提升随着劳动力、土地、农资等要素成本攀升和环境成本、质量安全成本显性化。

（5）创新驱动发展。农业高质量发展所表现出的高效完备生产经营体系，主要特征是农业生产经营集约化、专业化、组织化、社会化，这些都需要科技创新来武装农业。特别是集约化是相对于粗放化而言的，包括单位面积土地上要素投入质量和要素投入结构的改善，是现代科技和人力资本、现代信息、现代服务、现代发展理念、现代装备设施等创新要素的密集投入，能促进农业经营方式的改善和资源要素利用效率的提高。我国农业生产经营管理不到位、规模较小、组织规划程度浅，导致传统的小农格局与现代化农业发展相冲突，致使农业生产效益低下，生产改革不够深入。乡村劳动力素质提高不力，科技创新投入不够，在经济发展的带动下，大部分乡村劳动力外出务工，导致乡村农业种植劳动力骤减，再加上乡村劳动力素质低下，缺少专业科技种植人员的指导，造成乡村劳动力格局平衡性受扰，降低了农业竞争力，农村劳动力素质问题、结构平衡问题等都严重削弱了农业发展力量，阻碍农业创新与科技升级。

（6）完善基础设施。我国农业生产基础整体较为薄弱，大部分农村地区交通不方便，虽然东部、中部等地区水利条件良好，但是大多数水库处于病险状态，配套设施不先进，经常出现湖区渠道淤塞现象，对灾害的抵抗力弱。受城乡二元结构的影响，无论是在制度和发展红利分享方面，还是在基础设施建设抑或公共服务能力建设方面，乡村与城市相比都严重滞后。在破除城乡二元结构形成的制度和发展红利壁垒上，应建立城乡一体化发展的体制机制，让乡村居民享受同等的发展红利；在城乡基础设施以及医疗卫生、教育、养老、通信、互联网等硬件设施的建设方面，为居住在乡村的居民提供高质量的各种公共服务，最终实现城乡公共服务均等化还任重道远。

（7）传承传统文化。五千年的文明发展创造出璀璨的中华文化，它不仅是中华民族生息繁衍的源泉，也是中华民族历经劫难走向振兴的重要支撑。乡村是中华文化发源和传承的重要载体，拥有众多的文化遗产和自然遗产。加强文化建设就是在充分传承和发扬中华文化的基础上，利用文化自身的功能，为乡村经济社会稳定可持续发展服务，为中华民族的伟大复兴服务。它包括加强文化和自然遗产保护，坚决杜绝过度商业化开发的现象；加强对历史文化名村和自然风景名村以及名人故居的修缮和保护，防止它们在工业化和城镇化进程中受到破坏，充分发挥它们在文化传承中的载体作用；加强各类文化基础设施建设，为乡村居民提供丰富多彩的文化服务；积极开展各种文化活动，弘扬和宣传中华文化，发挥中华文化正能量的作用来为经济社会发展服务，培养广大民众弘扬中华文化的自觉行动，并树立起文化自信；利用民俗文化中带有正能量的功能，加强连接城乡的文化纽带建设，为乡村社会的自治和稳定发展服务。

（8）建设生态文明。长期以来，我国农业生态环境遭受着外源性污染和内源性污染的双重压力，需要集中力量解决环境污染的存量问题。不仅要杜绝工业等外源污染物排放对农田的污染，也要推进农村生活污水治理。耕地受到污染的途径：一是来自工业和城市污染向农田转移排放以重金属为主的污染；二是化肥、农药等农业投入品长期过量使用；三是畜禽粪便、农作物秸秆和农田残膜等农业废弃物不合理处置，导致农业面源污染日益严重，土壤和水体污染加剧。当前，重中之重是耕地重金属污染治理，首先是治理长期以来工业废物排放对农田的污染。

（9）促进治理有效。城乡壁垒的破除加快了城乡融合的进程，以往封闭的乡村逐渐走向开放。乡村之外的资本、人员和要素涌入乡村，改变了传统乡村的社会结构，推动了乡村社会向现代社会转型，同时也给乡村政治建设和治理提出了新的要求。乡村振兴过程中的政治建设既要坚持党的一元化领导，发挥党在基层引领发展的核心作用，也要以村民自治为基础，尊重自治组织的地位和作用，培育和壮大自治组织，充分发挥自治组织在社区建设和实行自治组织成员自律上的优势，正确处理基层党和政府组织、非政府组织与乡村自治组织之间在乡村治理上的关系，做到各司其职、各尽其责、相互监督、共商发展，为乡村社会的稳定和可持续发展奠定基础。

（10）发展成果惠民。农业高质量发展的最终目标是实现人的生存和发展，促进农业增产、农民增收、农村富裕、生态宜居、乡村美丽，首先惠及农民，再惠及全社会，使农民、全社会共享农业高质量发展的成果，提高农民生活幸福感，提升农民生活水平与幸福指数。当前，到 2018 年末我国总人口 139703 万人，较上年增长 0.50%；农村人口 55661 万人；其中，农村就业人口 34178 万人；第一产业就业人口 4926 万人；农民工总量为 29252 万人，外出务工人员 17357 万人。2018 年末农民工外出务工人均收入 3746 元/月，四季度农民外出务工总收入为 19508 亿元，全年累计 79033 亿元。全年农民人均总收入为 14574 元/年，名义收入较上年增长 8.50%，扣除价格因素影响，较上年增长 6.3%，农民总收入为 81119 亿元。农民收入扣除外出务工收入为 2086 亿元，较上年下降 54.2%；折合本地就业经营农村经营者年度人均收入为 1240 元/年，较上年下降 51.0%；非外出务工人员年度人均收入较 2012 年高位水平下降 56.1%，农村地区农民在家经营收入仅为 138 元/月，农村居民收入 97.43% 来自外出打工收入。因此，农业高质量发展惠及"三农"还任重道远。

（二）测度体系

基于乡村振兴视角下农业高质量发展的测度逻辑，同时兼顾研究指标的层次性、数据的可获得性和可描述性，构建包括确保粮食安全、优化农业结构、完善市场机制、促进农业经济、创新驱动发展、完善基础设施、传承传统文化、建设生态文明、促进治理有效、发展成果惠民，10 个子系统 75 个测度指标的农业高质量发展水平测度体系（见表 9-1）。

实证分析的数据主要取自《2018 中国统计年鉴》《国民经济和社会发展统计公报（2018 年）》《中国农村统计年鉴（2018）》。由于统计发布数据存在不连续、缺失等现象，在实证分析前，本章对部分数据进行了插补。一是类地面积数据，由于类地面积数据是延迟一年发布的，2018 年的土地面积、耕地面积等指标数据，均是在测算增长量的基础上，以 2017 年发布数据为基期进行插补。二是个别地区、个别年份的秸秆综合利用率、农林牧渔业 R&D 人员折合全时当量、农业保险保费收入缺失，采取均值法进行插补。三是 2018 年农业机械总动力为新口径，与历史资料不可比，在此按照之前几年的平均变动率对其进行插补。

表 9-1 乡村振兴视角下农业高质量发展评价指标体系

子系统	测度指标	指标内涵	功效
确保粮食 安全 F1	粮食产量（m11）	粮食总产量/年末常住人口（吨/万人）	适度
	耕地面积（m12）	耕地总面积/年末常住人口	正向
	粮食结构（m13）	水稻、玉米、小麦三大主粮比例	适度
	食品安全（m14）	食品安全事故/年末常住人口（万人）	负向
	非粮作物播种面积占比（m15）	100 - 粮食作物播种面积/农作物播种面积 × 100（%）	适度
优化农业 结构 F2	农业结构合理化（m21）	农业结构合理化指数	负向
	农业结构高级化（m22）	农业结构高级化指数	正向
	农业投资结构（m23）	农村第一、第二、第三产业投资比例	适度
	农业开放程度（m24）	农业利用外资/农业产值	正向
	外贸开放程度（m25）	农业进出口总额/农业产值	正向
	农村产出结构（m26）	农业第一、第二、第三产业产出比例	适度
	单位面积投资强度（m27）	单位面积农业产值/单位面积投资量	正向

子系统	测度指标	指标内涵	功效
完善市场机制 F3	农业政府投资比重（m31）	国家农业预算内资金/全社会农业投资额	负向
	农业政府消费比重（m32）	国家农业采购资金/全社会农业消费总额	负向
	农业非国有经济投资农业比重（m33）	农业非国有经济投资总额/农业经济投资总额	正向
	农业非国有经济产业比重（m34）	农业非国有经济产出总额/农业经济产出总额	正向
	资本要素市场化程度（m35）	农业金融增加值/农业经济产出总额	正向
	劳动要素市场化程度（m36）	农业就业人数/全社会就业人数总额	适度
	农林牧渔业法人单位密度（m37）	农林牧渔业法人单位数/年末农村常住人口（个/万人）	适度
	农业服务业增加值占比（m38）	农业服务业增加值/农林牧渔业总产值×100（%）	适度
	农户参与合作社程度（m39）	参与合作社户数/农户总数	正向
	合作社经营能力（m310）	合作社产出总值/农业总产值	正向
	家庭农场经营能力（m311）	家庭农场产出总值/农业总产值	正向
	新型职业农民发展水平（m312）	新型职业农民数/农户总数	正向
	农业普惠金融水平（m313）	单位面积农业普金融支持总额/农业单位面积产出总额	正向
	农业保险水平（m314）	农业保险保费收入/农用地面积（元/公顷）	适度
促进农业经济 F4	人均第一、第二、第三产业增加值（m41）	第一、第二、第三产业增加值/年末农村常住人口（元/人）	正向
	单位面积第一、第二、第三产业增加值（m42）	第一产业增加值/农用地面积（元/公顷）	正向
	农村居民人均可支配收入增加值（m43）	农村居民人均可支配收入（元/人）	正向
	农业产值能力（m44）	农业总产值/国内生产总值	适度
	农业物流能力（m45）	农业物流增加值/年末农村常住人口（元/人）	正向
创新驱动发展 F5	单位面积农林水事务预算支出（m51）	农林水事务预算支出/耕地面积（万元/公顷）	正向
	单位面积 R&D 人员当量（m52）	农林牧渔业 R&D 人员当量/农用地面积（人年/公顷）	正向
	机械化水平（m53）	机械总动力/耕地面积（千瓦/公顷）	正向
	水利化水平（m54）	有效灌溉面积/耕地面积×100（%）	正向
	劳动者素质（m55）	农业劳动力人均受教育年限（年）	正向
	农业信息化水平（m56）	农业信息化总投入/农业信息化总产出	正向
	土地资源利用率（m57）	粮食生产量/耕地总面积	正向
	劳动生产率（m58）	农业总产出/农业总从业人数	正向

子系统	测度指标	指标内涵	功效
创新驱动 发展 F5	农业人均专利占有量（m59）	农业专利数/农业总人数	正向
	农业技术市场发展水平（m510）	农业技术市场成交额/农业总产出	正向
	农业创新产品增利水平（m511）	农业创新产品销售收入/农业产品总收入	正向
	农业高新技术创收能力（m512）	农业高新技术产品销售收入/农业产品总收入	正向
完善基础 设施 F6	交通设施完善度（m61）	等级公路密度及农村道路硬化率	正向
	教育设施完善度（m62）	小学、中学、大学的入学率	正向
	文化设施完善度（m63）	乡村图书室、文化馆普及率	正向
	网络设施完善度（m64）	家庭网络覆盖率	正向
	医疗设施完善度（m65）	农村人均医疗卫生机构床位数与农村合作医疗参保率	正向
	环境卫生设施完善度（m66）	安全饮水、旱厕改造、垃圾处理的综合指数	正向
传承传统 文化 F7	农业非物质文化遗产保护（m71）	农业类非物质文化遗产数量（m61）	正向
	农业地理标志保护（m72）	农业类地理标志数量（m62）	正向
	品牌农业水平（m73）	农业类产品品牌数量（m63）	正向
	农业旅游开发水平（m74）	农业类节庆旅游目的地数量（m64）	正向
	农业文化成果创造水平（m75）	农业类文化成果数量（m65）	正向
	优秀传统文化传承力度（m76）	政府财政投入地方特色文化保护的比例	正向
	优秀传统文化传承水平（m77）	地方优秀特色文化市场转化率	正向
建设生态 文明 F8	水土保持能力（m81）	单位面积水土保持量	正向
	污染防治水平（m82）	单位生产面积的排污量	负向
	化肥使用强度（m83）	单位面积化肥使用量	适度
	农药施用强度（m84）	单位面积农药使用量	负向
	秸秆利用（m85）	单位面积秸秆利率	正向
	宜居水平（m86）	村庄绿化覆盖率	正向
	美丽水平（m87）	全国美丽乡村、全国文明村庄数量	正向
促进治理 有效 F9	乡村法治水平（m91）	万人刑事、民事、信访量综合指标	负向
	村民自治水平（m92）	选举参与率、村务公开率、其他决策事项参与率综合率	正向
	发展均衡水平（m93）	农村基尼系数	负向
	贫困家庭情况（m94）	农村贫困人口发生率	负向
发展成果 惠民 F10	收入水平（m101）	农民人均纯收入及增长率	正向
	生活水平（m102）	农村家庭恩格尔系数	正向
	收入结构（m103）	劳动性收入、财产性收入分别占比情况	适度
	人均合格住房水平（m104）	人均合格住房面积	正向
	生活质量水平（m105）	户均拥有私家车占比	正向

子系统	测度指标	指标内涵	功效
发展成果 惠民 F10	教育水平（m106）	农民人均受教育年限	正向
	消费水平（m107）	农民人均消费支出与社会人均消费支出比率	正向
	健康水平（m108）	人口死亡率	负向

注："功效"一列中"正（负）向"，表示在设定衡量方式下测度的指标为正（负）向指标，越大（小）越优。

评价指标的选取和指标目标值的确定遵循科学性、系统性、全面性、可比性、可操作性的基本原则，在梳理现有相关研究成果的基础上，吸取了国家农业部农业现代化标准（农业部、国务院法制办，2016）、国家建设小康社会指标体系（李善同等，2004；国家统计局，2008）及其他乡村建设指标体系研究的成果（李立清、李明贤，2007；李树德、李瑾，2006；汤惠君、董雪娇，2015）和农业农村建设和发展的实际情况，构成了预选的指标集和目标值计算方法，指标设置力求能涵盖乡村振兴战略的总体要求、农业高质量发展的所需，符合我国国情的粮食安全、经济结构、产业产品、生态环境、基础设施、科教文卫、治理制度等各个领域。具有较好的全面性、体系性、和整体性。

（三）测度方法与数据来源

本章采用灰色关联分析法和熵权法测度评价乡村振兴视角下新时代农业高质量发展各指标的综合水平，其核心思想为在对各测度指标进行标准化处理的基础上，采用熵权法赋予各测度指标权重值，然后利用灰色关联分析对各省份农业高质量发展水平进行量化排序。熵权法的指标权重值基于各测度指标数据变异程度所反映的信息量，降低了指标赋权时主观人为因素的干扰。灰色关联法通过比较各测度对象与最优方案及最劣方案的相对距离进行量化排序，具有计算简单、结果合理的优势，两种方法的优点相结合，使测度结果更具客观性和合理性，其具体实施步骤如下。

第一步，数据预处理时采用了最大值法进行无量纲化处理，因此设定参考数列为：

$X_0 = 1, 1, \cdots, 1$

第二步，根据关联系数的计算方法，计算 30 个省（市、区）各指标的关联系数：

$X_1 = x_1(1), x_1(2), \cdots, x_1(28), x_1(29), x_1(30)$

$X_2 = x_2(1), x_2(2), \cdots, x_2(28), x_2(29), x_2(30)$

······

$$X_{75} = x_{75}(1),\ x_{75}(2),\ \cdots,\ x_{75}(28),\ x_{75}(29),\ x_{75}(30)$$

第三步，为了保证与因子分析结果的可比性，在模型对比阶段，灰色关联分析采用简单平均赋权的方法进行加权。得到的关联度即为评价值。

$$r_j = \frac{\sum_{j=1}^{75} r_i(j)}{75} \tag{9-1}$$

第四步，引入熵值法对指标赋权构建矩阵，通过分析各指标蕴含的信息量，进行客观赋权，更好地体现指标差异对评价值的影响，体现对地区发展水平和潜力进行测度。

$$R = \begin{vmatrix} x_{11} & x_{12} & x_{13} & \cdots & x_{1n} \\ x_{21} & x_{22} & x_{23} & \cdots & x_{2n} \\ x_{31} & x_{32} & x_{33} & \cdots & x_{3n} \\ x_{m1} & x_{m2} & x_{m3} & \cdots & x_{mn} \end{vmatrix}$$

第五步，计算指标 X_{ij} 的贡献度，并在此基础上计算第 j 项指标的熵值：

$$fi_j = \frac{x_{ij}}{\sum_{i=1}^{m} x_{ij}} \qquad H_j = \frac{1}{m} \times \sum_{i=1}^{m} f_{ij} \ln f_{ij} \tag{9-2}$$

第六步，得出熵值法权数为：

$$r_j = \frac{\sum_{j=1}^{75} r_i(j) w_j}{75} \tag{9-3}$$

四、乡村振兴视角下农业高质量发展水平实证测度

（一）乡村振兴视角下农业高质量发展各子系统水平

根据前面构建的农业高质量发展水平测度体系，测度出 2018 年中国 30 个省份农业高质量发展 10 个子系统发展的水平，结果如表 9-2 所示。

表9-2 2018年各省份农业高质量发展各子系统测度水平

序号	子系统	粮食安全	结构优化	市场机制	农业经济	创新驱动	基础设施	传承文化	生态文明	治理有效	惠及民生	总值
	均值	0.603	0.583	0.53	0.585	0.603	0.602	0.593	0.593	0.594	0.589	5.875
1	北京	0.442	0.768	0.687	0.467	0.809	0.867	0.823	0.796	0.843	0.901	7.403
2	天津	0.461	0.724	0.629	0.454	0.738	0.745	0.762	0.718	0.789	0.825	6.845
3	上海	0.472	0.813	0.738	0.624	0.823	0.859	0.801	0.838	0.825	0.899	7.692
4	重庆	0.537	0.694	0.619	0.634	0.699	0.688	0.694	0.698	0.679	0.698	6.64
5	河北	0.562	0.612	0.598	0.612	0.579	0.539	0.601	0.561	0.534	0.523	5.721
6	山西	0.573	0.601	0.497	0.591	0.501	0.523	0.549	0.492	0.543	0.498	5.368
7	辽宁	0.639	0.598	0.519	0.601	0.612	0.614	0.498	0.501	0.529	0.478	5.589
8	吉林	0.641	0.601	0.491	0.634	0.634	0.612	0.501	0.512	0.511	0.459	5.596
9	黑龙江	0.650	0.598	0.502	0.629	0.619	0.634	0.498	0.499	0.523	0.446	5.598
10	江苏	0.729	0.672	0.654	0.725	0.734	0.699	0.687	0.691	0.678	0.701	6.97
11	浙江	0.731	0.693	0.672	0.718	0.729	0.711	0.679	0.682	0.659	0.691	6.965
12	安徽	0.610	0.642	0.503	0.587	0.581	0.634	0.579	0.601	0.592	0.598	5.927
13	福建	0.623	0.598	0.614	0.649	0.632	0.675	0.632	0.651	0.547	0.562	6.183
14	江西	0.648	0.599	0.498	0.598	0.592	0.612	0.612	0.611	0.601	0.519	5.89
15	山东	0.716	0.693	0.621	0.657	0.718	0.679	0.645	0.643	0.629	0.614	6.615
16	河南	0.843	0.701	0.605	0.678	0.659	0.657	0.623	0.619	0.611	0.609	6.605
17	湖北	0.674	0.633	0.634	0.658	0.701	0.661	0.678	0.658	0.665	0.658	6.62
18	湖南	0.768	0.643	0.611	0.699	0.691	0.637	0.654	0.639	0.659	0.634	6.635
19	广东	0.745	0.646	0.701	0.701	0.698	0.679	0.688	0.669	0.674	0.682	6.883
20	海南	0.531	0.620	0.523	0.548	0.542	0.512	0.591	0.539	0.591	0.563	5.56
21	四川	0.659	0.534	0.498	0.648	0.619	0.523	0.612	0.634	0.653	0.654	6.034
22	贵州	0.549	0.498	0.399	0.571	0.511	0.498	0.523	0.527	0.541	0.512	5.129
23	云南	0.527	0.479	0.401	0.532	0.498	0.487	0.501	0.523	0.542	0.524	5.014
24	陕西	0.612	0.519	0.498	0.609	0.623	0.618	0.612	0.603	0.617	0.624	5.935
25	甘肃	0.563	0.401	0.402	0.518	0.489	0.497	0.489	0.511	0.528	0.519	4.917
26	青海	0.493	0.397	0.354	0.476	0.412	0.452	0.473	0.501	0.476	0.482	4.516
27	内蒙古	0.517	0.388	0.367	0.439	0.401	0.435	0.452	0.486	0.461	0.468	4.414
28	广西	0.598	0.401	0.398	0.513	0.475	0.486	0.501	0.498	0.478	0.471	4.819
29	宁夏	0.491	0.376	0.341	0.411	0.399	0.418	0.432	0.456	0.432	0.436	4.192
30	新疆	0.487	0.341	0.323	0.372	0.372	0.394	0.414	0.423	0.401	0.417	3.944

通过对灰色关联总体评价值的观察，可以得出以下结论：

（1）确保粮食安全水平。2018年，各省份确保粮食安全水平如图9-1所示，全国平均水平 0.603，基本上做到了自给，通过各子系统的纵向比较，确保粮食安全处于较好水平，表明我国党、国家及全社会高度重视粮食安全，高度重视耕地保护，高度重视单位面积产量，确保中国人的饭碗端在自己手里。但是各省的粮食生产能力、粮食自给能力、人均耕地面积、人均粮食产量、食品结构上差异较大，北京、上海、天津、宁夏、新疆等地从省际水平看，由于自然条件、城镇化程度的影响，城乡结构的差异，需要在全国粮食供需平衡上加大统筹力度，增加区域省际协同。

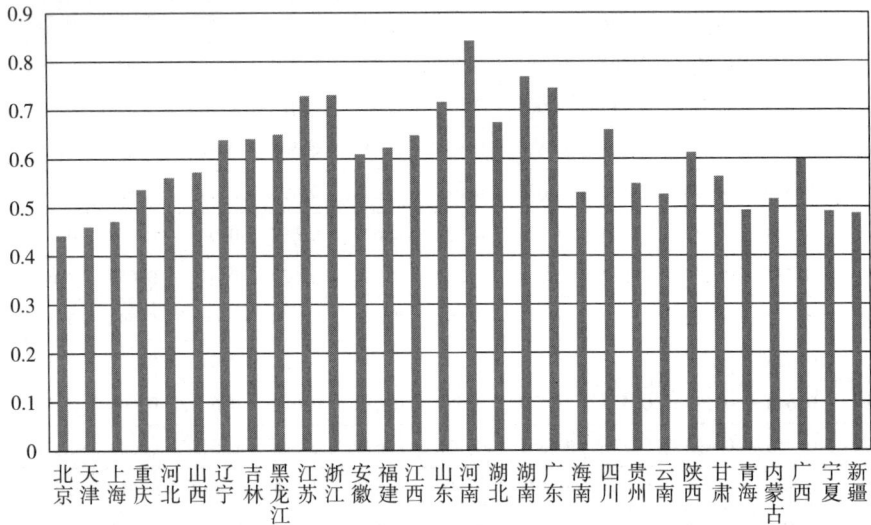

图 9 - 1 2018 年我国各省际粮食安全水平

（2）优化农业结构。2018 年各省份农业高质量发展从优化产业结构水平子系统来测度的总体情况如图 9 - 2 所示，全国平均水平 0.583，从各子系统的纵向测评数据比较，我国的农业结构还有较大的优化空间，呈现出直辖市、东部、南部，沿海省份这些经济较发达地区的乡村振兴水平、农业高质量发展的产业结构优化水平较高，与经济的发达程度正相关，与城镇化的发达程度正相关。而中西部地区的农业结构优化上主要体现在第一、第二、第三产业的融合水平有较大的发展空间，从农业的投资强度、农业的开放程度、农业的产业结构上都可待进一步加强。

（3）完善市场机制。乡村振兴视角下的农业高质量发展，在市场机制的完善上，各省份的差异较大，直辖市、农业大省在市场机制完善度上都有较好的水平，主要体现在非国有投资能力较强，资本要素对市场的完善程度有较好的促进，新型农业经营组织对市场的把握能力有了很大的提高，新型农业创客、新型农民与合作社的升级、家庭农场的升级对传统的小农户生产经营组织有较大的改善、提高，这些因素推动了市场机制的完成。但是从总体上看，我国的农业市场机制的完善水平与我国农业高质

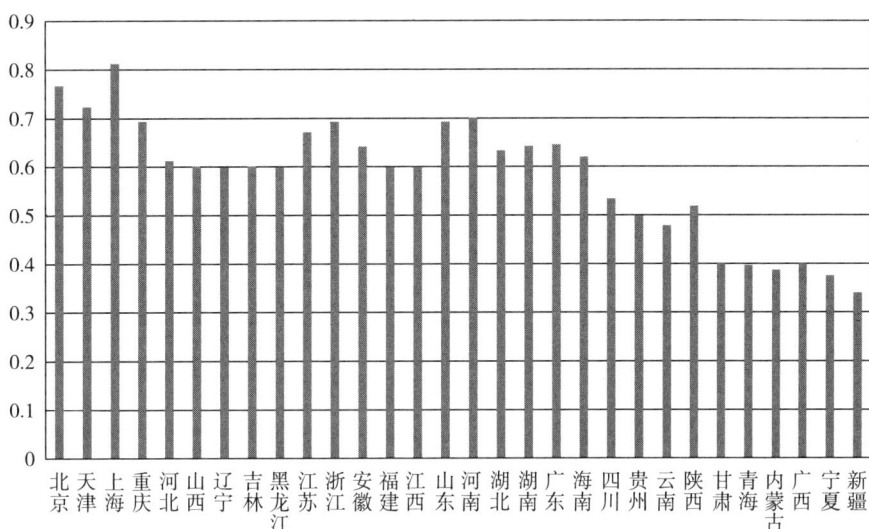

图 9 - 2　2018 年我国各省际优化农业结构水平

量发展还有较大的差距，一方面农业的自然特质客观上制约了市场机制完善，另一方面对我国的农业高质量发展的市场机制完善提出了更高的要求，特别是东北、中部、西部地区更需加强新型生产经营组织的培育，增加非国有资本对农业的投入，增强农业的保险、金融等市场化措施来促进农业高质量发展。各省份情况如图 9 - 3 所示。

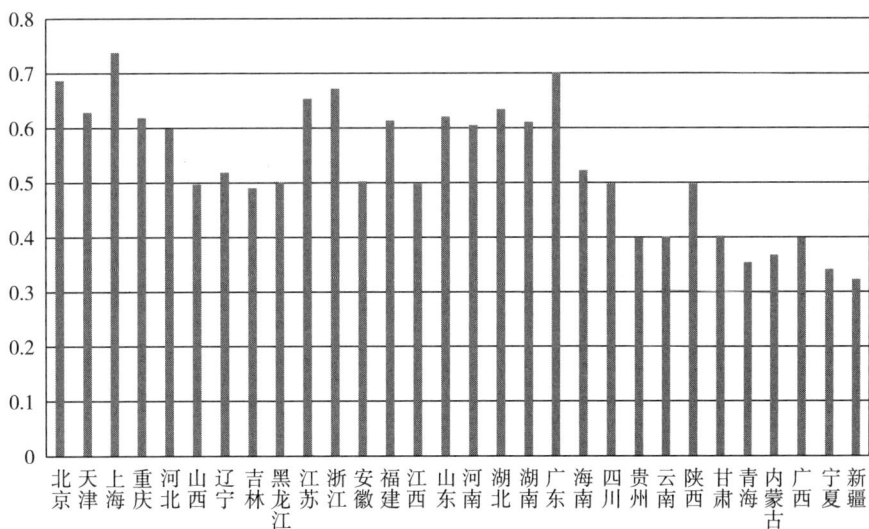

图 9 - 3　2018 年我国各省际完善市场机制水平

（4）促进农业经济。从 2018 年各省际促进农业经济水平来分析，如图 9-4 所示，江苏、浙江、湖南、湖北、河南五个省份都有较好的水平，表明近年来，对加强乡村振兴战略的农业经济稳健发展起到了很好的作用，这些省份的农业第一、第二、第三产业融合发展能力强，农业第一、第二、第三产业的增加值发展速度较快。以农业为引擎带动了农村第二、第三产业的健康发展，为农业经济带来的活力。单位产出能力也较强，表明农业大省在全国范围内正在发挥着农业经济重要的稳定器作用。但是，我国的农业经济大而不强，在国民经济的比重不断下降，农民从事农业的积极性不高，农民的非农收入比重远超从事农业收入的比重，这些问题需要引起我们的重视。

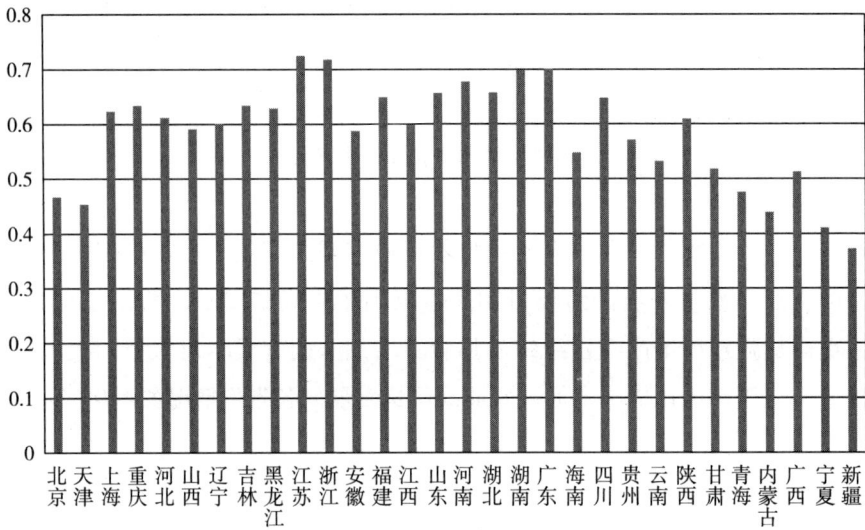

图 9-4　2018 年我国各省际促进农业经济水平

（5）创新驱动发展。创新是农业高质量发展的引擎、驱动器、动力之源。分析中，最多的测度指标变量是这个子系统，涉及面广、内容多，牵涉长期的创新投入、创新机制、创新能力、创新成果应用、创新所带来的劳动效率、投资效率、生产效率、生产要素节约效率的提高，创新所带来的效率提升，反过来驱动农业高质量发展。从测度情况看，如图 9-5 所示，北京、上海引领全国创新水平，和北京、上海的经济水平、创新能力、创新机制有着密切的联系，但是从前面的测度可以看出，北京、上海的农业产出并不是最优和最多的，这就是我国的农业高质量发展的结构性矛盾，需要在省际之间、区域之间加强创新驱动的联动、协同、融合，来推进我国农业创新驱动的高质量发展。

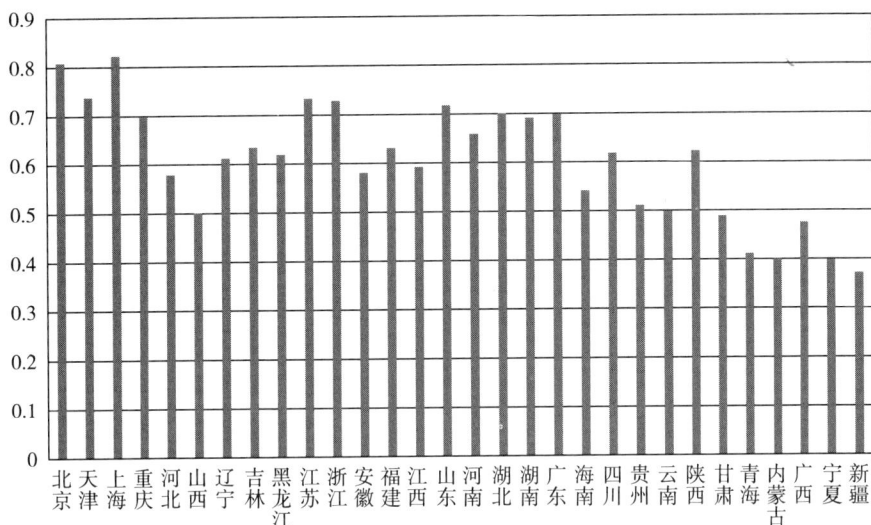

图 9-5 2018 年我国各省际创新驱动发展水平

（6）完善基础设施。2018 年，我国各省际农业高质量发展上完善基础设施水平如图 9-6 所示，北京、上海、天津三个直辖市的水平领先全国，高出青海、宁夏、新疆三个省份 40%，从全国的平均水平看，我国的农业高质量发展在基础设施完善上还有很大的发展空间，主要体现在信息化建设、物流体系建设、农村农业的科教文卫建设、农村交通设施建设等众多领域。农业农村的基础设施建设与国家的经济水平密切相关，更需要创新投入机制，通过多元投入又快又好地推动农业农村基础设施的建设。

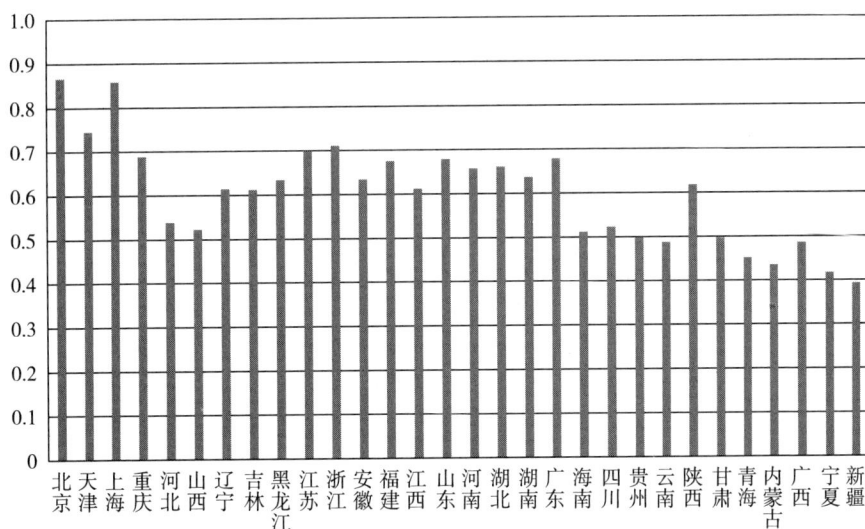

图 9-6 2018 年我国各省际完善基础设施建设水平

177

（7）传承传统文化。2018 年，我国各省际农业高质量发展上传承传统文化水平如图 9 - 7 所示，传承传统文化是乡村振兴战略"五个振兴"中乡风文明的内容。农业高质量发展水平把传承传统文化发展水平作为一个子系统，在于说明农业农村在传承传统文化中扮演着重要的角色，农业农村是传统文化的发祥地、传承地。与农业农村生生不息的民族精神息息相关，从测度的水平来看，我国各省际在传承传统文化上都有一定的水平，总体分布比较均衡，呈现出经济发达地区与中部地区较好的局面，反映出投资强度与以文化人在农业农村中的重要作用与地位。

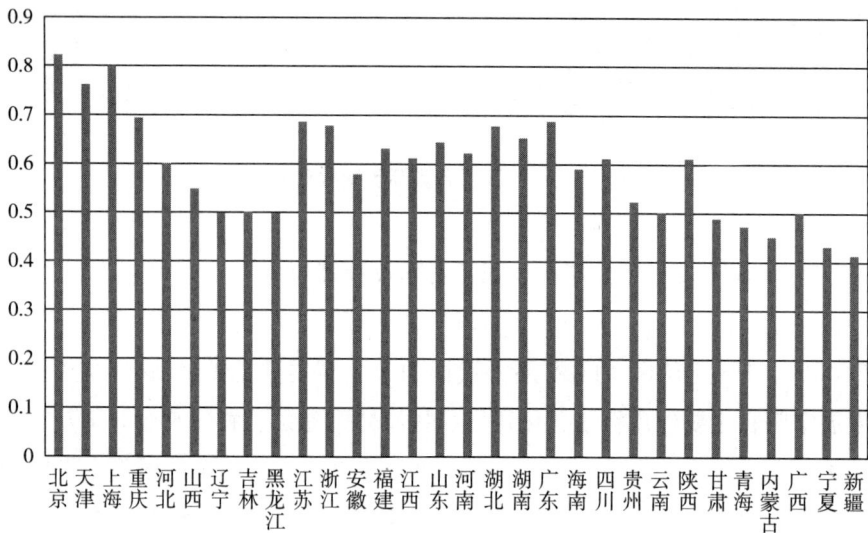

图 9 - 7 2018 年我国各省际传承传统文化水平

（8）建设生态文明。2018 年，我国各省份建设生态文明水平如图 9 - 8 所示，生态文明建设是我国五大发展理念之一，是乡村振兴战略的核心内容之一，也是世界性的课题，农业高质量发展在建设生态文明水平中应该有自己的重要作为与价值。近年来，我国十分重视农业农村的生态文明建设，取得了很好的成绩，从测度结果可以看出，除了北京、上海两个经济发达的直辖市外，其他地区的差异不是特别大，充分表明了我国在农业农村生态文明建设上所取得的成就。下一步重点是加强水土保持、土壤改良、森林绿化这些长期的工作，加大投入力度，加大治理机制完善。

（9）促进治理有效。2018 年，我国各省际促进治理水平如图 9 - 9 所示，治理有效是乡村振兴战略的核心内容之一，是农业高质量发展的必然要求，在测度中得出，北京、天津、上海的农业农村治理引领全国水平，江苏、重庆、浙江、湖南、湖北、河南、广东等水平也相对较高，这些省份在农业农村的法治建设、村民自治建设、均衡发展、贫困发生率的控制上都取得了好的成绩，在带动全国的农业农村治理上起了示范引领的作用。在乡村治理上，还有一些省份的水平较低，需要加强。

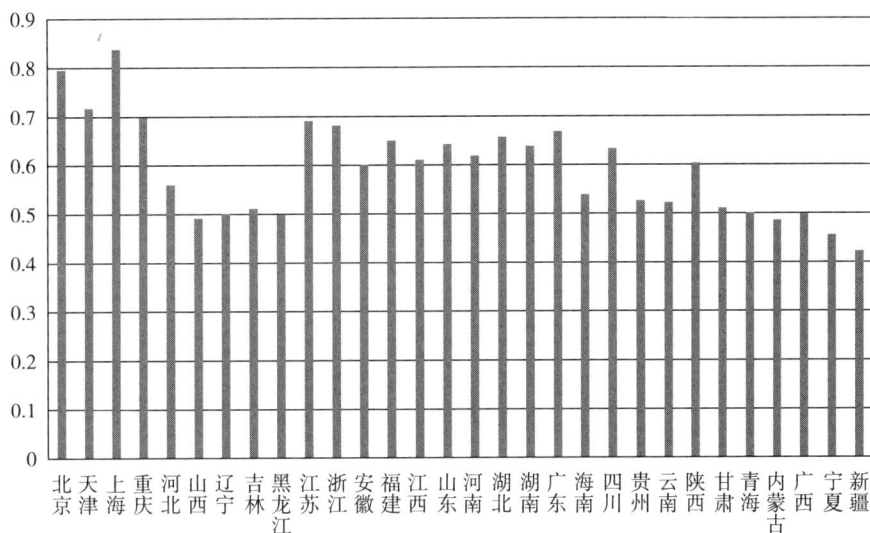

图 9 – 8　2018 年我国各省际建设生态文明水平

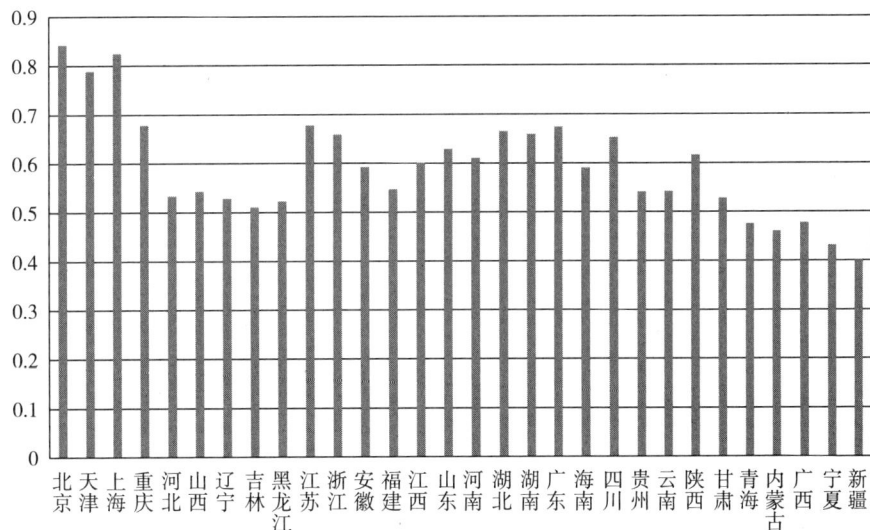

图 9 – 9　2018 年我国各省际治理有效水平

（10）发展成果惠民。2018 年，我国各省份在乡村振兴视角下农业高质量发展成果最终惠及民生水平如图 9 – 10 所示，总体上差异较大，最好与最差之间有一部分差异，表明我国农业高质量发展水平总体也存在着较大的差异，在成果惠及人民群众上还有很大的空间需要努力。除北京、上海、天津外，其他省份差异缩小了很多。对于乡村振兴战略中生活富裕的核心内容，最终惠及民生的总的要求上，我们还要加大力度。这也体现在城乡差异、城乡没有很好地融合发展、城乡公共设施与公共服务没有均等化这些重要的问题。

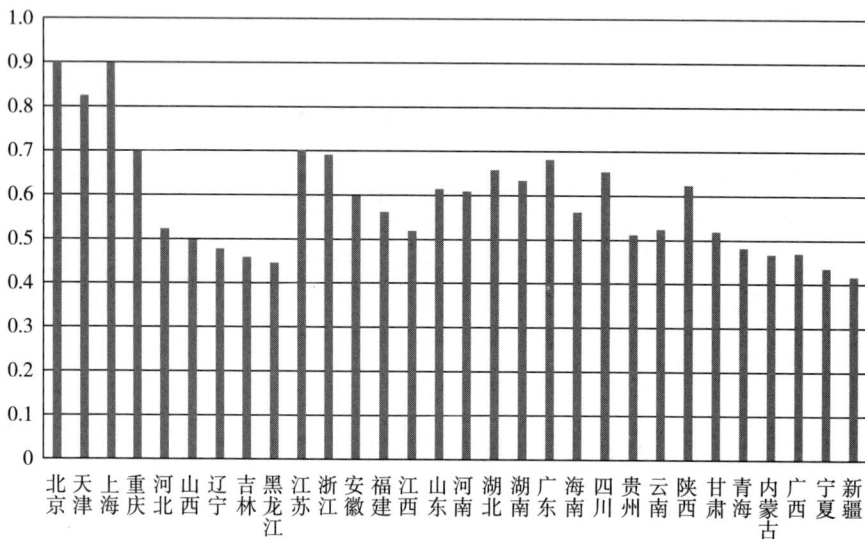

图 9 – 10　2018 年我国各省际发展成果惠民水平

（二）乡村振兴视角下农业高质量发展综合水平分析

2018 年，我国 30 个省份农业高质量发展综合水平实证结果如图 9 – 11 所示。可以发现考察期内我国农业高质量发展综合水平分布于 3.944 ~ 7.629，其中最高为上海（7.692），最低为新疆（3.944），相差将近 1 倍，虽然我国乡村振兴战略指引下的农业高质量发展起步晚，整体水平还不高，不同省份之间存在着明显的差异，但是发展的空间和潜力同样明显。依据测度结果得分水平，将 30 个省份划分为一类、二类、三类，一类代表水平较强、二类代表水平中等、三类代表水平较弱。

一类省份有上海、北京、江苏、浙江、广东、天津、重庆，二类省份有山东、湖南、湖北、河南、福建、四川、陕西、安徽、河北、江西、辽宁、吉林、黑龙江、山西、海南，三类省份有贵州、云南、广西、甘肃、青海、内蒙古、宁夏、新疆。总体符合正态分布，二类省份占一半，一类与三类共占一半，并且数量相当。一类省份都是经济发达地区，经济发展对农业的反哺能力强，基础设施相对完善，创新驱动农业高质量水平较高，再加上市场要素活跃，农业开放程度和开放水平都有效，对农业的产出经济的投资强度、产出能力、产出质量、产出数量都有很好的促进作用。二类省份大多是我国的农业大省，对于确保粮食安全、稳定农业发展大局起到重要作用，发挥着不可替代的价值，但是在农业高质量发展的过程中受资金、人才、技术的影响，没能充分发挥其价值，有待进一步挖掘土地资源、劳动力资源、生态资源、技术资源要素价值，在确保各自省份农业高质量发展的同时，更好地发挥区域协同效用。三类省份由于自然地理条件、传统要素约束，农业基础条件薄弱，劳动力、技术、资金、生态环境资源要素严重受制，在农业高质量发展水平上存在明显的不足。

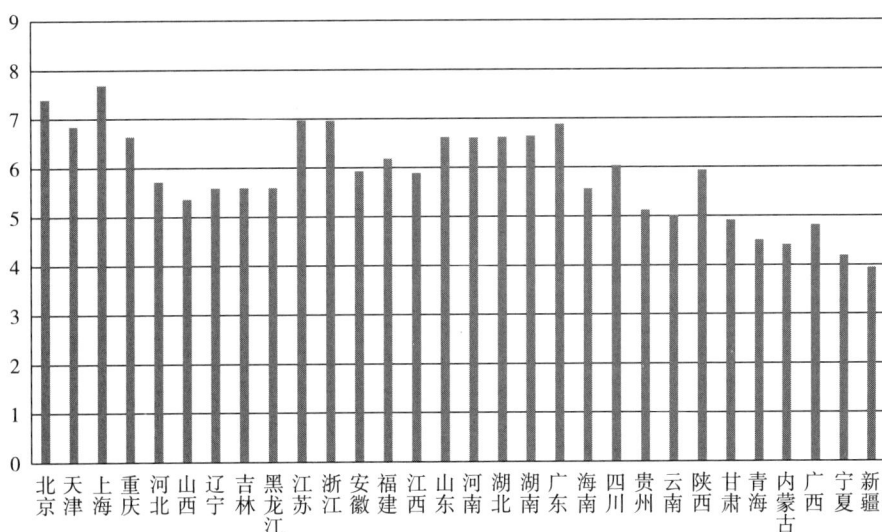

图 9 - 11　2018 年我国各省份乡村振兴视角下农业高质量发展综合水平

从我国东部、中部、西部三个大的区域来划分各省份所处的自然资源、地理位置的空间分布（见表 9 - 3），以利于更加促进区域协同、发挥各自不同的优势，齐头并进使推动乡村振兴视角下的农业高质量发展。东部最强、中部次之、西部最弱，与我国的经济发展水平梯度结构基本一致，因此，一是要做好三个区域之间的协同，二是要做好区域内各省份之间的协同。

表 9 - 3　三种类型农业高质量发展水平省份区域分布

类型/区域	东部区域	中部区域	西部区域
一类	上海、北京、江苏、天津、广东、浙江	—	重庆

类型/区域	东部区域	中部区域	西部区域
二类	山东、福建、辽宁、河北、海南	湖南、湖北、河南、安徽、吉林、黑龙江、江西、山西	四川、陕西
三类	—	—	贵州、云南、广西、甘肃、青海、内蒙古、宁夏、新疆

五、研究结论及对策

（一）研究结论

基于构建面向乡村振兴战略视角下的农业高质量发展水平测度体系，借助灰色关联与熵权法相结合的测评方法，对2018年我国30个省份农业高质量发展各子系统水平及综合水平进行测度比较研究，并分析其空间布局规律，得出主要结论如下：

（1）农业高质量发展总体水平不高。实证结果表明，我国总体评价值普遍低于0.61，当前农业发展质量依然还处于较低水平，与国际上农业发达国家比较还有一定的差距，主要原因是新中国成立以来，我们首先是以重工业、国防工业、城市建设为重心，在改革开放时期又集中了优势资源推进城市、城镇化建设，大量的农村人口、农村资金、农村资源向城市流动，再就是农业在经济发展过程中，在经济总量中所占份额不断下降，农业产业的附加值提升处于比较劣势，因此，通过计量研究的结果与经验分析的结果是一致的，我们从量化的角度厘清了农业发展质量总体不高的现状，为农业高质量发展廓清了基础。

（2）制约农业高质量发展的短板明显。"强点不强，弱点恒弱"是我国各区域农业高质量发展面临的困境和难题。总体而言，东部沿海地区在农业发展质量要略好一些，但依然存在粮食自给能力较差、高品质农产品性价比不高、品质生态农业发展不足、农业品牌不强、单位面积投资强度不够等问题突出；西南、西北地区在农业高质量发展方面面临的困难和挑战相对较多，主要表现为要素利用能力较低、新型市场化的生产经营水平较低、产出效益能力较低、生态可持续发展压力大、存在土地沙漠化问题。

（3）农业高质量发展在国民经济中价值有待提升。在整体经济方面，国家对农业经济的依存度不高，从上海、北京的经济强势与粮食安全保障的低分，但依然处于总体水平很高的结构性矛盾可以得出，经济在面源上对农业的依存度低。经济社会发展中的生态问题、粮食安全问题、耕地保护问题、文化传承问题，在政策制定、具体实施方案上彼此脱节，在执行上存在一定偏差。或者说，在乡村振兴视角下农业高质量发展的理论构建、立法保障、舆论环境、农业伦理问题的认识上不足、保障上不力、创新性成果较少。东部地区的经济较发达，但是在发挥率先突破、辐射带动的作用上动力机制缺乏。长期以来，一类地区在统筹要素配置、协调联动发展方面作用不够突出，对周边地区的辐射带动效应不明显，各区域在农业高质量发展单打独斗的现象相当普遍。

（4）农业低质量发展区域依旧连片存在。农业低质量发展区域呈现出一定的空间特征，在分项维度的评价中这一特征表现得更加明显。西部农业发展质量总体评价值较低，除了粮食综合生产能力水平国家强势保障外，其他子系统评价值较其他区域普遍偏低，特别是生态综合治理、品质农业、品牌农业上没有形成可持续发展的长效机制，传统的种养业占据绝大多数空间，多功能农业，农业第一、第二、第三产业的融合发展质量在中西部地区普遍不高，与东部地区对比有明显差异。

根据上述研究结论，为积极推动我国乡村振兴战略部署下的农业高质量发展水平全面提升和各区域、各省际之间的协同水平提升，提出以下对策。

（二）对策建议

（1）高度重视乡村振兴战略思想，推进农业高质量发展理念由追求数量向追求质量有序转变。当前，我国农业高质量发展的整体水平较低，矛盾突出。政策性体系、制度性框架与典型示范上结合度不高，根源在于，对于农业高质量发展的思想认识还不够，对于农业农村优先发展理念的理解还不到位，导致了农业的从属地位、依附型价值没有从根本上改变。因此，必须全方位、系统性地从根源上正本清源，澄清乡村振兴战略的伟大意义、农业农村优先发展的价值与作用，正确理解农业高质量发展与国民经济社会可持续发展的融合关系。据此，要以本章提出的新时代乡村振兴战略视角下农业高质量的逻辑主线为基础，探寻我国因地制宜的农业高质量发展路径，制定科学合理的农业高质量发展的调控体系，包括乡村振兴与农业高质量发展的立法、财政政策与金融政策、创新驱动政策、农业农村农民的主体地位政策，及制定实施举措、实施办法，从而从思想上认识、从法律上保障、从制度上支撑、从措施上落实乡村振兴战略，落实农业高质量发展的稳健推进。

（2）制定全方位框架下农业高质量发展综合水平提升政策体系，推动我国农业高质量发展各子系统水平的全面提升。本章在大量研究文献、研究成果的基础上构建了复合型的十大子系统和 75 个测评指标，并对每个指标进行了分析和描述，每个子系统都彼此关联，各个子系统内的各个测评指标又彼此关联，是一个复合表征的综合水平测度。即使是北京、上海、江苏、广东这样的一类省份，也存在着各子系统之间发展不均衡的现象。因此，要因省施策、因地区施策，有针对性地研究各个省份、各个区域的农业高质量发展水平提升路径、完善方式、改进措施，有针对性地出台优惠政策、扶持政策和优先政策，从而为全面提升我国农业高质量发展水平起到有效的促进作用。

（3）实施全地域协同提升策略，统筹兼顾推进各区域省际农业高质量协调发展，缩小区域差距、缩小省际差距。通过模型测度发现，我国各地农业高质量发展的差异性比较明显，发展的协调性偏弱。因此，应注重发展的协调性，消除发展的不平衡性。要进一步健全协调发展机制，打破限制农业高质量发展的地理空间边界，充分利用各地区在空间分布上呈现的比较优势，打破空间壁垒，促进资源和要素充分流动，形成区域、省际之间农业产业集聚效应。从国家全局出发，积极推动各区域、各省际之间的协同政策出台，通过推动创新成果空间溢出、资源要素高效配置、市场完善经验分享、市场成果共享等多种方式增加区域协同、区域融合，增强省际优势互补，最终实现以强带弱、由点到位再到体，推动我国乡村振兴战略下的农业高质量水平均衡、快速发展，共享发展成果。

（4）构建全国性乡村振兴视角下农业高质量发展水平测度协同研究机构。为统筹推进乡村振兴视角下农业高质量发展提供理念支持，为解决农业、农村、农民工作中发展不充分、不平衡问题提供新思路、新办法、新措施。因此，构建全国性监测、评价体系显得非常重要，有利于及时发现、总结、提炼出乡村振兴视角下农业高质量发展水平的实践经验和存在的问题，同时，推动测度体系的进一步完善，建立起全国性的较为完备的农业高质量发展的大数据中心、大数据库，把农业高质量发展测度作为一项持续性的研究工作不断推向新的高度。

参考文献

［1］张军. 乡村价值定位与乡村振兴［J］. 中国农村经济，2018（1）：2-9.

［2］魏敏，李书昊. 新时代中国经济高质量发展水平的测度研究［J］. 数量经济技术经济研究，2018（11）：3-20.

［3］韩长赋. 大力推进质量兴农绿色兴农　加快实现农业高质量发展［N］. 农民日报，2018-02-27（001）.

［4］钟钰. 向高质量发展阶段迈进的农业发展导向［J］. 中州学刊，2018（5）：40-44.

［5］沈琦，胡资骏. 我国农业现代化评价指标体系的优化模型——基于聚类和因子分析法［J］. 农业经济，2012（5）：3-5.

［6］杨少垒. 我国农业现代化评价指标体系构建研究［J］. 经济研究导刊，2014（17）：18-

20,35.

　　［7］李丽纯．基于灰色优势分析的中国农业现代化水平测度与波动趋势分析［J］．经济地理，2013，33（8）：116－120.

　　［8］柯炳生．农业高质量发展是农业品牌建设的基础［J］．农产品市场周刊，2018（3）：20－21.

　　［9］张挺，李闽榕，徐艳梅．乡村振兴评价指标实证研究［J］．管理世界，2018（8）：99－105.

　　［10］［美］舒尔茨．改造传统农业［M］．北京：商务印书馆，1999.

　　［11］［日］速水佑次郎，［美］弗农·拉坦（Vernon W. Ruttan）．农业发展的国际分析［M］．郭熙保，张进铭等译．北京：中国社会科学出版社，2000.

　　［12］L. Fu，J. Li. Comprehensive Evaluation and Research on China's Public Culture Service System Based on AHP Method and Entropy Weight Method［J］. Journal of Chemical & Pharmaceutical Research，2014（6）：230－238.

　　［13］Luo Wanchun et al. The Evaluation Model of a Country's Health Care System Based on AHP and Entropy Weight Method［J］. International Journal of Applied Mathematics & Statistics，2014，52（4）：70－83.

　　［14］Saaty，Thomas L. What is the Analytic Hierarchy Process? Mathematical Models for Decision Support［M］. Springer－Verlag New York，Inc.，1988.

　　［15］Zhang Qizhe. An Evaluation System of Sustainable Development Based on the Analytic Hierarchy Process（AHP）and Entropy Weight Method［R］. International Conferenceon Advances in Energy，Environment and Chemical Science，2016，10. 2991/aeecs－16. 2016. 29.

企业发展篇

第十章

民营企业高质量发展与湖南对策研究*

内容提要： 新时期，民营企业是推动我国经济高质量发展的重要主体，加快建立高质量的民营企业体系是实现我国经济高质量发展的重要支撑。民营企业高质量发展需要具备创新驱动发展、资源能力突出、产品服务一流、运营开放透明、管理机制有效、综合绩效卓越、社会声誉良好等特质。一方面，湖南的民营企业在经济贡献能力、产业布局合理性、科技创新能力提升、现代企业制度完善、对接国家战略、开放引领发展等方面都取得了显著成效，为其实现高质量发展奠定了一定的经济基础；另一方面，湖南省大力开展"双创活动"、积极鼓励科技创新、着力推动企业转型升级等措施为民营企业的高质量发展提供了有利的政策条件。同时，湖南省的民营企业高质量发展也面临创新发展动力不足、要素支撑能力不力、产品服务水平不高、管理机制不完善、综合价值创造能力有待进一步提升等问题。基于此，我们从进一步推进科技创新、完善要素资源配置、力促企业转型升级、明确企业社会责任、强化政府政策引导等方面提出了促进湖南民营企业高质量发展的具体对策。

关键词： 民营企业；创新驱动；高质量发展

核心观点：

（1）民营企业的高质量发展是指民营企业为了追求高水平、高层次、高效率的经济价值和社会价值创造，以塑造卓越的企业持续成长和价值创造能力为目标的发展状态或发展范式。

（2）"创新型省份"建设为湖南民营企业的高质量发展提供了重要的发展机遇，尽管湖南省的民营企业高质量发展具备了一定的经济基础和政策条件，但是在创新驱动

---

* 本章为湖南省哲学社会科学规划基金项目（18YBQ052）、湖南省社会科学成果评委会课题（XSP20YBC122）和湖南省教育厅科学研究项目（18C0307）的阶段性成果。

发展动力、要素支撑能力、产品服务水平、管理机制以及综合价值创造方面与民营企业高质量发展标准还存在一定的差距，因此，促进湖南民营企业高质量发展需要从这五个方面提出切实可行的推进对策。

一、引 言

改革开放40多年来，中国民营企业不断成长壮大，由从前拾遗补阙的地位发展为国民经济不可或缺的重要部分，在稳定经济、促进创新、改善民生、提高生产要素市场化程度和推动国民经济持续健康发展等方面发挥着不可替代的重要作用。党的十九大报告明确提出，未来将"毫不动摇鼓励、支持、引导非公有制经济发展""激发和保护企业家精神""支持民营企业发展"，这不仅坚定了民营企业家的信心，也给未来民营企业的健康发展提供了重要发展机遇。当前，中国经济正处于"爬坡过坎"、提质增效向高质量发展转型的关键时期，经济下行压力大，民营企业的发展也遇到了一些挑战，如生产要素成本上升过快、融资难融资贵、税收负担重、制度性交易成本高等，特别是近年来出现了民间投资方向不明、意愿不强、动力不足的情况。针对这些问题必须要加快政府职能转变，进一步改善民营企业的发展环境，全力推进民营经济的高质量可持续发展。由此可见，民营企业的战略地位举足轻重，推动民营企业高质量发展意义重大。

"十三五"期间，湖南省重点推进产业结构调整，促进经济转型发展，基本实现了国有经济和民营经济和谐发展的良好格局，民营企业不断发展壮大，发展成效显著，成为促进省域经济发展的重要力量。在深刻理解我国民营企业高质量发展基本内涵和现实价值的基础上，全面分析湖南民营企业高质量发展的基础和条件，剖析其面临的困难和问题，可以为湖南民营企业的高质量发展探索新思路、新模式和新路径，对进一步推进湖南省"创新型省份"建设，促进湖南整体经济的高质量发展具有重要现实意义。

二、民营企业高质量发展的基本问题

（一）民营经济发展的"根基"

如何理解和对待民营经济，既是改革开放以来长期争论不休的一个理论难题，也是实际经济工作中反复遇到的一个实践难题。民营经济发展的基本定位及其发展的根基是什么？总结概括起来大致可以分为"必要补充"——"重要组成部分"——"重要基础"三个阶段。1981 年 6 月，党的十一届六中全会提出"一定范围的劳动者个体经济是公有制经济的必要补充"。1995 年，党的十四届五中全会指出"在积极促进国有经济和集体经济发展的同时，允许和鼓励个体、私营、外资等非公有制经济的发展，并正确引导、加强监督、依法管理，使它们成为社会主义经济的必要补充"。1997 年，党的十五大首次提出长期坚持的"非公有制经济是我国社会主义市场经济的重要组成部分"。2013 年 11 月，党的十八届三中全会首次明确提出"公有制经济和非公有制经济都是我国经济社会发展的重要基础"的"两个都是"论断。这一论断科学分析和深刻阐明了毫不动摇鼓励、支持、引导非公有制经济发展，促进我国经济持续健康发展的基础作用和意义。2016 年"两会"期间，习近平总书记用"六个重要"高度评价非公有制经济的重要地位和作用，"非公有制经济在稳定增长、促进创新、增加就业、改善民生等方面发挥了重要作用，是稳定经济的重要基础，是国家税收的重要来源，是技术创新的重要主体，是金融发展的重要依托，是经济健康持续发展的重要力量"。2018年 8 月以来，国务院常务会议更是持续聚焦民营经济发展问题，从财税、金融、审批、服务等多个方面制定了具体举措，旨在为民营企业减税降费、破解融资难题、消除市场进入障碍和优化营商环境。2019 年《政府工作报告》中也多次提到民营企业和民营经济，提出要促进民营企业发展和转型升级。

　　一系列密集政策措施的出台不仅肯定了民营经济的重要地位和作用，也反映了政府对民营经济发展的重视，更进一步肯定了"民营经济是我国社会主义市场经济的重要组成部分和我国社会经济发展的重要基础"的论断，是充满中国智慧、具有中国特色的思维判断，可以将其视为现阶段我国民营经济发展的根基。

（二）民营企业高质量发展的内涵

　　民营企业高质量发展是一个包容了多个词汇的复合型概念，由"民营企业""高质量""发展"等多个词汇组成，其中"高质量发展"是在经济层面提出的一种表述，"民营企业"也是普遍意义上企业类型中的一种。因此，理解民营企业高质量发展不仅需要理解中国经济高质量发展的特殊背景，还需要理解企业高质量发展的内涵。

　　高质量发展是在党的十九大报告中提出的新表述，具体阐述我国经济要走高质量发展的道路。相关专家、学者从不同的角度对高质量发展进行了不同的理解，国家发改委经济研究所课题组（2019）从供给侧视角认为，高质量发展的核心内涵是供给体系的高质量、高效率和高稳定性。任保平、李禹墨（2018）从社会经济统筹发展的角度指出，应从经济发展、改革开放、城乡发展、生态环境和人民生活质量五个方面来评价高质量发展。李伟（2018）从生产效率、收入分配等方面考察高质量发展，认为高质量发展是指高质量的供给、需求、配置、投入产出、收入分配和经济循环。金碚（2018）从五大发展理念的角度理解高质量发展内涵，认为高质量发展是区别于高速增长的一种经济发展状态，创新、协调、绿色、开放、共享五大发展理念就是高质量发展的评价准则。由此可见，高质量发展是在原有依靠要素投入拉动经济增长的粗放式发展方式不可持续的背景下提出的，强调"质量第一，效益优先"的新型发展方式。基于这一推演逻辑，黄速建等（2018）认为，也可以将企业的高质量发展认定为一种新状态，即企业已经实现或处于高水平、高层次、更加卓越和优秀的发展状态，在这种状态下，企业摒弃以往以规模扩张为目标、仅依靠要素投资驱动发展的粗放式发展方式，走提供高品质产品和服务、强调合作共赢、注重实现经济价值和社会价值创造双重目标、重视塑造企业持续成长素质和能力的发展范式。戴国宝、王雅秋（2019）认为，企业的高质量发展具备以下五个方面的特征：一是由过去粗放式经营转向创新驱动发展；二是由过去的单一的自我发展转向协同发展；三是由过去的只注重产品销售转向提供稳定、安全可靠、品质有保证的产品；四是由过去家族式管理转向透明开放式运营管理；五是由过去独享财富转向与员工、客户及利益相关者共享财富。由此可见，企业高质量发展可以被理解为一种企业发展方向和范式选择，是企业集约式、内涵式发展和可持续发展范式的综合体现。

综合上述观点，我们将民营企业高质量发展的概念理解为：民营企业为了追求高水平、高层次、高效率的经济价值和社会价值创造，以塑造卓越的企业持续成长和价值创造能力为目标的发展状态或发展范式，这一发展范式和状态的企业具备创新驱动发展、资源能力突出、产品服务一流、运营开放透明、管理机制有效、综合绩效卓越、社会声誉良好等特质。

（三）新时期民营企业高质量发展的现实价值

民营企业是我国经济制度的内在要素，是推进社会主义市场经济发展的重要力量，是推动经济高质量发展的重要主体。2018 年，习近平总书记在民营企业座谈会上的讲话中明确提出，推动我国经济向高质量发展，需要民营企业和民营企业家有新的更大作为，激发其内在创新创造活力，在质量变革、效率变革和动力变革等方面做带头兵，加快建立高质量的民营企业体系是实现我国经济高质量发展的重要支撑。新时期，要进一步更高质量地解放我国的社会生产力、推动全面深化改革、满足人民美好生活需要、推进社会主义现代化建设需要民营企业的高质量发展，这也是民营企业高质量发展的现实价值。

（1）民营企业高质量发展有利于进一步更高质量地解放和发展我国社会生产力。

改革开放以来，我国基本经济制度逐步完善，基本形成了国有经济和民营经济和谐竞争的发展格局。特别是党的十八大以来，系列政策措施不断解决了民营企业发展的"三座大山"，激活了民营经济发展活力，提升了民营资本要素在国民经济中的有效配置，提升了我国人力资本整体水平和科技创新能力，提高了劳动效率、生产效率和全要素生产率，有力地推动了我国社会生产力的解放和发展。2017年，规模以上私营工业企业研发人员、研发经费和研发项目数在总体工业企业中的占比分别为28.9%、26.53%、38.74%，专利申请书占比为33.06%，新产品销售收入占比为26.21%，实现产品创新的企业占比为25.2%。但是，从发展质量、水平和效益上来说，我国仍存在生产力发展不平衡、创新能力不强等问题。因此，新时代推动民营企业高质量发展就是要进一步更高质量地推动我国社会生产力的解放和发展。

（2）民营企业高质量发展有利于进一步更高质量地推动我国全面深化改革。党的十八大以来，党和国家进一步破除制约民营企业发展的体制机制，优化了民营企业发展的营商环境，推进民营企业发展需要的现代市场体系发展完善和财税体制改革，推动解决中小企业融资难、放开市场准入、建设民营企业发展的公共服务体系等政策的落地落实。民营经济的快速发展推动了全面深化改革进程。2017年，在相关政策的引导下，民营资本投资信心明显增强，民营资本在高新技术、医疗卫生、计算机通信等设备、水利环境和公共设施等领域增长均超过20%。新时代，我国要实现更高质量的发展，实现治理现代化，需要全面深化改革攻坚战。这需要民营经济的高质量发展，以推动我国全面深化改革，实现市场经济与我国基本制度的高效结合，建立现代化的市场经济体系。

（3）民营企业高质量发展有利于进一步更高质量地满足人民美好生活需要。民营企业的快速发展，丰富了居民的消费选择，扩大了社会就业，完善了收入分配制度和社会保险制度，显著提高了人民生活水平，有力推进了我国实现共同富裕和共享发展。国家统计局数据显示，2017年，私营企业和个体就业人数为34107万元，占全部就业人数的比重为43.9%，其中私营企业就业人数19881.7万人，规模以上私营企业吸纳就业人数3271万人，占规模以上工业企业吸纳就业人数的36.9%。同时，民营企业在批发零售、住宿业和餐饮等服务业领域也实现了快速发展，2017年，限额以上批发零售业、住宿业和餐饮业的私营法人企业数量分别为6.1万个、9589个和1.72万个，各自行业的占比分别高达60.43%、48.48%和66.38%。这些民营企业的营商活动极大地增加了人民群众消费的便利性和多样性，提高了人民群众的消费水平，推动了我国经济社会发展。新时期，为解决"满足人民对美好生活的日益增长需要"这一社会矛盾，更高质量地满足人民美好生活需要，需要民营企业进一步发挥更大作用，更高质量地发展和壮大。

（4）民营企业高质量发展有利于进一步更高质量地推进我国社会主义现代化建设。

近年来，民营企业在社会事业、技术创新、产品创新、高端制造、对外贸易等领域不断拓展，并涌现出了一大批优秀民营企业，其在社会主义现代化建设中扮演着越来越重要的角色。2017年，规模以上私营工业企业数21.51万户，资产总量24.26万亿元，主营业务收入38.10万亿元，利润总额2.3万亿元，占规模以上工业企业的比重分别为57.1%、21.6%、33.6%和30.8%。2017年，私营企业固定资产投资为20.35万亿元，占全社会固定资产投资总额的31.7%。由此可见，我国社会主义现代化建设的高质量发展，与民营企业息息相关，民营企业也需要更高质量地发展，以更好地为我国社会主义现代化建设承担历史使命和贡献力量。

三、湖南民营企业高质量发展的基础和条件

（一）湖南民营企业高质量发展的经济基础

近年来，湖南大力调整经济结构、着力优化营商环境，全省民营企业数量攀升，规模扩大、活力迸发，已经成长为湖南省国民经济发展中最具有活力和生命力的一个经济体，湖南民营经济的快速发展为民营企业的高质量发展奠定了坚实的基础。

（1）企业数量快速增长，经济贡献能力不断增强。一是民营企业数量快速增长，如表10-1所示，2005~2017年，湖南民营企业数量由8.4万户增长至63.9万户，年均增长率高达55%；雇佣工人数量由170.3万人左右增至248.5万人左右；注册资本金总额也由1437亿元增加至3865亿元，增长了3倍多。二是民营企业的经济贡献能力不断提升，如表10-2所示，2005~2017年，湖南非国有经济增加值由3456.89亿元增加至20524.76亿元，增加了将近6倍，且非国有经济占比也不断攀升，2017年这一数值更是超过60%。三是民营经济在投资拉动经济增长中的作用突出，2005年，湖南省民营企业在全社会固定资产投资中的比重为60.96%，能拉动0.6个百分点的GDP增速，到2017年这一比重也增加至66.8%，拉动0.82个百分点的GDP增速。四是民营企业为增加财政收入做出了积极贡献，2017年，民营企业上缴税收2040.3亿元，同步增长23.1%，占全省税收总额的57.8%。五是民营企业在扩大就业和提升人民消费水平方面的贡献能力不断增强，2017年，全省城镇个体私营企业从业人数达到1272.86万人，占全省城镇从业人员总数的33.35%；限额以上批发零售、住宿餐饮业中私营企业数高达6812个，占全部限额以上批发零售、住宿餐饮业企业总数的74.96%，从业人数27.47万人，占比为53.18%。

表 10 - 1 2005～2017 年湖南私营企业数量情况

年份	私营企业户数（个）	雇佣工人数（人）	注册资本金额（万元）
2005	84553	1703550	14370773
2010	185260	2484149	45173514
2015	444389	5866464	219776428
2016	526139	1973310	295620462
2017	638697	2485095	386501666

资料来源：《湖南统计年鉴》（2006～2018 年）。

表 10 - 2 2005～2017 年湖南非国有经济总额及其占比情况

年份	地区生产总值（亿元）	非国有经济总值（亿元）	非国有经济占比（%）
2005	6596.1	3456.89	52.41
2010	16037.96	9027.97	56.29
2015	28902.21	17316.39	59.91
2016	31551.37	18739.85	59.39
2017	33902.96	20547.76	60.61

资料来源：《湖南统计年鉴》（2006～2018 年）。

（2）产业布局日趋合理，新兴产业领域表现突出。2005 年以来，湖南民营企业的三次产业布局不断优化，服务业比重不断提升。2017 年，全省民营企业中第一产业登记注册户数为 4.3 万户，占全部民营企业总数的 6.7%；第二产业登记注册户数为 11.8 万户，占全部民营企业总数的 18.5%；第三产业登记注册户数为 47.8 万户，占全部民营企业总数的 74.8%，第三产业中民营企业的数量远远超过第一、第二产业，成为促进全省产业结构调整和优化的重要力量。另外，随着产业结构的不断优化，民营企业在促进湖南省新兴产业发展方面也做出了重要贡献，目前已基本形成了工程机械、先进轨道交通装备、新材料等领先优势产业，以及新一代信息技术、航空航天装备、汽车制造、节能环保等比较优势产业。2017 年，战略性新兴产业中的汽车制造、电子信息和通用设备制造业等三大行业增加值分别增长 44.8%、18.3% 和 16.9%。以高新技术产业为例，截至 2017 年 12 月，高新技术企业中民营企业单位数为 4501 个，占全部高新技术企业数的 66.4%；总产值 1286.58 亿元，占全部高新技术产业总产值的 45.15%；增加值 339.91 亿元，占全部高新技术产业增加值的 41.86%。

（3）科技创新能力不断增强，创新驱动发展基础较好。在科技创新领域，湖南的民营企业也发挥了巨大潜能，成为湖南科技创新的重要驱动力量。一是民营企业的研发投入不断提升，以规模以上工业企业为例，2017 年，全省私营企业的研发人员全时当量约为4万人年,研发经费为201.9亿元,项目数为5304项,在整体中的比重分别为42.53%、43.81%、50.9%,分别高于全国平均水平13.63个、17.28个、12.2个百分点。二是民营企业的专利产出不断增加,2017年,规模以上民营工业企业的专利申请数为10193件,有效发明专利数10373件,在整体中的比重分别为47.81%和38.85%,大大高出国有企业和港澳台企业的占比。三是民营企业新产品开发效益不断提高,2017年,全省规模以上私营企业的新产品项目数为5448项,新产品销售收入3257亿元,在整体中的比重分别为53.39%、37.95%,均高于全国平均水平。四是民营企业的创新行为活跃、创新效率高,2017年,规模以上工业企业中开展了创新活动的私营企业有6136家,实现创新的私营企业有4554家,同时实现四种创新的私营企业有1295家,在整体中的比重分别为73.84%、70.83%、73.37%。

(4)现代企业制度逐步完善,市场竞争能力显著增强。随着湖南省民营企业的不断发展壮大,公司制成为民营企业普遍的组织形式,2017年公司制民营企业数占全部民营企业户数的87.38%,其中有限责任公司是最重要的组织形式,实有企业55.25万户,占全部民营企业户数的86.49%,占公司制企业总数的98.98%。近年来,全省新增17家上市公司中有16家民营企业,新增43家"新三板"挂牌企业,其中35家民营企业,湖南股交所新增641家挂牌企业,民营企业占比也高达80%以上。另外,湖南的民营企业规模大、竞争优势明显,涌现了一大批诸如新华联集团、三一集团、蓝思科技、步步高集团等中国500强企业。2018年,全省有7家企业入围中国民营企业500强,入围数排全国第13位,全省有9家企业入围中国民营制造业企业500强,2家企业入围中国民营企业服务业100强。另外,以规模以上工业企业为例,2017年全省规模以上工业企业中民营企业户数为11514户,占全部规模以上工业企业总数的75.75%,贡献了21646.86亿元的工业产值、575.19亿元的出口产值。

(5)对接国家战略积极主动,混合所有制改革初见成效。近年来,湖南民营企业主动对接国家主要战略,积极融入长江经济带建设、长株潭城市群等国家级、省级、市级各项发展规划。以2018年湖南民营企业100强为例,2017年100强企业累计参与国家发展战略计划项目144项,有73家企业参与了污染防治攻坚战项目,有29家企业积极融入和对接乡村振兴战略。在全国组织的"万企帮万村"活动中,全省共有5740家民营企业精准帮扶贫困村7429个,实施项目12772个,投入资金85.48亿元,帮扶贫困人口91.9万,参与企业数量居全国第五,实施项目数全国第三。另外,在积极响应党中央提出的混合企业所有制改革相关政策方面,湖南的民营企业也表现积极,100强企业中已有4家企业选择了参股国有企业,9家企业选择与国有企业共同发起设立新企业,而有意向参与混合所有制经济的民营企业更是多达33家。

(6)"走出去"步伐明显加快,开放发展成效显著。2018年,全省民营企业进出口总额 2126 亿元, 同比增长 37.5%, 占进出口总额的 69%, 全省有进出口实绩的民营企业 3607 家, 同比增长 507 家。湖南民营企业参与"一带一路"建设成效显著, 2018年全省对"一带一路"沿线国家实现进出口 802.6 亿元, 同比增长 36.6%。新的境外投资企业中, 位于"一带一路"沿线国家的占比高达 80.2%, 东盟地区的越南、泰国等成为湖南民营企业"走出去"的热点地区。在对外开放过程中, 湖南民营企业 100强成为"领头羊", 其中 29 家企业开展了海外投资, 累计投资总额达到 11.5 亿美元, 其中有 20 家企业参与了"一带一路"建设, 有 40 家企业有意向在未来三年对"一带一路"国家进行投资, 开放发展成效显著。

（二）湖南民营企业高质量发展的政策条件

近年来, 湖南省先后召开了多次全省民营经济工作会议、企业家工作会议, 制定出台"关于促进和保障民营经济高质量发展的决议""促进民营经济高质量发展 25 条"等文件, 这一系列举措为推动民营企业高质量发展营造了良好的发展环境, 为湖南民营企业的高质量发展创造了有利的政策条件。

（1）深入开展"双创活动", 搭建了民企发展新平台。自 2015 年开始, 湖南省积极响应党中央的号召, 深入开展"双创活动", 并设立"全国大众创业万众创新活动周", 结合湖南省的产业特色和重要成果, 开展主题论坛、项目路演、"双创"新成果展、大学生创新创业集训营、产业互联网创新大会、大健康产业创新发展项目对接会、返乡下乡人员创业创新工作研讨会等十大专项活动。"双创活动"极大地激发了湖南省民营企业家的创业热情, 也为湖南省民营企业的发展搭建了良好的服务平台。截至2018 年 6 月, 湖南省已有国家发改委批复认定的国家级创新平台 100 家, 省级创新平台 400 家, 各类科技企业孵化器达到 62 家, 省级以上众创空间 110 家; 省委省政府持续推动实施"2151"工程、"双百"工程和创新创业带动就业示范典型评选, 省级基地达到 104 家, 全省创业创新基地已入驻企业 7369 家, 实现就业超 20 万人。

（2）积极鼓励科技创新, 激发了民企发展新动能。湖南省出台了《湖南省财政支持科技创新若干政策措施》, 围绕完善区域创新体系、完善创新创业孵化体系、完善科技创新服务体系等方面制定了具体支持政策, 在相关政策和具体措施中, 针对民营企业出台了鼓励加大研发投入、鼓励民营企业引入研发机构、支持民营企业建立高等级公共创新平台、大力发展高技术服务业、加大科技成果转化等方面的支持政策。2018年出台的《关于进一步激发民间有效投资活力促进经济持续健康发展的实施意见》中, 又明确提出要积极支持民营企业承担省科技重大项目, 对符合政策条件的集成电路、轨道交通装备、"互联网＋"、大数据和工业机器人等关键领域和薄弱环节重点项目, 通过省本级制造强省、战略性新兴产业发展等相关专项资金予以积极支持。2018 年,科技型中小企业评价入库企业 2548 家，86.2% 的企业享受了研发费用加计扣除政策，减免税收 28.4 亿元。

（3）着力推动企业转型升级，创造了民企发展新机遇。湖南省政府将推动民营企业转型升级作为提升民营企业发展质量、增强其核心竞争力的重要举措。自 2015 年出台《湖南中小企业发展专项资金管理办法》以来，已经累积为 2000 多家中小民营企业提供转型升级专项资金补助约 8 亿元之多，综合运用产业转型、改造提升、结构调整、载体升级等措施帮助这些企业实现了转型升级。在此基础上，省政府又印发了《湖南省推进个体工商户转型升级为企业的若干政策措施》，助推个体工商户转型升级为民营企业。2018 年 6 月，省工信厅印发《湖南省中小企业"上云"行动计划（2018）》，力促湖南中小企业实施"互联网＋"创新转型，截至 2018 年 12 月，全省新增 26760 万户中小企业"上云"、1074 户中小企业"上平台"。2019 年 4 月，又出台了《湖南省民营企业"精准帮扶年"行动方案》，力争在减轻民营企业税费负担、深化民营企业金融服务、营造公平竞争环境等方面对民营企业实施"帮扶"行动，力促民营企业的转型升级与高质量发展。

（4）重点培育大企业大集团，注入了民企发展新活力。在民营企业培育方面，湖南省按照"微成长、小升高、高壮大"的梯度培育机制，建立层次分明的民营企业梯度培育体系，全面促进民营企业创新发展。优选百户民营大企业大集团纳入全省培育计划，重点培育一批主业突出、市场占有率高、自主研发能力强、技术装备先进的大型企业和企业集团，对掌握核心技术、拥有发明专利或国家重大发明创造的大型民营企业，在技术攻关、产品研发、成果转化等方面，省战略性新兴产业、省新型工业化等相关专项资金给予重点支持。自 2014 年开始连续评选湖南省民营企业 100 强，并对入选中国企业 500 强、中国民企 500 强企业落实资金奖励。在系列政策措施的激励下，湖南民营企业规模不断扩大，"四上"企业数量急剧上升，截至 2019 年 7 月，湖南省"四上"民营企业数量为 27979 户，占全部"四上"企业总数的 70.5%。

（5）全面提升投资服务水平，营造了民企发展新环境。为了进一步优化湖南民营企业投资服务环境，加大政策支持和引导力度，省委省政府等相关单位研究出台了《关于进一步优化投资服务和营商环境的意见》等文件，促进全省投资服务环境改善，不断深化商事制度改革，在全省范围内推行企业简易注销等级改革、"多证合一"等级制度改革，实施"企业名称自主申报"登记制度改革，推行企业登记全程电子化和电子营业执照改革，为企业提供便捷高效的服务。进一步加大金融服务力度，增加民营和小微企业信贷投放，2019 年第一季度，全省民营企业贷款余额同比增长 9.5%，较年初新增 459 亿元；支持企业直接融资，仅 2019 年第一季度全省共有民营上市公司 64 家，实现直接融资 2819.89 亿元；积极推动民营企业股改上市，将盈利能力强、科技含量高、有上市意愿的大型企业纳入上市后备企业资源库，对完成股改、"新三板"挂牌、在境内外资本市场上市的企业给予资金扶持和奖励。强化民营企业人才引进和培养，对非公组织专业技术人员申报职称给予政策倾斜，加大民营企业家培养力度，将非公有制经济企业家作为全省人才发展规划的重点内容，纳入省委党校、湖南行政学院、省社会主义学院的培训计划，与高等院校、知名企业联合搭建培训平台，开展非公有制经济高级管理人员培训。

四、湖南民营企业高质量发展面临的困难与问题

近年来，湖南的民营企业受到来自外部全球化竞争、国内产业转型升级以及企业自身发展等问题的影响，企业经营面临一系列的困难与挑战，亟须加速转型，由以前的粗放式经营迈向高质量发展。根据前文对民营企业高质量发展内涵的理解以及湖南民营企业发展的现实境况，我们认为湖南民营企业要更好地实现高质量发展还面临五个方面的困难与问题。

（1）创新发展动力有待进一步加强。创新驱动发展是民营企业实现高质量发展的重要基础和前提，尽管湖南的民营企业由小到大、由弱到强，在经济贡献、拉动就业以及产业结构调整等方面发挥了巨大作用，也具备了一定的创新能力和水平，但创新发展动力还有待进一步加强。在2018年中国企业创新能力1000强榜单中，湖南的民营企业仅有14家，全省的R&D投入强度仅为1.38%，与全国平均水平2.13%以及北京5.64%、上海3.93%的投入水平还存在较大差距。主要原因在于湖南的一些民营企业对于依靠技术创新提高竞争力缺乏认识，仍持粗放管理理念，技术创新大多靠外力推动，缺乏内在动力。在发达国家，企业研究和开发投资一般占总投资的60%～70%，而湖南大部分民营企业该比重还不足40%。2018年，工商联对165家民营企业抽样调查显示，企业研发人员占比低于5%的企业有66家，研发经费占主营业务收入低于1%的企业有42家，拥有发明专利数少于5件的企业92家，新产品收入占比低于20%的企业有46家。由此可见，湖南省民营企业的自主创新能力相对较弱，未来创新发展动力还存在较大的提升潜力和发展空间。

（2）要素支撑能力有待进一步提升。资源基础和动态能力是企业成长甚至世界一流企业成果的基因（黄群慧等，2017），企业的高质量发展要求企业具备高质量的战略资源，要求企业更加重视各要素资源的整合，打造能够支撑企业战略和运营的关键要素。其中，资金和人才是民营企业高质量发展中最为关键的核心要素，而现实的矛盾

却是，融资难、融资贵和人才短缺是制约民营企业高质量发展面临的最突出问题，湖南的民营企业也不例外。2017 年，湖南省经信委对其监测的 1120 家中小企业的调研显示，其中 44.56% 的民营企业反映存在资金流动问题，资金缺口在 20% 以上的企业数占比为 28.1%，有 45.1% 的企业表示其融资需求得不到满足。人才短缺也成为湖南民营企业发展的难题，上述调研中，53% 的企业反映存在用工短缺，认为招工不足的企业占比为 28%。尤其是技能型人才不足成为湖南民营企业面临的普遍性问题，特别是与转型发展相关的先进轨道交通装备、工程机械、新材料等重点优势产业人才，以及电机设计、智能制造研发、新材料研发、生物医药研发等专业技术类研发岗位和高级管理、高级营销、海外营销等高端岗位人才非常紧缺。

（3）产品服务水平有待进一步提高。企业高质量发展要求企业善于依托自身的资源能力和优势去充分发挥核心社会功能，为社会提供高品质的、具有一流水平的产品和服务。要做到这一点，企业必须培育和拥有强烈的工匠精神，高度重视产品与服务提供的有效和高效，关注质量、关心品质、创造品牌、打造名牌，在提供优质产品和服务的同时，创造和收获品质的价值。2017 年，湖南民营企业数量达到 63.9 万个之多，但拥有国内外知名品牌的民营企业却屈指可数，特别是一些中小企业缺乏品牌经营意识，仍依赖传统的低成本附加值打开市场，缺乏长远规划，这些企业尽管也有自己的品牌，但是品牌实际上只是企业的标识和商标，其知名度、影响力、品牌所带来的附加值等均非常弱，不能为企业带来品牌溢价。正是由于品牌意识的淡薄，企业对新产品的研发、品牌构建等方面的投入相对较少，品牌推广力度不够。2017 年，全省规模以上工业民营企业新产品研发费用总额为 210 亿元，仅占全部规模以上工业企业新产品投入的 43.23%，与 75.8% 的规模以上民营企业数量占比相比还存在一定差距。在品牌构建方面，湖南的民营企业家对品牌营销创新的认识不足，2017 年湖南省企业创新调查问卷显示，仅有 70% 左右的企业家认为市场营销创新能够帮助企业扩大市场份额、开拓新客户和新市场。

（4）管理机制有待进一步完善。充沛的企业活力来源于主动求变、创新和灵活高效的管理机制，完善有效的管理机制包括治理有效、管理科学、制度规范、流程合理和文化优秀五个方面。在治理机制方面，湖南的民营企业中仅有 64 家上市公司，其他大多数属于股权未对外开放的家族企业，企业治理结构对外来人才具有排他性。在管理机制上，大部分民营企业的管理存在"家长制"特征，"一言堂"现象比较严重，管理手段和方法相对缺乏科学性。在制度规范方面，民营企业 100 强基本都建立了相对完善的企业制度，但是大多数中小企业在制度规范方面还存在较大不足。在流程合理性方面，也有一部分民营企业尚未做到规范化管理，业务营运模式以及企业管理流程体系都无法适应市场变化，缺乏创新性。在企业文化方面，湖湘企业家的"吃得苦、霸得蛮、耐得烦"的企业文化对湖南民营企业的影响比较大，家族宗族文化以及亲缘关系文化都能够很好地凝聚企业，激励民营企业"由小到大"快速发展，但是这种浓重的"关系"文化又会对民营企业发展机会的公平性产生很大影响，阻碍民营企业的发展壮大。

（5）综合价值创造能力有待进一步夯实。民营企业的高质量发展必须以超越自我为中心，对任何重大决策和活动都应从企业视角、利益相关方视角和社会视角进行全方位统筹，以实现企业的经济价值、创造利益相关方价值以及高水平的社会价值为目标，以综合价值创造能力作为企业高质量发展绩效评价标准。在经济绩效方面，民营企业的资产规模相对较小，但是利润创造能力较好，实现企业自身经济价值的能力较强。2017 年，规模以上工业民营企业的资产总额为 10438.9 亿元，占全部规模以上企业资产总额的比例为 37.6%，产生的利润总额为 2164 亿元，占全部规模以上工业企业利润总额的 55.6%，总体的资产回报率高达 20.7%。在创造利益相关方价值以及社会价值方面，湖南的民营企业还存在一定的不足。以湖南民营企业 100 强为例，从事绿色环保治理等提供公共服务相关产业的企业仅有 3 家，在保障社会就业、为企业职工提供健全的社会保障等方面与其他类型企业相比，还存在一定差距。

五、推进湖南民营企业高质量发展的对策建议

为贯彻落实党的十九大关于加快建设创新型国家的决策部署，深入实施创新引领开放崛起战略，支撑经济社会的高质量发展，湖南省于 2018 年启动创新型省份建设，拟全面提升区域创新能力，将创新型省份建设作为推动全省高质量发展的重要抓手。创新型省份建设为湖南民营企业的高质量发展提供了新的机遇，湖南民营企业已经站到了一个新的高度。如何更好地推进湖南民营企业高质量发展成为当前阶段迫切需要解决的重大课题。结合我们对湖南民营企业高质量发展的经济基础与政策条件以及存在的困难与问题的认识，我们认为可以从五个方面着手推进湖南民营企业的高质量发展。

（1）积极推进科技创新，助推民营企业高质量发展的动能转换。首先，要全力支持民营企业推进科技创新。把民营高科技企业纳入各级政府科技发展规划，逐步建立民营企业自主创新投入机制，积极落实企业研发费用加计扣除、高新技术企业税收优惠等政策，激励民营企业不断参与开发新技术、新产品、新工艺，提高产品的科技含量，加快发展科技型中小企业，鼓励和引导具有一定规模、符合国家产业政策、市场

前景看好的民营企业创名牌、上档次、上规模、上水平。其次，要加强产学研合作平台建设。支持民营企业与省内外大型企业、学校科研机构院所开展技术合作，创办科技研发机构，围绕国家重大发展战略、瞄准湖南省创新型省份建设的重点产业，推动科技成果产业化。最后，要依法保护民营企业的创新权益。充分发挥司法判决的规则引领和价值导向，支持和鼓励民营企业通过技术进步和科技创新推动企业提质增效、转型升级，组织开展知识产权巡回服务活动，支持企业申请国内国际专利和注册商标，健全知识产权纠纷多元化解机制，加大民营企业知识产权保护维权援助力度，依法惩处侵犯企业商标权、著作权、专利权等知识产权犯罪，保护民营企业开展自主创新的积极性。

（2）完善要素资源配置，增强民营企业高质量发展的创新激励。针对民营企业发展面临的资金不足、人才匮乏的状况，相关部门要采取有效措施，积极搭建发展平台，完善要素资源配置，确实保障民营企业发展所需要素资源的有效供给。一是要强化融资平台建设。加大对民营企业特别是中小民营企业的信贷投放额度，降低民营企业获得信贷融资的难度和成本，将对民营企业的信贷投放比例纳入对相关金融机构评级指标体系；健全政策性融资担保体系，加强各级政府注资控股的政策性担保机构建设，加大财政资金的杠杆功能，在各类重点发展基金分配方面对民营企业实施公平待遇；加强区域资本市场建设，进一步完善企业上市、股权托管交易中心挂牌扶持等政策，建立民营准上市企业名录，支持民营企业在资本市场融通资金；鼓励民营企业发展小额贷款公司、融资担保机构、股权投资基金、融资租赁公司、企业财务公司等新型金融机构。二是要强化人才交流平台建设。充分发挥人才的市场调节功能，进一步完善人才保障机制，将民营企业人才需求纳入省级总体规划中，统筹安排对中高级管理人才的引进和培养，促进专业技术人员和高级管理人员的合理流动和优化配置，保障民营企业高质量发展所需人才的有效供给。三是要培育和构建以高素质人才为基础的战略资源群，将资源边界由"供给侧"拓展至"需求侧"，注重打造用户参与、数据、平台、关系资本等适应创新型省份建设、经济高质量发展的战略资源，形成区别于竞争对手、支撑民营企业高质量发展的资源基础。

（3）力促企业转型升级，完善民营企业高质量发展的管理机制。管理机制完善是企业高质量发展的重要保障，企业的高质量发展需要企业勇于、敢于和善于进行管理变革，破除体制机制和管理上的弊病，建立现代企业制度，创新管理方式，构建灵活高效、适合行业特征、满足竞争需求的企业管理模式，打造高品质活力型企业。湖南民营企业的管理创新可以从以下几个方面着手：一是推进组织变革，适应组织演变的新趋势和行业发展的新特点，推进组织形态变革，打造形成适于赋权赋能、善于动态优化的组织模式；二是完善公司治理，构建合理的、适合的公司治理架构，完善董事会治理，积极引导科技型民营企业实施股权激励制度，加快实现企业治理机制专业化和产权结构多元化；三是规范公司业务系统，要根据企业自身的行业特征进行战略规划，规范业务系统、梳理核心资源、创新商业模式，充分利用互联网、智能办公系统等对公司的业务系统进行规范管理；四是建立现代化的管理制度，根据公司发展需要建立和完善企业战略规划制度、生产管理制度、产品质量管理制度、人事管理制度等，实现企业管理制度与业务流程、商业模式相互融合，构建民营企业高质量发展的管理体系；五是强化企业文化建设，充分发挥湖南人"吃得苦、霸得蛮"的企业家精神，大力培育和弘扬工匠精神，引导民营企业向"专、精、特、新"方向转型，全面提升企业核心竞争力。

（4）明确企业社会责任，提升民营企业高质量发展的综合价值。综合价值创造能力提升是民营企业实现高质量发展的关键。综合价值创造能力提升需要民营企业具有强烈的社会责任意识，在追求自身经济绩效的同时，重视利益相关方的获得感和社会价值创造。要培育民营企业的社会责任意识，首先要为民营企业的发展创造公平的市场机会，应进一步放宽民营企业的市场准入，大力拓展民间投资的发展空间，特别是要在资源环境、生态建设、基础社会、公共服务等重点领域尽快完善更具有可操作性、针对性的政策措施，增强民营企业"敢于"和"放心"进入社会民生领域投资的责任和信心。引导全省民营企业关注国家重点战略计划，做有担当、有责任的企业。鼓励相关企业以"万企帮万村"精准扶贫行动为平台参与乡村振兴战略，加快推进农业农村现代化，提高农民生活水平，拉动和扩大农村内需潜力。鼓励相关企业沿着"一带一路""走出去"，对涉及"走出去"的审批权限和环节进行清理，进一步简化相关手续，对明显受贸易摩擦影响的企业在信保、退税、融资、贴息、开拓新兴市场等方面给予政策支持。鼓励相关企业参与混合所有制改革，积极搭建国企与民营企业对接交流平台，支持国企通过投资入股、并购重组等多种方式，与民营企业进行股权融合，实现战略合作和资源整合。

（5）强化政府政策引导，优化民营企业高质量发展的营商环境。企业如何发展以及是否会进行创新发展是企业应对外部环境的一种选择，有怎样的发展环境，企业就会选择怎样的发展模式。因此，要推进民营企业的高质量发展，需要强化政府政策引导，创造有利于民营企业高质量发展的营商环境。首先，要强化责任，提高服务意识，深刻认识民营企业在吸纳就业、增加收入、促进创新等方面的重要作用，意识到服务民营企业就是推动湖南创新型省份建设、就是推动湖南经济的高质量发展。其次，完善体制机制，提升服务能力，构建完善的公共服务平台，将公共服务平台建成民营企业反映诉求和解决问题的渠道，逐步形成具有集政策咨询、创新创业、人才服务、技术研发、融资担保、法律援助等多功能于一体的社会化服务体系。最后，强化功能，提高服务效率，认真梳理区域内有关促进民营企业发展的政策措施，完善从政策制定、执行到监督、反馈等各项机制，进一步量化、细化到各个部门，着力解决政策落地迟缓、配套措施出台不及时、部门间政策衔接不顺畅等问题，要进一步简政放权，最大限度减少行政审批事项，持续推进商事制度改革，着力提高市场主体的"出生率"和"存活率"。

参考文献

[1] 国家发展改革委经济研究所课题组. 推动经济高质量发展研究 [J]. 宏观经济研究，2019 (2)：5-17，91.

[2] 任保平，文丰安. 新时代中国高质量发展的判断标准、决定因素与实现途径 [J]. 改革，2018 (4)：5-16.

[3] 李伟. 高质量发展有六大内涵 [N]. 人民日报（海外版），2018-01-22 (3).

[4] 金碚. 关于"高质量发展"的经济学研究 [J]. 中国工业经济，2018 (4)：5-18.

[5] 黄速建等. 论国有企业高质量发展 [J]. 中国工业经济，2018 (10)：19-41.

[6] 戴国宝，王雅秋. 民营中小微企业高质量发展：内涵、困境与路径 [J]. 经济问题研究，2019 (8)：54-61.

[7] 习近平. 在民营企业座谈会上的讲话 [M]. 北京：人民出版社，2018.

[8] 中华全国工商业联合会. 中国民营经济发展报告（2017-2018）[M]. 北京：中华工商联合出版社，2019.

[9] 李政. 中国民营企业自主创新报告（2014）[M]. 北京：中国经济出版社，2015.

[10] 政武经. 新时代民营企业高质量发展的五大路径与机遇 [J]. 广西民族大学学报（哲学社会科学版），2019，41 (1)：38-43.

[11] 郭淑娟，钮可. 民营企业高质量发展的途径和促进机制研究——基于山西省的经验数据 [J]. 中国市场，2019 (20)：11-14.

[12] 魏恒强. 民营企业高质量发展融资困境与解决途径 [J]. 中国农业会计，2019 (6)：31-33.

[13] 王海兵，杨蕙馨. 中国民营经济改革与发展40年：回顾与展望 [J]. 经济与管理研究，2018，39 (4)：3-14.

[14] 刘迎秋. 习近平民营经济思想的逻辑演进——从"民营经济支柱论"到"民营经济基础论" [J]. 治理研究，2018，34 (2)：14-20.

[15] 刘现伟，文丰安. 新时代民营经济高质量发展的难点与策略 [J]. 改革，2018 (9)：5-14.

[16] 吴曙光. 湖南民营企业高质量发展机遇、挑战与对策 [J]. 新湘评论，2019 (10)：31-32.

[17] 任爱莲，秦俊文. 新形势下民营企业转型升级研究 [J]. 理论探讨，2019 (3)：106-112.

[18] 剧锦文. 中国民企40年：转型升级与高质量发展 [J]. 中国经济报告，2019 (2)：86-94.

第十一章

湖南省高新技术企业高质量发展*

内容提要： 湖南省高新技术企业高质量发展，是促进湖南省新旧动能转换、坚持创新引领发展的基础，也是实现中部崛起、对接粤港澳大湾区建设、长江经济带建设战略的重要途径。虽然湖南省高新技术企业已经进入深化发展阶段，然而目前湖南省高新技术企业存在高新技术企业比重下降、创新质量不高、创新成果转化率不高以及发展不均衡的问题。促进湖南省高新技术企业高质量发展，需要进一步优化高新技术企业的政策环境与商业环境，加大高新技术企业的研发资金与人才投入，培养高新技术企业的内在动力。

关键词： 高新技术企业；高质量发展；研发投入；人力资源

核心观点：

（1）湖南省高新技术企业在创新资源投入能力逐年递增，创新实施能力不断增强，创新产出能力发展迅速。

（2）湖南省高新技术企业实力增强的同时，存在高新技术企业数量增长比重下降、创新质量不高、创新转化效率低、高新技术企业发展不平衡等问题。

（3）湖南省需要优化高新技术企业的政策环境与商业环境，加大高新技术企业的研发资金与人力资源投入，培养高新技术企业内在动力，突破湖南省高新技术企业的创新困境，实现高新技术企业的高质量发展。

---

* 本章为湖南省教育厅优秀青年项目"中小企业 CEO 战略领导行为、创新导向的人力资源管理与企业绿色创新：资源协调的视角"（18B227）的阶段性成果。

一、引 言

党的十九大报告提出，"我国经济已由高速增长阶段转向高质量发展阶段，正处在转变发展方式、优化经济结构、转换增长动力的攻关期，建设现代化经济体系是跨越关口的迫切要求和我国发展的战略目标"。同时，在"创新、协调、绿色、开放、共享"的发展理念及建设创新国家的战略指导下，进一步激发创新主体活力、构建创新型经济新体系是实现湖南省新旧动能转换，创新引领发展从而实现富省强民的重要途径，同时也是湖南省积极践行中部崛起、对接粤港澳大湾区建设、促进长江经济带建设等重要战略。

高新技术企业是实现湖南省转型升级、创新引领战略的主力军。高新技术企业是指最大限度地利用现代科学技术成果，包括创新技术、尖端技术、专用技术以及我们目前还欠缺的技术形成的知识密集型企业。在我国，高新技术企业主要包括电子技术、信息、新材料、新能源、航空航天、生物工程、先进制造与自动化、海洋为主的各类企业。高新技术企业具有知识密集和技术密集、成长迅速、高收益、高风险、高竞争、集群化的特征，结合中国实际情况，高新技术主要包括计算机与通信技术、生命科学技术、电子技术、计算机集成制造技术、航空航天技术、光电技术、生物技术、材料技术等技术领域，主要包括医药制造，航空、航天器及设备制造，电子及通信设备制造，计算机及办公设备制造，医疗仪器设备及仪器仪表制造，信息化学品制造等行业（李中，2019）。

高新技术企业是践行创新引领战略的重要主体。高新技术企业往往是创新技术、新专利的主要产生地，也是承担重要研发计划的单位，不仅承担创新链中的基础研究，还是科技成果转化的重要一环。近年来，湖南省高新技术企业创新能力不断提升。2018年，湖南省高新技术企业总量超过4500家，占全省规模以上工业企业20.6%。高新技术企业总资产达1.7万亿，营业收入超过1.29万亿元，实现净利润779亿元，总产值超过万亿元，占全省GDP的比重超过25%。高新技术企业平均研发投入强度为2.2%，高于全省平均水平0.52%。专利申请数增长31.7%，有效专利拥有量增长25.7%。湖南省高新技术企业拥有各类研发平台1414个，其中国家工程技术研究中心9家，国家重点实验室10家，科技从业人员68979人，比2017年增长85.8%。

高新技术企业已经成为创新引领战略的重要引擎。高新技术企业不断开发新技术，促进产品与服务的更新换代与商业模式创新。高新技术企业通常成长速度快，并且具有较好的产业渗透与引导作用。因此，湖南省高新技术企业高质量发展，是湖南省新旧动能转换、产业结构优化升级的基础，也是实现湖南省高质量发展的重要保障，进一步，更是湖南省对接粤港澳大湾区建设、更好地融入长江经济带、实现中部崛起重要战略的关键动力。

虽然近年来湖南省高新技术企业获得了长足的发展，但是高新技术企业发展过程中依然面临一系列阻碍与问题。外部环境如政策制度、支持性的商业环境，内部原因如企业创新动力、研发投入等。因此，有必要讨论湖南省高新技术企业的发展现状与问题，从而探索产生问题的原因，提出有针对性的对策，为湖南省高新技术企业高质量发展保驾护航。第一，为促进湖南省高新技术企业高质量、实现湖南省创新引领战略提供思路。第二，除建立健全相关的政策法规、优化市场环境外，鼓励高新技术企业发展创新能力，强化创新资源投入、创新产出能力的提升，实现湖南省经济的高质量发展。

二、湖南省高新技术企业高质量发展问题现状

（一）湖南省高新技术企业发展现状

通常而言，企业高质量发展涉及企业发展系统、价值实现层次和价值对象范围三个维度。高质量发展体现在社会价值驱动、资源能力突出、产品服务一流、透明开放运营、管理机制有效、综合绩效卓越、社会声誉良好七个方面（黄速建、肖红军、王欣，2018）。对高新技术企业而言，高新技术企业的创新能力是最为核心的组织能力，包括三个方面：一是创新资源投入，主要包括人力和研发资源；二是创新实施能力，以研发能力与生产能力为主；三是创新产出能力，以专利产出和营业收入为主（杜丹丽、曾小春，2017）。因此，湖南省高新技术企业高质量发展的现状与问题分析主要从创新资源投入、创新实施能力以及创新产出能力展开。

1. 高新技术企业创新资源投入

湖南省高新技术企业创新资源投入逐年递增。高新技术企业创新投入主要包括研发经费投入和研发人员。朱卫平、伦蕊（2004）的研究表明，研发投入和人力资源对高新技术企业产出有显著的积极影响。2010～2017 年，湖南省研发人员从 93806 人增长至 205083 人。研发人力资源是高新技术企业创意的重要来源，也是创新能力持续发展的重要智力资本，是驱动高新技术企业发展的关键资源（郭研、刘一博，2011），特

别是具有研究生以上学历的高端人力资源（林青宁、毛世平，2018）。因为高新技术企业是典型的知识密集型、技术密集型企业，一方面，高新技术企业的技术引进、改造与应用都具有较高的门槛，因此需要高端人力资源拥有的知识与技术的领先优势；另一方面，高新技术企业技术创新，尤其是自主创新需要创造新知识、新技术，产生新专利，创新活动知识含量高，需要大量的知识交流、分享并最终实现新知识的创造。人力资源是知识交流、分享、创造的重要载体，因此，有一支稳定的、数量增长、结构优化的研发队伍，是实现湖南省高新技术企业的基本资源保障。

研发投入通常是企业的重要生产要素。高新技术企业具有知识密集、风险高、投资期长等特征，强有力的研发投入是高新技术企业能力持续发展的重要保障。邓路、高连水（2009）对1999~2007年高技术企业的研究显示，企业研发资本投入对创新产出有显著的促进作用。冯文娜（2010）针对山东省高新技术企业的研究证实了研发资金投入对专利产出、新产品产出与企业绩效有积极影响。郭研、刘一博（2011）对中关村高新技术企业进行了研究。孙慧、王慧（2017）针对沪深创业板高新技术企业的研究，证实了研发投入对企业绩效有着显著的正相关关系。付永萍、芮明杰、马永（2016）针对战略新兴企业的研究发现，研发投入对企业创新能力有显著的正向影响。2010年以来，湖南省研发经费投入不断增加，从2010年的1534995万元增加至2017年的5685310万元。其中，企业研发投入的主体地位明显，研发经费投入比重从71.41%增加到81.22%（见表11-1）。根据杜丹丽、曾小春（2017）的测算，湖南省高新技术企业在创新资源的投入呈上升趋势，但落后于北京、天津、上海、江苏、广东、四川、湖北、辽宁、福建等地区。

表11-1 2010~2017年湖南省研发人员与研发经费情况

年份	研发人员（人）	企业研发人员（人）	比重（%）	研发经费投入（万元）	企业研发投入（万元）	比重（%）
2010	93806	52036	55.47	1534995.0	1096144	71.41
2011	127654	78146	61.21	2332181.4	1817773	77.94
2012	144979	92547	63.83	2876779.9	2290877	79.63
2013	151044	99002	65.54	3270252.9	2703987	82.68
2014	162548	109994	67.67	3679345.3	3100446	84.26
2015	173514	117750	67.82	4126691.5	3525450	85.43
2016	191125	130292	68.17	4688418.0	3929647	83.82
2017	205083	136069	66.34	5685310.0	4617716	81.22

资料来源：《湖南统计年鉴》，http://tjj.hunan.gov.cn/tjsj/tjnj/。

2. 高新技术企业创新实施能力

湖南省高新技术企业的实施能力强调研发与生产能力具体表现为研发机构数量、技术合同数量的增长。

第一，湖南省研发机构数量不断增长。湖南省研发机构从2010年的1406个增长至2017年的3113个，其中，企业研发中心占2154个。研发中心是促进高新技术企业研发能力的重要智力来源。截至2018年，湖南省有国家工程研究中心（工程实验室）17个、省级工程研究中心（工程实验室）206个、国家地方联合工程研究中心（工程实验室）35个、国家认定企业技术中心53个、国家工程技术研究中心14个、省级工程技术研究中心342个、国家级重点实验室18个、省级重点实验室248个。

第二，湖南省技术合同签订数继续增长，技术合同签订金额与技术交易额逐渐递增。技术合同主要涉及技术开发、转让、咨询或服务。2008年，湖南省技术合同签订5514项，2014～2016年有所下降，2017年达5723项。技术合同签订金额上升，2008年，技术合同签订金额仅为478274万元，2017年达2031127.87万元（见表11-2）。虽然技术合同签订数量变化比较小，但是技术合同交易额增长了4倍之多。

表11-2 2008～2017年湖南省研发机构与技术数量情况

年份	研究机构（个）	技术合同签订数（项）	技术合同签订金额（万元）	技术交易额（万元）
2008	—	5514	478274.00	201989.00
2009	—	5257	440423.00	256951.00
2010	1406	5137	400939.80	259538.50
2011	1706	5654	353900.70	299694.80
2012	1857	6373	422455.70	357332.30
2013	2338	6544	770573.10	514645.60
2014	2604	4879	979337.68	526927.62
2015	2758	3710	1053817.98	493215.91
2016	2961	3976	1056246.93	501469.39
2017	3113	5723	2031127.87	1256049.65

资料来源：《湖南统计年鉴》，http://tjj.hunan.gov.cn/tjsj/tjnj/。

3. 高新技术企业创新产出能力

湖南省高新技术企业创新产出能力主要表现在专利数量以及企业绩效，包括高新技术企业总产出、增加值、销售收入、利润总额。

第一，专利申请与批准数量增长迅速。高新技术企业创新主力军地位凸显。首先，高新技术企业是科技成果应用的重要机构。2017年，湖南省科技成果应用水平上，国际首创或领先成果13项，企业占6项；国际先进45项，企业占24项；国内领先86项，企业占60项；国内先进35项，企业占22项。其次，高新企业技术企业专利申请数量与批准数量逐年递增。2008年，湖南省专利申请数为14016项，批准6133项。其中企业分别为4794项、2225项，占比为33.88%、36.28%。2018年湖南专利申请数为94503项，批准48975项。其中企业分别为51019项、27314项，占比分别为53.99%、55.77%（见表11-3）。高新技术产业增加值8468.1亿元，增长14.0%。

表11-3　湖南省专利申请与批准数量

年份	专利申请（个）	企业申请专利数量（项）	比重（%）	专利批准数量（项）	企业批准专利数量（项）	比重（%）
2007	11233	3124	27.81	5687	1754	30.84
2008	14016	4794	34.20	6133	2225	36.28
2009	15948	7053	44.22	8309	3696	44.48
2010	22381	10264	45.86	13873	7337	52.89
2011	29516	15808	53.55	16064	8783	54.68
2012	37509	20405	54.40	23212	14163	61.01
2013	41336	21767	52.66	24392	14673	60.16
2014	44194	23524	53.23	26637	15126	56.79
2015	54501	26867	49.30	34075	18207	53.43
2016	67779	32343	47.72	34050	16723	49.11
2017	77934	41272	52.96	37916	18049	47.60
2018	94503	51019	53.99	48975	27314	55.77

资料来源：《湖南统计年鉴》，http：//tjj. hunan. gov. cn/tjsj/tjnj/。

　　第二，湖南省高新技术企业数量与绩效逐步提升。在高新技术企业数量上，2008年，湖南省仅有867家，到2017年，高新技术企业已经增至2828家。到目前，湖南省高新技术企业已经超过4500家。高新技术企业总产值稳步上升。2008年，湖南省高新技术企业总产值25846763万元，产业增加值8046876万元。2017年，分别增至168862458万元和47936643万元（见表11-4）。2018年，湖南省高新技术产业增加值增长14%。2017年，高新技术企业销售收入达159833381万元，其中出口收入为6808157万元，利润达8480662万元。

表 11 - 4　2008～2017 年湖南省高新技术企业发展状况

年份	企业数量（家）	比重（%）	总产值（万元）	比重（%）	产业增加值（万元）	销售收入（万元）	利润（万元）	比重（%）
2008	867	61.93	25846763	73.22	8046876	—	—	—
2009	874	55.32	33372707	74.15	10525978	32081434	2305096	77.54
2010	1028	56.95	50030449	77.72	15331144	47589313	3392072	80.33
2011	1264	55.71	73379324	75.09	21813373	—	—	—
2012	1514	58.14	83440611	72.47	24580758	80489281	4643582	81.38
2013	1650	56.14	94875689	69.07	27990697	89530688	4978424	75.23
2014	1871	57.34	119651763	73.62	38666834	112146779	5218869	76.44
2015	2166	54.21	144770777	71.97	43868458	134559489	5982205	69.60
2016	2328	46.35	159946116	65.06	44516408	148618291	5879719	63.05
2017	2828	41.72	168862458	59.26	47936643	159833381	8480662	62.47

资料来源：《湖南统计年鉴》，http://tjj.hunan.gov.cn/tjsj/tjnj/。

（二）湖南省高新技术企业存在的问题

在湖南省高新技术企业实力增强、迅速发展的同时，仍存在高新技术企业数量增长比重下降、高端核心技术稀缺、投入产出效率不高、利润下降、高新技术企业发展不平衡等问题。主要表现在以下几个方面：

1. 高新技术企业数量增长，比重下降

虽然 2008～2017 年以来，湖南省高新技术企业从 867 家增长至 2828 家，但是所占比重从 61.93% 下降至 41.72%。总产值从 25846763 万元增至 168862458 万元，但是所占比重从 73.22% 降至 59.26%。利润总额从 2009 年的 2305096 万元增至 2017 年的 8480662 万元，但是所占比重从 77.54% 降至 62.47%，高新技术企业发展呈现规模递减的效应。此外，高新技术企业占湖南省 GDP 的比重为 7.8% 左右，高新技术企业对湖南省经济发展的推动效应还比较弱。

2. 湖南省高新技术企业创新质量不高

第一，湖南省高新技术企业创新能力不强。在全国范围内看，2017 年，全国专利申请数量为 3536333 件，其中发明 1245709 件，实用新型 1679807 件，外观设计 610817 件；专利授权数 1720828 件，其中发明 326970 件，实用新型 967416 件，外观设计 426442 件。湖南省专利申请数量 77934 件，其中发明 31365 件，实用新型 33073 件，外观设计 13496 件；专利授权数量 37916 件，其中发明 7909 件，实用新型 20337 件，外观设计 9670 件。在专利申请与授权上，湖南省远远落后于广东、北京、天津、江苏、上海、安徽、福建、山东、河南、湖北、四川，在全国的排名比较落后（《2018中国统计年鉴》）。

第二，湖南省高新技术企业缺乏高端核心技术。除了"鲲龙500"采矿机器人、"海牛号"海底深孔取芯钻机、超级杂交水稻等核心尖端技术，湖南省高新技术企业国际国内领先或先进的技术还比较缺乏。2017年，湖南省国际首创或领先成果仅有13项，国际先进成果45项。湖南省智能制造、生物医药、应急装备等产业领域，以及环境治理、食品药品安全等重大民生领域的关键技术有待进一步突破。

3. 湖南省高新技术企业创新成果转化率不高

创新质量以及创新成果转化率不高是高新技术企业面临的普遍创新困境。湖南省同样面临创新质量不高以及创新成果转化率不高的关键问题。2017年，湖南省专利申请数为77934项，批准37916项，其中企业分别为41272项、18049项。但是湖南省规模以上工业企业新产品开发项目仅10204个，新产品产值为85857213.3万元，新产品销售收入为3788448.1万元。湖南省批准的专利有37916项，但是投入生产中，转化为产品或服务的仅10204项，企业创新成果转化有待进一步加强。

4. 高新技术企业发展不均衡

第一，高新技术企业不同领域发展不均衡。截至2017年，高新技术企业主要分布在新材料技术（1529家）、高新技术改造传统产业（1529家）、生物与新医药技术（1343家）、电子信息（825家）等领域，最少的是航空航天技术领域，只有73家。为高新技术企业提供的高技术服务业比较少，仅429家。2019年湖南省《政府工作报告》指出，湖南省还需要持续发力，在发展生物医药、汽车等优势产业的基础上，扶持智能产业、培育壮大航空航天产业、进一步发展卫星应用、移动互联网、软件服务、现代供应链管理、环境服务等新兴服务业，此外，在信息、科创、商务、人力资源、软件服务等生产性服务业的短板有待进一步提升。

第二，湖南省高新技术企业区域分布不均衡。长期以来，大多数高新技术企业集中在长株潭地区，特别是以长沙为中心，长沙市的高新技术企业占全省总量的50%以上。长株潭核心区之外的地市州占比较低，造成了高新技术企业区域失衡。一是在专利申请与批准上，2017年，企业专利申请36592件，其中长沙占18086件，株洲次之，为5786件，湘潭2491件，长株潭全省专利申请的总量达72.05%。二是在研发经费投入上，2017年全省研发投入为5685310万元，仅长沙就达到2479808万元（43.62%），株洲为524085万元，湘潭381386万元，此外，位于长株潭核心周边地区的岳阳达572310万元，四个城市占研发经费总量的69.61%。三是2017年全省研发人员205083人，长沙99979人，株洲17802人，湘潭14718人，长株潭占比为64.61%（《湖南省统计年鉴（2018）》）。

三、湖南省高新技术企业高质量发展问题成因

2012 年以来，我国高新技术产业逐步走向深化阶段，湖南省的高新技术企业发展处于中游水平。总体而言，湖南省高新技术企业高质量发展，在高新技术企业创新主体地位、科技资源配置、成果转移转化、科研人员吸引及激励力度等方面还存在不足之处。

高新技术企业高质量发展的影响研究围绕企业外部与内部因素展开：一是高新企业所处外部环境，如政府政策、金融支持，技术转移、利益相关导向；二是高新技术企业内部因素，如企业特征、研发投入、人力资源。高新技术企业高质量发展既取决于企业所处外部环境，同时也受到企业自身能力的影响。影响湖南省高新技术企业高质量发展的因素主要有以下几个方面。

（一）高新技术企业发展环境

高新技术企业有知识密集程度高、技术创新快、成长迅速、资源节约等特征。促进高新技术企业创新能力成长有两个关键环境因素：创新政策环境和商业环境。

1. 创新政策环境

创新政策环境对高新技术企业的发展有直接的引导作用。政策环境上，湖南省提出《关于支持湖南建设创新型省份的建议》，着力与建立高质量发展的评价指标体系，强化企业研发奖励与补贴，提高研发经费投入、加快长株潭国家资助创新示范区建设。2014 年，湖南省成立了湖南省创新科技服务中心，从事高新技术企业认定咨询、国际科技交流与技术合作咨询、工业园区升级与申报咨询、科技项目申报咨询、科技成果转化与知识产权运营等支持工作。先后出台《关于促进科技与金融结合加快创新型湖南建设的实施意见》《湖南省科技保险工作试点方案（试行）》《关于促进湖南省专利权质押贷款工作的意见》，为高新技术企业成长提供金融支持。2019 年，出台《湖南创新型省份建设若干财政政策措施》，提出了《湖南省人民政府关于推动创新创业高质量发展打造"双创"升级版的实施意见》，优化创业环境、支持鼓励研发。

虽然湖南省出台了各项支持高新技术企业的政策，但是针对高新技术企业的政策政出多门，并且各自为政，针对高新技术企业的支持与服务尚未形成统一、高效的高新技术企业的服务流程。因此，促进湖南省高新技术企业的高质量发展，需要进一步建立健全鼓励、支持高新技术企业发展的政策，优化高新技术企业的服务流程。

2. 商业环境

第一，基础服务有待进一步完善。基础服务是促进高新技术企业的基本保障。目前，湖南省大量的高新技术服务机构，比如专利代理、会计师事务所等生产性服务机构有一定程度的发展，但是很多机构几乎是野蛮生长、规范性不够。湖南省成立了潇湘科技要素大市场和湖南省科技金融服务中心两大服务中心，旨在为高新技术企业提供多元化金融服务，促进科技创新与产业融合。2018年，湖南省成立全国第一支"科技金融志愿者服务队"，深入316家科技企业解决融资问题。但是关于高新技术服务、科技成果转化等服务能力还不足，难以为迅速成长的高新技术企业提供高质量服务。

第二，高新技术园区建设有待加强。高新技术园区融合工业与科研，在促进科研成果商业化、产业化发挥了重要的作用。目前，湖南省拥有省级及以上产业园区共144家，其中国家级园区21个、省级园区76个、工业集中区47个，有13个千亿级产业园区。虽然湖南省高新产业园区发展迅速，但是目前高新园区建设存在行政授权没有理顺、招商引资竞争无序、研发经费投入不足、法律体现不够健全以及风险投资不完善等问题，这些可能阻碍园区高新技术企业发展。

第三，高新技术产业集群尚未形成。高新技术企业具有高集群的特征，分工明确、优势凸显的高新技术产业集群有利于产生创新协同与管理协同的积极效应。但目前，虽然湖南省大力培育新兴产业，但是尚未形成分工明确、协同互补的高新技术产业集群。缺乏引领产业发展的龙头企业，产业链上下游企业缺乏互补与支持。先进制造产业和高新技术企业尚未深度融合。现代服务业与先进制造业未形成深度融合。新兴优势产业链尚未形成，缺乏具有国际国内竞争力的创新产业集群。因此，缺乏高新技术产业集群，不利于技术创新成果的产业化与商业化，影响湖南省高新技术企业的可持续发展。

（二）高新技术企业技术创新动力不足

技术创新能力是高新技术企业的关键组织能力。技术创新能力的提升主要依赖于组织有价值的、稀缺的、难以被模仿以及难以被替代的资源。高新技术企业具有知识密集型、高收益高风险的特征。一方面需要有充足的资金保障，另一方面较高的技术门槛需要依赖研发人力资源。研发资金资源与人力资源不足，直接影响湖南省高新技术企业创新能力，进而制约了高新技术企业的高质量发展。

1. 研发资金投入较低

湖南省高新技术企业研发资金投入总量较低，占总收入的比重不够。高新技术企业通常具有技术密集、高研发投入的特征。高新技术企业的技术能力，特别是具有引领作用的自主创新能力对研发资金投入的依赖强。一般而言，研发经费占工业总产值的比重越高，则技术创新能力越强。从全省来看，2018 年，湖南省研发经费投入占比提高 0.26 个百分点，为 1.94%，这远远低于发达国家的 10% 以上。研发资金投入比例比较低，2018 年湖南省研发经费投入为 658.3 亿元，全国排名第 10，甚至落后于华为公司，华为 2018 年研发投入达 1015 亿元，占全年收入的 14.1%。[①]

研发资金投入不足，则难以支持投入成长比较高、投资回收期长，聚焦长期发展的基础研究、自主创新项目的研发，技术创新能力的后劲不足，长期影响高新技术企业的高质量发展。

2. 研发人力资源依然稀缺

湖南省研发人力资源总数较低。2018 年，湖南省委组织部公布《关于切实加大工作力度进一步推进芙蓉人才行动计划落实落地的方案（2018—2022 年）》，包括智汇潇湘引才、发展高地聚才、铸高端人才，青年精英育才等工程，致力于未来 5 年在新材料、新能源、新一代信息技术、生物医药、机器人、先进轨道交通、重大装备、生态环保、航空、现代农（种）业等重点领域，引进、汇聚、培养"高精尖缺"人才，在薪酬待遇、发展支持上给予充分保障。2019 年，湖南省科技人才专项经费投入从 2018 年的 1.2 亿元增加到 1.4 亿元。

研发人力资源是湖南省高新技术企业高质量发展的基本保障，目前，因为湖南省在地理、经济、区位优势等各方面比不上长三角、珠三角等沿海发达省份，长沙的吸引力与北上广深一线城市以及杭州、南京、武汉、重庆等二线城市相比依然欠缺，因此在高端人才吸引与保留上还存在较大的挑战，对于研发人才的激励机制有待进一步完善。

四、促进湖南省高新技术企业高质量发展的对策分析

实现湖南省高新技术企业社会价值驱动、资源能力突出、产品服务一流、透明开放运营、管理机制有效、综合绩效卓越和社会声誉良好的高质量发展，一是需要优化高新技术企业的政策环境与商业环境，二是需要提升高新技术企业的内在动力。在政府的资金政策扶持下，重视市场导向，加强高新技术企业在市场经济中的创新主体地位，实现创新驱动型市场经济体制。对高新技术企业而言，应着力提升内力，逐步完善其研发能力，增加研发投入、培育研发人力资源。

---

① 数据来源：https：//www. huawei. com/cn/press - events/annual - report/2018。

（一）优化湖南省高新技术企业外部环境

1. 建立健全创新政策

优化高新技术企业创新的政策环境。制度环境对企业高新技术企业效率非常显著。一是需要制定战略规划，做好长期布局。湖南省将高新技术企业纳入全省创新引领战略进行规划布局，2020 年，预计湖南省高新技术企业总数增至近 4800 家。发展高新技术企业，需要将湖南省高新技术企业年度目标与任务进行部署，将高新企业技术培养情况纳入地方政府重点工作的绩效考核。二是提高政府对技术创新的奖励与补贴，合理化现有财政投入配置。强化基础服务，为高新技术企业发展提供保障。湖南省修订《湖南省高新技术发展条例》，将高新技术企业培育与发展作为重要内容，明确资格认定、创办、融资、知识产权保护、政府采购等规定，强化高新技术企业发展的制度保障；推行高新技术企业认定补助，对于首次和再次获批的高新企业技术分别给予 5 万 ~ 50 万元的奖励补助。实施高新技术企业研发奖补政策。2018 年，湖南对 705 家高新技术企业享受研发费用加计扣除政策的实际研发投入新增部分的 10% 给予补助，仅占高新技术企业总数的 15.67%。因此，针对高新技术企业研发的奖励与补贴需要进一步增加，税收优惠政策有待进一步落实，为湖南省高新技术企业研发投入加计扣除税收优惠政策，扩大受惠面积。

2. 优化创新商业环境

聚力高新园区，促进高新技术企业产业集群。完善的金融市场对于高新技术企业成长有积极的促进作用，产业聚集有利于高新技术企业成长。一是湖南省加大力度推进高新园区创新能力建设，引导非高新园区向高新园区转型，加大对高新技术企业整体搬迁或部分搬迁至湖南省高新园区的政策支持和服务力度。通过高新园区建设，形成高新技术产业集群，提升技术和管理协同效应。二是强力打造以长株潭国家自创区为核心的科技创新基地，支持国家创新型城市试点、可持续发展议程创新示范区创建，加快科技创新型县（市）建设，积极创建国家生物种业技术创新中心、建设先进轨道交通装备制造业创新中心，大力建设岳麓山国家大学科技城。三是积极推进国家军民融合创新区建设。以长株潭军民融合为示范，建设军民科技协同创新平台，推动国防科技成果在湖南省的转化。完善科技金融、产业联盟等公共服务，加快建设"创业创新"示范基地、科技企业孵化器。充分发挥高新产业园区的孵化、引导、纽带、人才培养、资金支持与制度创新的重要作用。

（二）培养湖南省高新技术企业发展的内在动力

1. 提高研发投入

研发投入是高新技术企业成长的物质保障。继续加大研发投入，促进高新技术企业核心创新能力突破，支持具有重大突破的、投资时期比较长的关键技术的开发。在原有优势产业的基础上，需要加强关键领域核心技术攻关，突破生态农业、新材料、自主可控信息技术、航空航天、智能制造、生物医药、环境治理、食品药品安全等领域的关键技术，打造湖南省拥有核心技术创新能力的优势产业。继续实施加大全社会研发经费投入三年行动计划，鼓励支持企业参与国家重大科技专项、组建研发平台和机构、组织高校和科研院所开展协同创新。

2. 培养创新人力资源

高质量的创新人力资源是促进高新技术企业发展的智力基础。第一，需要促进高新技术企业人力资源吸引、保留与开发。湖南省需要着力引进高层次人力资源，努力培养技术创新研发人才和企业家。因为高新技术企业研发人才是技术创新的主体，企业家是推动技术创新的推动力量。一方面，需要打造高质量研发团队，攻克核心技术难题；另一方面，需要培育新时代企业家，进行制度创新和商业模式创新，更好地组织、领导高新技术企业，带动高新技术企业的发展。

第二，需要完善高新技术企业激励机制，促进创新人才的保留。建立健全创新人才的激励机制。建立健全科学的绩效考核、薪酬制度，充分调动研发人员的创新积极性，形成人人都创新、人人都愿意创新的生动局面。

第三，加强人力资源投资，促进高新技术产业人力资源的持续开发。推动产学研合作协同育人，持续培养青年人才，优化人才梯队。通过国家"青年千人计划""长江学者青年学者""万人计划"等人才工程项目推送人才。

促进湖南省高新技术企业高质量发展是攻坚战，着力高新技术企业的高质量发展，旨在实现湖南省新旧动能转换，以及加快建设创新型省份建设，走湖南特色的中部崛起之路。

参考文献

［1］李中．改革开放 40 年我国高新技术产业发展实践与反思［J］．经济体制改革，2019，214（1）：105 - 111.

［2］黄速建，肖红军，王欣．论国有企业高质量发展［J］．中国工业经济，2018，367（10）：21 - 43.

［3］杜丹丽，曾小春．速度特征视角的我国高新技术企业创新能力动态综合评价研究［J］．科

研管理, 2017, 38 (7): 44 – 53.

[4] 朱卫平, 伦蕊. 高新技术企业科技投入与绩效相关性的实证分析 [J]. 科技管理研究, 2004 (5).

[5] 郭研, 刘一博. 高新技术企业研发投入与研发绩效的实证分析——来自中关村的证据 [J]. 经济科学, 2011, 33 (2): 117 – 128.

[6] 林青宁, 毛世平. 中国高新技术企业研发效率及影响因素研究 [J]. 经济经纬, 2018 (2): 99 – 106.

[7] 邓路, 高连水. 研发投入、行业内 R&D 溢出与自主创新效率——基于中国高技术产业的面板数据 (1999—2007) [J]. 财贸研究, 2009, 20 (5): 9 – 14.

[8] 冯文娜. 高新技术企业研发投入与创新产出的关系研究——基于山东省高新技术企业的实证 [J]. 经济问题, 2010 (9): 74 – 78.

[9] 孙慧, 王慧. 政府补贴、研发投入与企业创新绩效——基于创业板高新技术企业的实证研究 [J]. 科技管理研究, 2017, 37 (12): 111 – 116.

[10] 付永萍, 芮明杰, 马永. 研发投入、对外直接投资与企业创新——基于战略性新兴产业上市公司的研究 [J]. 经济问题探索, 2016 (6): 28 – 33.

[11] 程俊杰. 高质量发展背景下破解"创新困境"的双重机制 [J]. 现代经济探讨, 2019 (3): 5 – 10.

[12] 迟凤玲. 促进高技术产业的高质量发展 [J]. 中国科技论坛, 2019, 274 (2): 3.

[13] 许玲玲. 高新技术企业认定、制度环境与企业技术创新 [J]. 科技进步与对策, 2018, 35 (7): 82 – 87.

[14] 周海涛, 张振刚. 政府研发资助方式对企业创新投入与创新绩效的影响研究 [J]. 管理学报, 2015, 12 (12): 1797.

[15] 王淑娟, 叶蜀君, 解方圆. 金融发展、金融创新与高新技术企业自主创新能力——基于中国省际面板数据的实证分析 [J]. 软科学, 2018, 32 (3): 10 – 15.

[16] 许梦博, 王明赫, 翁钰栋. 生产性服务业集聚有利于高技术产业的研发效率吗? [J]. 经济问题探索, 2018 (2): 135 – 141.

第十二章

湖南省加工贸易企业高质量
发展问题研究*

内容提要： 推动加工贸易企业质量升级是实现制造业高质量发展的重要组成部分。本章选取湖南省加工贸易企业作为研究对象，结合使用宏微观层面数据，利用增加值率、出口竞争力、出口技术复杂度、出口质量等多维度指标，通过将湖南省加工贸易企业数据与全国以及典型省份比较，分析加工贸易企业高质量发展的主要表现，揭示其高质量发展中存在的主要问题，并提出相应对策。研究发现，湖南省加工贸易起步较晚，但近年来发展迅速，加工贸易企业数量、加工贸易规模均呈现迅速发展，尤其是私营加工贸易企业占比不断提高，但出口市场还比较集中，资本和劳动密集型产品占比还比较高。进一步对比高质量发展指标发现，湖南省加工贸易企业虽然出口技术复杂度在不断上升，但仍然位于产业链低端，增值系数低，而且出口竞争力水平和出口质量水平都还比较低。本章最后从扩大加工贸易规模、推动加工贸易政策落地、优化利用外资、加强对中小企业扶持等方面提出了相应对策。

关键词： 加工贸易；增加值；出口复杂度；出口质量

核心观点：

（1）湖南省加工贸易起步较晚，但近年来发展迅速。

（2）湖南省加工贸易企业仍处于产业链低端，加工贸易增加值系数和出口竞争力均比较低。

（3）湖南省加工贸易企业技术复杂度水平有明显上升，但总体出口质量水平还比较低。

---

   * 本章为教育部人文社科青年基金项目（19YJC790064）和湖南省哲学社会科学基金项目（18YBA167）的阶段性成果。

一、加工贸易企业高质量发展概述

进入 21 世纪以来，全球多边贸易协调发展日益受到挑战，"逆全球化"和贸易保护主义思潮涌现，中美贸易战进入焦灼阶段，全球多边贸易协调发展受到挑战，多边合作进展困难，区域合作成为国际间经贸合作的主题。多边贸易谈判阻力重重，全球经济政策不断调整，"逆全球化"和贸易保护主义思潮涌现，使全球贸易政策环境存在显著不确定性。在这种背景下，全球贸易环境的上述变化使低成本、低价格的出口竞争方式更加难以为继，推动出口产品质量升级已成为中国对外贸易高水平发展的关键。然而，在出口导向型战略的实施过程中，我国出口增长模式表现为"重数量、轻质量"的粗放式特征。尤其是"入世"以来，中国出口产品质量始终徘徊在较低的水平，质量升级表现得尤为乏力（李坤望等，2014；张杰等，2014）。长期低质量水平的商品输出使我国出口贸易的依赖度保持在较高水平，对外部贸易政策的敏感性不断增强，出口贸易相当脆弱，更易遭受外部国际贸易环境带来的负向冲击。在这种背景下，党的十九大报告提出，要实行高水平的贸易和投资自由化便利化政策，推动形成全面开放新格局，同时强调必须坚持质量第一原则，以增强我国经济创新力和竞争力。

推动加工贸易出口质量升级是实现我国整体出口质量升级的重要组成部分。改革开放 40 年来，加工贸易为我国出口贸易和经济增长做出了重要贡献。长期以来，加工贸易出口占我国出口总额的一半左右。加工贸易对我国就业、利用外资和产业发展等方面发挥了巨大的溢出效应。然而，我国加工贸易企业在国际分工体系中处于较低的地位，只获得较低的利润份额，而且部分高污染、高耗能的加工贸易行业给我国带来了环境污染、资源浪费等一系列问题。当前，随着我国人口老龄化加剧，劳动力成本不断上升，土地资源供应短缺，环境和资源承载力的降低，加工贸易发展的"瓶颈"问题越来越突出。因此，促进加工贸易转型升级已逐渐成为我国贸易结构和产业结构调整的重要方面。特别是，2018 年以来中美贸易摩擦日益频繁，在一定程度上反映了我国贸易结构的不合理性。我国亟须调整贸易结构和产业结构，促进出口产业转型升级。

湖南省作为中部地区的重要经济发展省份，在承接国际产业转移和沿海产业内移方面具有重要地位，承接产业转移、发展加工贸易也是湖南省推进开放型经济发展、优化产业结构的重要动力。然而，也正是由于湖南省地处内陆，经济开放程度还比较低，对外贸易还有很大的提升空间。在高质量发展背景下，推动加工贸易企业高质量发展是促使湖南省向高水平对外贸易发展的重要动力。因此，有必要对湖南省加工贸易企业高质量发展现状进行分析，并剖析出其高质量发展中存在的主要问题，进而提出相应对策。

（一）加工贸易企业的界定

加工贸易被认为是产业内贸易的一种表现形式。多数学者认为，加工贸易是一个国家保税进口或出口其部分或全部原材料、辅助材料、零部件和元器件等材料，经过境内企业进行加工或者装配后，将加工后的成品销售到境外的经营活动。从以上概念来看，第一，加工贸易可以享受"保税"的优惠待遇。第二，与一般贸易方式相比，加工贸易进口的目的不是满足国内消费者的最终消费，而是在国内加工组装后，再将半成品或成品出口到境外。第三，加工贸易企业一般是进口原材料，通过加工装配后将成品或者半成品出口到境外，因此其典型特征是"两头在外"。加工贸易的贸易方式主要包括来料加工和进料加工。两者的相似之处在于，两者的材料都是从国外进口的，加工后的产品销售到境外，而且进口材料和加工后的产品都可以免税。两者的本质区别在于，进料加工企业存在经营风险，而来料加工企业不存在经营风险；对于进料加工，加工前或加工后的产品都属于加工企业，但来料加工企业只负责加工，对进口料件和产品不享有所有权。

参与进料加工或者来料加工的国内企业并不能称为加工贸易企业，对于加工贸易企业的界定，本书借鉴 Liu 和 Qiu（2016）及毛其淋（2019）的方法，将平均加工出口比例高于 50% 的企业视为加工贸易企业。

（二）加工贸易企业高质量发展的内涵

加工贸易企业高质量发展的另一层含义是加工贸易企业转型升级。而加工贸易企业转型升级又包括转型和升级两大方面。加工贸易转型包括加工贸易经营方式转型、经营主体转型。前者主要是指由来料加工方式向进料加工方式转变，由传统的高耗能、高污染、高资源占用的粗放型生产加工方式向低能耗、低排放、高效能的集约型生产加工方式转变；经营主体转型指由以外商投资企业为主体向以内资企业为主体的转变。加工贸易升级是指实现加工贸易产业和产品结构升级，提高加工贸易增值率，提高加工贸易产品技术含量和质量水平，提高关键零部件的加工制造能力，促使加工贸易向全球价值链中高端攀升。

根据当前湖南省加工贸易发展的自身发展状况，本章认为湖南省加工贸易转型升级应有以下几点：提高加工贸易企业规模，降低外资企业所占比重，转变以外资企业为主体的发展方式，转变以进口为主的方式；提高加工贸易增值率，促进产品升级，提高出口竞争力。从整体上不断增强湖南省加工贸易的技术复杂度水平和质量水平，从而实现湖南省加工贸易从价值链攀升，加工贸易产业由劳动密集型产业向技术和资本密集型产业升级。

（三）湖南省推进加工贸易企业高质量发展的重要工作举措

2008年，湖南省为大力发展开放型经济，积极承接国际产业转移和沿海产业内移，促进加工贸易跨越式发展，湖南省人民政府出台了《湖南省人民政府关于积极承接产业转移促进加工贸易发展的意见》，意见指出要明确思路，做好规划，强化措施，切实提升承接产业转移发展加工贸易的战略定位。

2016年初，国务院出台了《国务院关于促进加工贸易创新发展的若干意见》，文件指出加工贸易是我国对外贸易和开放型经济的重要组成部分，对推动产业升级、稳定就业发挥了重要作用。因此，要以国际产业分工深度调整和实施"中国制造2025"为契机，立足我国国情，创新发展加工贸易。在国家出台相关政策背景下，湖南省也出台了《湖南省人民政府关于促进加工贸易创新发展的实施意见》。意见提出了湖南省加工贸易发展的目标，也就是到2020年，全省加工贸易占全省进出口总值比重达到40%以上，加工贸易总额居中部地区前列。意见提出了湖南省加工贸易的发展重点，包括增强企业创新能力，创新企业发展模式，推动传统产业和产品结构升级，培育龙头企业和优势产业集群，积极开展国际产能合作，推动加工贸易多元化发展六个方面。意见进一步提出了湖南省加工贸易发展的路径，包括加大财政支持力度、提升金融服务水平、保障人力资源、推行贸易便利化新举措等若干方面。

二、湖南省加工贸易企业的基本现状

（一）湖南省加工贸易企业数量

根据上述对加工贸易企业的定义，我们统计了2000年以来湖南省加工贸易企业的数量。表12-1显示，总体上看，2000年以来全国包括湖南省加工贸易企业数量均在不断增加，尤其是2011年之后有更加明显的增加。虽然湖南省加工贸易企业数量占全国的比重在不断增加，但这一比重比较小，维持在1%以内。可见，湖南省加工贸易企业数量总体上还不多。

表 12 - 1 湖南省加工贸易企业数量统计

年份	全国（家）	湖南（家）	湖南加工贸易企业数量占全国比重（%）
2000	38887	113	0.29
2001	23267	45	0.19
2002	23949	44	0.18
2003	26167	47	0.18
2004	27953	47	0.17
2005	29545	49	0.17
2006	29890	58	0.19
2007	34829	62	0.18
2008	34495	80	0.23
2009	33115	88	0.27
2010	32346	105	0.32
2011	32356	123	0.38
2012	53896	445	0.83
2013	54599	401	0.73
2014	57497	504	0.88
2015	60351	547	0.91

资料来源：笔者根据中国海关出口微观数据测算得到。

（二）湖南省加工贸易规模

从湖南省加工贸易出口总额变化来看（见图 12 - 1），在 2008 年全球金融危机之前，湖南省加工贸易出口额都比较小，且增长不明显。其中，2000 年，湖南省加工贸易出口额为 2.142 亿美元，其中进料加工出口 1.432 亿美元，来料加工出口 0.71 亿美元。而 2007 年，湖南省加工贸易出口总额、进料加工出口和来料加工出口额分别为 5.498 亿美元、4.614 亿美元和 0.883 亿美元。然而，2008 年国际金融危机之后，湖南省加工贸易出口获得了显著的增长，从 2009 年的 6.82 亿美元增长到 2017 年的 63.892 亿美元，增长了近 10 倍。其中，进料加工实现了显著增长，来料加工贸易仍然维持在较低的水平。

进一步考察加工贸易出口占总出口的比重情况（见表 12 - 2），我们发现，2008 年国际金融危机之前，湖南省加工贸易出口占本省总出口比重几乎没有超过 10%，远低于全国的这一比重。但国际金融危机之后，尤其是近年来，在全国加工贸易出口占比下降的背景下，湖南省加工贸易出口占总出口的比重基本维持在 25% 以上，这表明加工贸易出口对湖南省总出口的贡献度在不断上升。虽然湖南省加工贸易出口占比有了明显增加，但其在本省 GDP 中所占份额还比较低，基本维持在 1.2% 以下，显著低于全国加工贸易出口占 GDP 的比重。也就是说，湖南省加工贸易出口占总出口的比重得到了显著提高，但其对本省 GDP 的贡献还比较小。

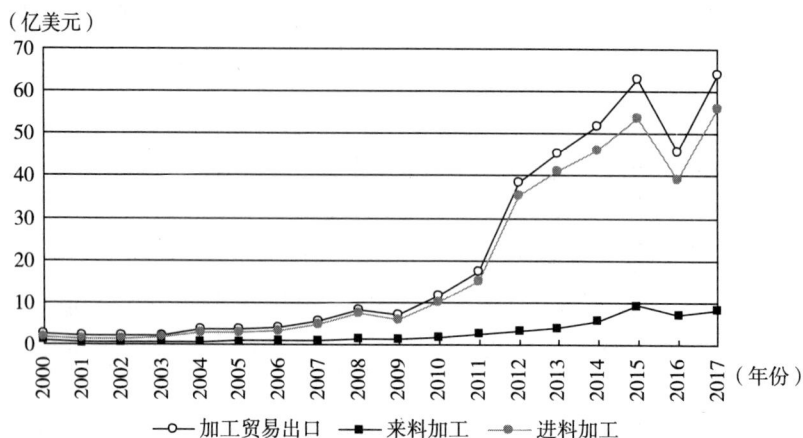

图 12－1 湖南省加工贸易出口规模

资料来源：《湖南省统计年鉴》。

表 12－2 加工贸易出口占总出口和 GDP 的比重 单位:%

年份	湖南省加工贸易出口占本省总出口比重	湖南省加工贸易出口占本省 GDP 比重	全国加工贸易出口占总出口比重	全国加工贸易出口占 GDP 比重
2000	12.96	0.50	55.24	11.36
2001	9.99	0.38	55.41	11.01
2002	9.72	0.35	55.26	12.24
2003	9.70	0.37	55.19	14.57
2004	10.84	0.49	55.28	16.77
2005	9.34	0.43	54.66	18.21
2006	7.55	0.40	52.67	18.54
2007	8.43	0.44	50.63	17.39
2008	9.77	0.49	47.19	14.69
2009	12.42	0.36	48.85	11.50
2010	14.64	0.49	46.92	12.16
2011	17.33	0.57	44.01	11.06
2012	30.42	1.10	42.11	10.11
2013	30.36	1.14	38.97	8.99
2014	25.74	1.18	37.76	8.47
2015	32.80	1.37	35.09	7.24
2016	25.15	0.98	34.13	6.43
2017	27.57	1.27	33.53	6.24

资料来源：《湖南省统计年鉴》。

（三）湖南省加工贸易企业的所有制结构

根据海关数据中企业所有制类型，我们测算得到湖南省加工贸易企业的所有制情况（见图12-2）。从图12-2中可以看出，在2008年国际金融危机前，湖南省加工贸易企业主要由外资企业和国有企业构成，大部分年份，两者的占比总和都达到了80%以上，私营企业的占比较低。然而从发展趋势来看，外资和国有加工贸易企业的比重在不断下降，私营加工贸易企业的占比在不断上升。尤其2011年以来，私营加工贸易企业的占比达到了60%以上，远远超过外资和国有加工贸易企业的比重。可见，当前湖南省从事加工贸易的主要企业类型是私营企业。

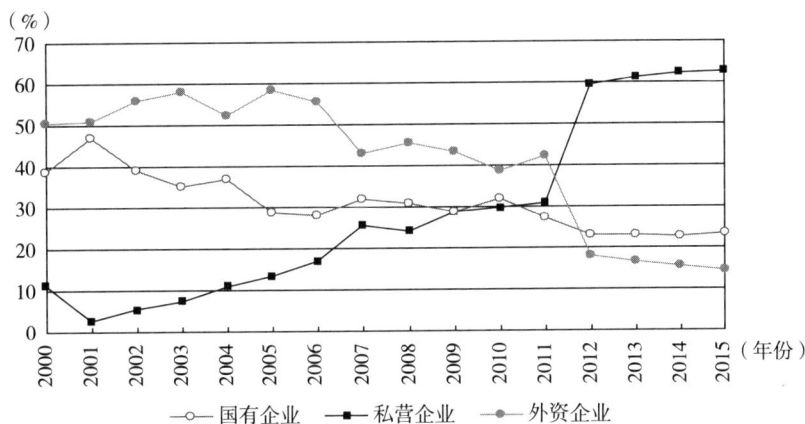

图12-2　湖南省加工贸易企业的所有制结构

资料来源：笔者根据中国海关出口微观数据测算得到。

（四）湖南省加工贸易企业的出口市场结构

从湖南省加工贸易出口市场结构来看（见表12-3），2008年之前，其主要出口市场是日本、韩国、中国台湾、中国香港等发达国家或地区，前十大出口市场几乎没有发展中国家或地区，而且前十大出口市场的占比几乎都维持在90%以上。但2008年国际金融危机之后，湖南省加工贸易出口市场呈现出新的特征。具体来看，第一，图12-3显示，前十大出口市场占比总体上有明显的下降，从金融危机前的90%左右下降到70%多。第二，虽然中国香港、美国、韩国、日本等国家或地区仍然在前十大出口市场范围内，但显然前十大出口市场中发展中国家和地区数量明显增加，其中包括印度、巴西、越南等。这一变化特征表明湖南省加工贸易出口市场越来越分散，同时不断增加对发展中国家和地区的出口。之所以向东南亚等一些发展中国家出口,一个可能的原因是近年来部分加工贸易企业转移到东南亚国家,湖南省向这些国家的中间品出口增加。

表 12 − 3　湖南加工贸易主要出口市场　　　　　　　　　单位:%

2000 年		2001 年		2005 年		2010 年		2015 年	
国家或地区	比重	国家或地区	比重	国家或地区	比重	国家或地区	比重	国家或地区	比重
日本	23.72	韩国	23.20	中国香港	26.08	中国香港	18.02	中国香港	51.58
中国台湾	18.06	中国香港	22.22	美国	24.38	美国	16.68	美国	6.22
中国香港	15.90	日本	21.02	日本	13.00	韩国	10.81	韩国	3.66
韩国	13.51	美国	6.92	印度尼西亚	6.59	日本	8.62	马来西亚	2.79
美国	8.49	德国	4.19	新加坡	4.69	荷兰	4.50	新加坡	2.67
瑞典	8.16	意大利	2.46	中国台湾	4.43	印度尼西亚	2.91	委内瑞拉	2.17
荷兰	2.60	中国台湾	2.11	意大利	3.67	印度尼西亚	2.67	印度	1.89
意大利	0.95	加拿大	2.00	韩国	2.88	巴西	2.43	印度尼西亚	1.86
德国	0.84	西班牙	1.86	泰国	2.59	伊朗	2.12	越南	1.85
英国	0.73	爱尔兰	1.46	加拿大	2.42	德国	1.92	日本	1.72
其他	7.05	其他	12.54	其他	9.28	其他	29.32	其他	23.59

资料来源:笔者根据中国海关出口微观数据测算得到。

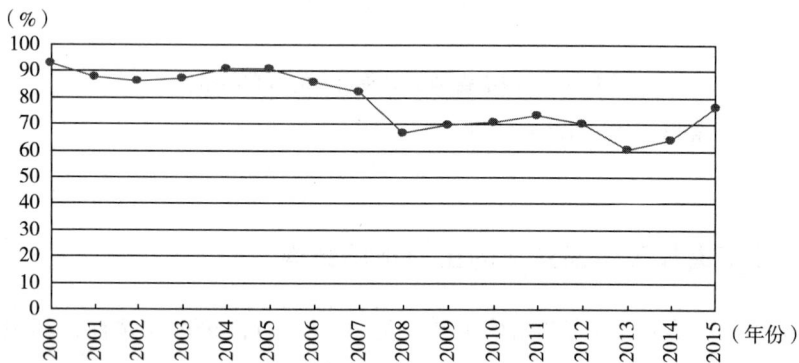

图 12 − 3　湖南省加工贸易出口的前十大出口市场占比

资料来源:笔者根据中国海关出口微观数据测算得到。

(五) 湖南省加工贸易企业的出口产品结构

我们根据国际贸易常见产品分类方法,将加工贸易出口产品划分为四大类,包括资源密集型产品（包括 HS 代码为 01～27 和 71 的产品）、劳动密集型产品（包括 HS 代码为41～70 和 94～96 的产品）、资本密集型产品（包括 HS 代码为 28、29、31～40、72～84、86、87 和 89 的产品）和技术密集型产品（包括 HS 代码为 30、85、88、90～93 的产品）。进一步结合海关出口数据测算可知（测算结果见图 12－4），资本密集型产品占主要组成部分，大部分年份资本密集型出口产品占加工贸易总出口的比重在40% 以上。在我国加入 WTO 前后，湖南省加工贸易出口产品构成中，技术密集型产品的比重甚至超过资本密集型产品，但加入 WTO 后到国际金融危机爆发前这一段时间，技术密集型出口产品占比不断下降，而资本密集型产品出口占比不断上升。但金融危机以来，总体上，资本密集型加工贸易出口产品的比重在不断下降，而劳动密集型和技术密集型产品的比重在上升。

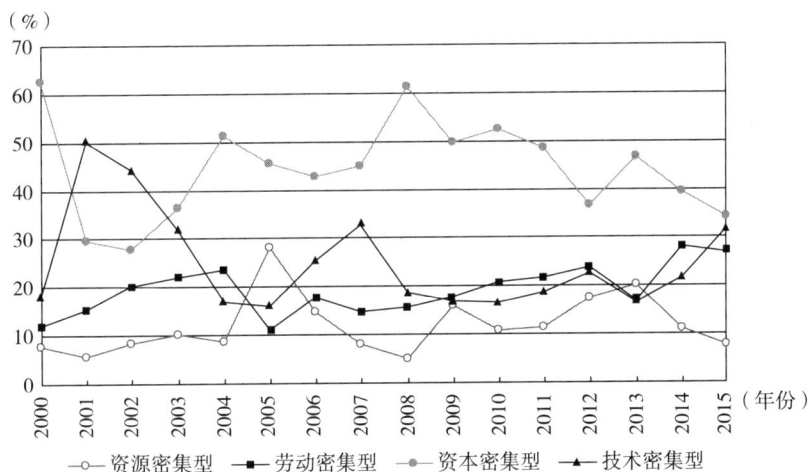

图 12－4　湖南省加工贸易出口产品结构

资料来源：笔者根据中国海关出口微观数据测算得到。

（六）湖南省加工贸易主要分布区域

表 12－4 报告了主要年份湖南省各地级市加工贸易出口占全省加工贸易出口的比重情况。2000 年为数据开始的年份，没有选择 2005 年而选择 2007 年，是因为 2007 年为全球金融危机爆发的前一年。从中可以看出，长沙市总体上始终在湖南省加工贸易出口中占据主要地位，其加工贸易出口占全省加工贸易出口的比重基本维持在50% 左右。国际金融危机爆发前，长沙市的加工贸易出口占比有明显的下降，从 2000 年的60.653% 下降到 2007 年的 44.419%，但金融危机之后长沙市加工贸易出口占比又进一

步上升到 50% 以上。由于地理位置的原因,株洲和湘潭市的加工贸易出口占比也居于前列。通过表 12-4 可以发现,湖南省内部加工贸易发展非常不平衡,加工贸易仍然主要集中在长沙市及其周边地区。

表 12-4　主要年份湖南省加工贸易分布区域　　　　　　单位:%

年份 地区	2000	2007	2010	2015
长沙	60.653	44.419	54.999	51.486
株洲	13.170	10.762	8.993	8.430
湘潭	14.303	21.491	2.406	7.283
衡阳	1.710	3.301	4.383	7.323
邵阳	0.231	4.122	5.602	4.533
岳阳	1.165	3.181	2.584	4.159
常德	2.372	1.426	2.757	3.598
益阳	0.663	3.101	4.902	4.042
郴州	0.028	0.100	0.855	0.598
永州	2.090	5.639	9.250	4.330
怀化	0.513	1.364	3.144	3.158
其他	3.102	1.092	0.124	1.059

资料来源:笔者根据中国海关出口微观数据测算得到。

三、湖南省加工贸易企业高质量发展的主要表现

根据上一节内容可知,2000 年以来,湖南省加工贸易已经有明显的发展,但与全国总体水平相比,仍存在湖南省加工贸易总体规模小的问题,由表 12-2 可以看出,2017 年湖南省加工贸易出口总额为 63.9 亿美元,而同期全国加工贸易出口总额为 7588 亿美元,湖南省加工贸易出口占全国的 1% 还不到。同时,虽然湖南省加工贸易占全省出口贸易总额比重已经提高到超过 25%,但占全省 GDP 的比重还非常低。湖南省加工贸易出口额占全国的比重非常小,说明湖南省加工贸易规模还比较小,在一定程度上制约了湖南省的对外贸易和经济发展。

本节我们主要从加工贸易增值率、加工贸易出口竞争力、加工贸易企业出口复杂

度和加工贸易企业出口质量四个指标来考察湖南省加工贸易企业高质量发展情况，其中前两个指标主要从宏观层面分析，后两个指标主要从微观企业层面分析。而且，本节我们进一步将湖南数据与全国平均水平、江苏以及河南数据进行对比，从而更加直观地分析湖南省加工贸易企业高质量发展情况。之所以选择江苏和河南两省作为对比对象，是因为江苏省是我国加工贸易大省，也是沿海加工贸易发展的主要省份；近年来，河南省加工贸易发展较为迅速，吸引了以富士康为代表的大型加工贸易企业，而且河南与湖南同属中部省份。

（一）湖南省加工贸易位于产业链低端，增值系数低

加工贸易增值率一定程度上反映了一国在世界生产分工中的地位，也能体现一国在整个产品价值循环体系中的贸易利得。国内诸多学者认为加工贸易增值率低导致我国加工贸易转型升级缓慢。加工贸易增值率的计算公式如下：

加工贸易增值率 =（加工贸易出口 - 加工贸易进口）/加工贸易进口　　　（12 - 1）

我们根据我国和湖南省统计年鉴发布的统计数据，测算发现（见图12 - 5），一方面，2000年以来，湖南省加工贸易增值率总体上维持在较低的水平，尤其是2008年国际金融危机以来，全国加工贸易增值率虽略有下降但总体上较为稳定，但是湖南省加工贸易增值率呈现出大幅下降。湖南省加工贸易增值率低于全国水平，而且增长乏力，表明湖南省加工贸易仍是简单的加工模式，盈利能力较低，在世界生产分工中的地位较低，使加工贸易产品核心竞争力缺乏。

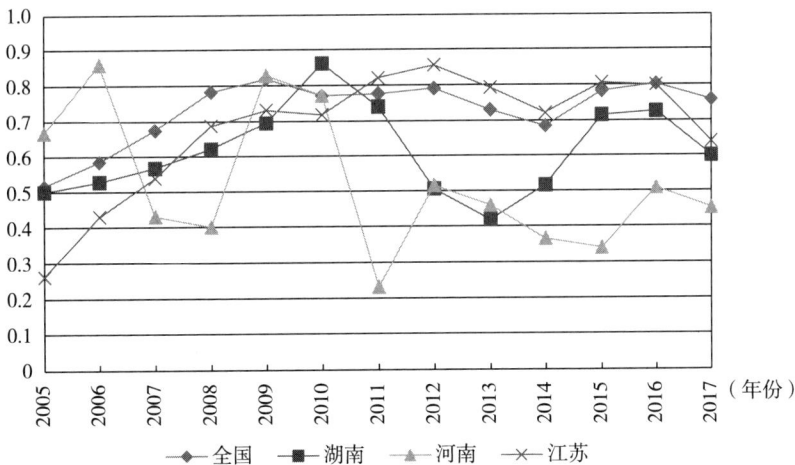

图12 - 5　加工贸易增值率

资料来源：笔者根据《中国统计年鉴》以及相应省份年鉴中加工贸易数据测算得到。

（二）湖南省加工贸易出口竞争力水平还比较低

出口竞争力的一个常用衡量指标是显示性比较优势指数（Revealed Comparative Advantage Index，RCA 指数），是指某一产业在某国或地区出口中所占的份额与世界贸易中该产业占世界贸易总额的份额之比。这一指数能够较为全面地反映出某国或地区某产业的出口与世界平均出口水平相比较的相对优势。计算公式是：

$$RCA = (E_{ij}/E_i)/(E_{cj}/E_c) \qquad\qquad (12-2)$$

其中，E_{ij} 表示 i 地区的加工贸易出口额，E_i 表示湖南省出口总额，E_{cj} 表示我国加工贸易出口额，E_c 表示我国出口总额。

对于 RCA 指数不同的数值所代表的具体含义，国际上有一个普遍认可的规则，一般认为 RCA > 1 具有竞争力，而 RCA < 1 表示竞争力不足。图 12 - 6 显示，湖南省加工贸易 RCA 指数总体上不断上升，表明湖南省加工贸易出口竞争力在不断提高，但 RCA 的值仍普遍小于 1，表明湖南省加工贸易出口竞争力水平还比较低。

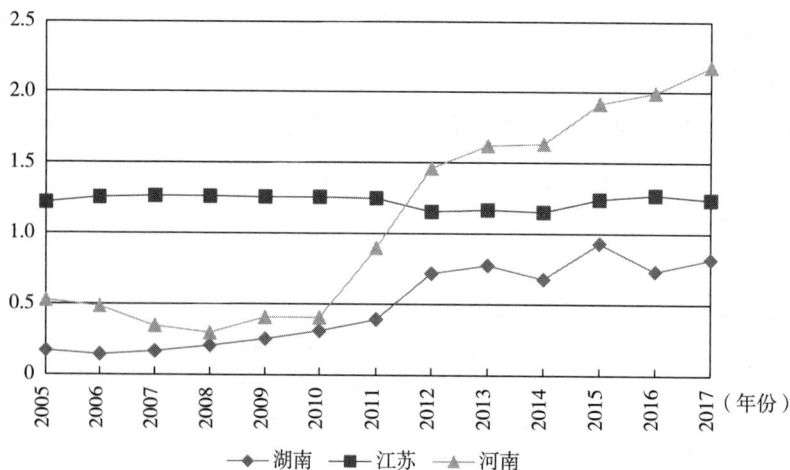

图 12 - 6　加工贸易出口竞争力

资料来源：笔者根据湖南、江苏以及河南三省的统计年鉴相关数据测算得到。

（三）湖南省加工贸易企业出口复杂度在不断上升，但不同所有制企业表现不同

企业的出口复杂度是企业出口技术水平的反映，也是加工贸易企业高质量发展水平的重要体现指标之一。我们首先测算加工贸易企业的出口复杂度来考察其高质量发

展情况。最常用的测度出口商品技术含量的指标为 Hausmann 等（2007）所构建的技术复杂度指标（PRODY）。我们借助这一指标来测度湖南省加工贸易企业的出口复杂度。其具体构成为：

$$PRODY_i = \sum_j \left[\frac{xval_{ji} / \sum_i xval_{ji}}{\sum_j (xval_{ji} / \sum_i xval_{ji})} \right] \times GDP_{pc_j} \qquad (12-3)$$

其中，$xval_{ji}$ 表示 j 国产品 i 的出口金额，GDP_{pc_j} 表示 j 国人均 GDP。

根据不同国家出口商品按 HS 分类出口数据，以及各国的人均 GDP，按照上述指标计算了各国按 HS（1992）六位码分类的产品复杂度指数。在计算出产品出口复杂度的基础上，企业的出口复杂度为企业所有出口产品的技术复杂度指数的加权平均，权重为企业各出口产品占该企业所有出口产品的比重。企业出口复杂度的具体计算公式为：

$$PRODY_c = PRODY_i \times (xval_{jci} / xval_{jc}) \qquad (12-4)$$

其中，$xval_{jci}$ 代表 c 企业 i 产品的出口额，$xval_{jc}$ 为 c 企业总的出口额，$PRODY_c$ 为 c 企业的技术复杂度。企业出口复杂度的计算建立在国际贸易中国出口数据的基础上，但最终又取决于企业出口不同类别商品的比重。

根据图 12-7 的测算结果可以发现，2000 年以来，湖南省加工贸易企业的出口复杂度总体上呈不断上升趋势，表明湖南省加工贸易企业的出口技术水平在不断提高。湖南省加工贸易企业的出口复杂度与全国的总体变化态势基本保持一致，但湖南省加工贸易企业的出口复杂度要高于全国总体水平。

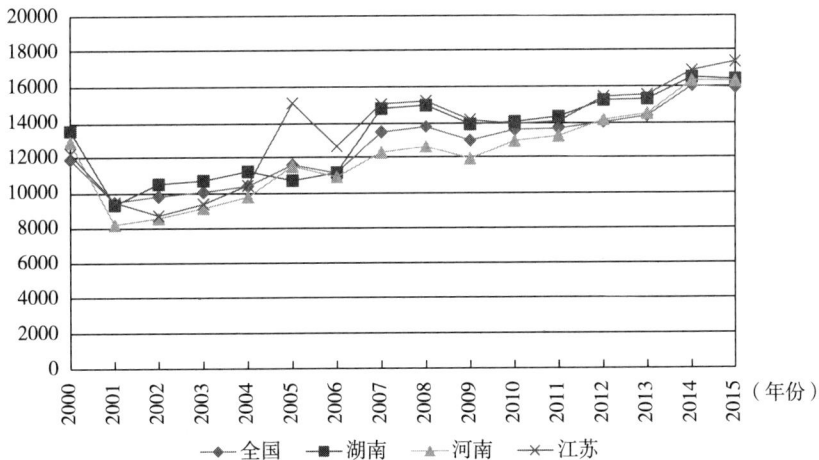

图 12-7 加工贸易企业出口复杂度

资料来源：笔者根据中国海关出口微观数据测算得到。

进一步分企业所有制类型来看（见表 12 - 5），总体上看，2000 年以来，湖南省国有加工贸易企业的出口复杂度要高于全国水平。然而，私营和外资加工贸易企业的出口复杂度表现出不一样的变化特征。2008 年国际金融危机之前，湖南省私营加工贸易企业的出口复杂度要低于全国水平，同期湖南省外资加工贸易企业的出口复杂度高于全国水平，但是金融危机之后，湖南省私营加工贸易企业的出口复杂度得到明显提高且已经超过全国水平，但外资加工贸易企业的出口复杂度增长乏力，甚至从总体上看低于全国水平。

总体上看，湖南省加工贸易企业的出口复杂度在不断上升，特别是国有和私营加工贸易企业的出口复杂度得到了明显提高。

表 12 - 5   分企业所有制类型的湖南省、全国加工贸易企业出口复杂度

年份	湖南			全国		
	国有企业	私营企业	外资企业	国有企业	私营企业	外资企业
2000	11168.76	16799.55	14543.34	10785.44	15210.53	11661.34
2001	12556.92	9872.108	13528.54	9571.901	10283.66	10622.18
2002	12487.14	9769.146	13612.40	10072.37	10189.80	11002.80
2003	10797.66	10769.32	13400.11	10540.51	10452.47	11254.67
2004	9898.498	9257.435	15003.38	11375.75	10497.20	11611.67
2005	11384.40	11084.71	13580.34	12641.78	11936.82	12778.55
2006	14265.03	11105.82	13084.13	12555.40	11602.73	12738.50
2007	15205.84	13639.22	14800.04	13712.79	12644.80	13436.84
2008	18578.50	15088.51	13522.68	13595.80	12784.66	13332.52
2009	13557.65	15387.45	11569.01	12748.55	11855.89	12547.89
2010	15706.12	17529.96	14056.88	13380.01	12563.13	13284.73
2011	14830.94	19965.62	12574.39	13617.35	12547.40	13113.72
2012	14953.14	13988.35	13219.01	14389.04	13631.63	13543.27
2013	16015.35	15147.14	14256.35	14616.57	13904.75	13960.46
2014	17081.52	16085.87	14686.31	16089.57	15484.03	15267.45
2015	17314.13	16523.47	15011.21	16390.56	15612.06	15429.83

资料来源：笔者根据中国海关出口微观数据测算得到。

（四）湖南省加工贸易企业出口质量水平较低

衡量加工贸易企业高质量发展的另一个常用指标是企业的出口质量。我们关于出口产品质量的测算方法主要源于 Amiti 和 Khandelwal（2013）、施炳展和邵文波（2014）等使用的需求推断法。要估计第 t 年企业 i 出口到目的地市场 d 的产品 g 的质量 q_{igdt}，首先要构建如下形式的需求函数：

$$x_{igdt} = q_{igdt}^{\sigma-1} \frac{p_{igdt}^{-\sigma}}{p_{dt}^{1-\sigma}} Y_{dt} \qquad (12-5)$$

式（12-5）中，x_{igdt}表示第 t 年企业 i 出口到目的地市场 d 产品 g 的数量，反映了 t 年目的地 d 对企业 i 的产品需求量，p_{igdt}表示第 t 年企业 i 出口到目的地市场 d 产品 g 的价格，p_{dt}表示目的地市场 d 第 t 年的价格指数，Y_{dt}表示出口目的地 d 第 t 年的总收入。σ 为不同产品之间的替代弹性，参照 Fan 等（2015）的做法，本章使用 Broda 和 Weinstein（2006）估计的需求价格弹性系数；对式（12-5）需求函数两边取对数，得到如下估计方程：

$$\ln(x_{igdt}) + \sigma\ln(p_{igdt}) = \varphi_g + \varphi_{dt} + \varepsilon_{igdt} \qquad (12-6)$$

式（12-6）中，φ_{dt}表示国家—年份固定效应，控制目的地价格指数和收入水平；φ_g 表示产品固定效应，控制产品特征差异。对模型进行 OLS 回归，估计得到残差 ε_{igdt}，产品质量即：

$$\widehat{quality}_{igdt} = \hat{\varepsilon}_{igdt}/(\sigma-1) \qquad (12-7)$$

由于不同产品的质量之间存在异质性，为使产品在国家和时间维度可比，可以进一步将式（12-7）的质量指标予以标准化处理，从而得到企业—产品—目的地—年份维度的标准化质量指标 $quality_{igdt}$：

$$quality_{igdt} = \frac{\widehat{quality}_{igdt} - \min\left(\widehat{quality}_{igdt}\right)}{\max\left(\widehat{quality}_{igdt}\right) - \min\left(\widehat{quality}_{igdt}\right)} \qquad (12-8)$$

将式（12-8）得到的标准化质量指标数据，可进一步根据企业内不同出口产品所占的权重大小进一步加总得到企业层面的出口质量。

根据图 12-8 的测算结果，2008 年全球金融危机前，湖南省和全国加工贸易企业的出口质量水平有了一定程度上升，但湖南省加工贸易企业出口质量水平总体上要低于全国水平。而 2008 年以来，虽然全国加工贸易企业的出口质量水平也有一定下降，但同期湖南省加工贸易企业的出口质量呈现出更加显著的下降，与同期全国水平的差距得到进一步扩大。结合表 12-6 的数据，可以发现，湖南省私营加工贸易企业的出口质量水平处于相对较低水平且增长乏力，而金融危机以来外资和国有加工贸易企业，特别是国有加工贸易企业的出口质量水平呈现出更加明显的下降。

总体来看，湖南省加工贸易企业尤其是私营企业的出口质量水平还比较低，且呈现出显著的下降态势，这主要由于外资和国有加工贸易企业的出口质量水平在明显下降。究其原因，这可能由于 2008 年国际金融危机以来，欧债危机、美国等主要出口市场外部需求疲软、人民币升值等多重因素叠加抑制了加工贸易企业出口质量水平的提升。

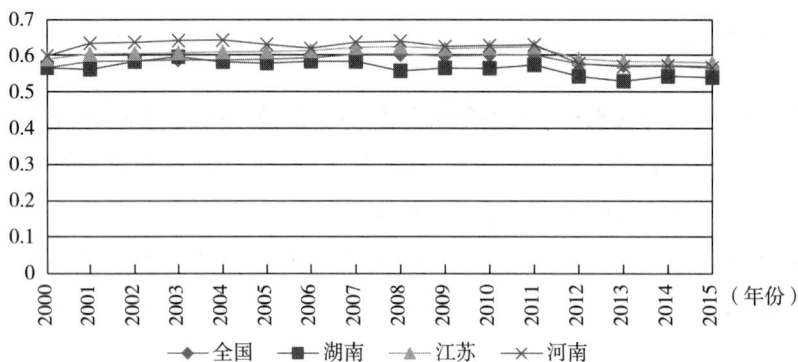

图 12 - 8　加工贸易企业出口质量水平

资料来源：笔者根据中国海关出口微观数据测算得到。

表 12 - 6　分企业所有制类型的湖南省、全国加工贸易企业出口质量

年份	湖南			全国		
	国有企业	私营企业	外资企业	国有企业	私营企业	外资企业
2000	0.548	0.606	0.550	0.577	0.580	0.559
2001	0.566	0.587	0.584	0.600	0.592	0.582
2002	0.590	0.568	0.576	0.602	0.597	0.584
2003	0.600	0.517	0.660	0.604	0.598	0.587
2004	0.567	0.505	0.610	0.601	0.599	0.587
2005	0.627	0.542	0.597	0.606	0.597	0.588
2006	0.566	0.522	0.607	0.609	0.598	0.592
2007	0.581	0.548	0.608	0.615	0.595	0.608
2008	0.460	0.517	0.609	0.620	0.593	0.609
2009	0.549	0.523	0.623	0.611	0.590	0.608
2010	0.520	0.535	0.616	0.619	0.596	0.610
2011	0.527	0.511	0.627	0.619	0.599	0.611
2012	0.530	0.526	0.574	0.588	0.575	0.590
2013	0.525	0.513	0.573	0.578	0.568	0.584
2014	0.524	0.518	0.566	0.578	0.568	0.585
2015	0.522	0.511	0.578	0.576	0.564	0.589

资料来源：笔者根据中国海关出口微观数据测算得到。

四、推进湖南省加工贸易企业高质量发展的对策

（一）扩大加工贸易规模，提高加工贸易增值率

在顺应产业转移的规律基础上稳步地扩大加工贸易的规模。当前湖南省加工贸易中尽管资本密集型产品和技术密集型产品已经存在一定的比重，但还是以资本密集型中的劳动密集型产品或技术密集型中的简单操作加工产品为主。因此，湖南省应在稳步扩大加工贸易规模的基础上，注重企业自身创新能力的培养，延长产品的价值链，开创属于自己的品牌产品，提高整体加工贸易的附加值。

增强创新能力是提升加工贸易企业增值率的重要途径。加工贸易企业要克服急功近利的心态，充分利用政策的优势，形成"以研发投入促进创新能力提升"的良好机制，提高企业加工、装配的能力；自主创新能力较强的加工贸易企业需要进一步优化研发结构，深化并保持本身技术优势，不断提升加工贸易增值率，促进加工贸易的持续健康发展。

（二）推动鼓励加工贸易转型升级的政策及时落地

一要创新有关政策的宣传方式，加大政策宣传推广力度，疏通政策直达加工贸易企业的渠道，提高企业对政策的认知水平。二要建立政策贯彻落实情况监督检查机制，促进加工贸易加快转型升级。

（三）优化利用外资结构，提升利用外资质量

在吸引外资时，一方面，要对当前国际产业发展趋势、产业转移的特征和趋势进行充分了解和把握；另一方面，要对湖南自身产业基础、要素结构及变化趋势，湖南在全国乃至世界中相关产业定位有充分的认识和判断。在此基础上，积极引进既贴合当前国际产业发展趋势，又贴合本省社会经济发展基础和特征的外资。制定和实施加工贸易企业差别政策，对于那些附加值低、技术含量低、高耗能和高污染的企业，应取消优惠政策，甚至部分行业逐步予以限制引进，将优惠政策转移至那些附加值高、技术含量高、低耗能和低污染的企业。

（四）重视和加强对中小加工贸易企业的引导和支持

上文分析指出，国有企业和外资企业在湖南省加工贸易的比重不断下降，而民营企业的加工贸易占比不断上升。由于民营企业总体上规模还比较小，中小企业居多，促进这些民营加工贸易企业的高质量发展对湖南省整体加工贸易的发展具有重要的作用。首先，应加强加工贸易政策对民营企业的宣传，或者有意识地引导，对于部分附加值高、技术含量高、低污染的民营加工贸易企业更应做好支持，为相关企业提供在政策允许范围内的各种支持。其次，各级政府应对湖南，尤其是隶属区域内的民营加工贸易企业予以摸底，掌握这些企业的最新动态，及时为企业排忧解难。最后，鉴于当前国有企业具有发展的历史特定优势，各级政府应鼓励和引导民营加工贸易企业与国有企业之间的互动，引导和支持各类企业协同发展。

参考文献

［1］李坤望，蒋为，宋立刚. 中国出口产品品质变动之谜：基于市场进入的微观解释 ［J］. 中国社会科学，2014（3）：80 – 103，206.

［2］毛其淋. 人力资本推动中国加工贸易升级了吗 ［J］. 经济研究，2019，54（1）：52 – 67.

［3］施炳展，邵文波. 中国企业出口产品质量测算及其决定因素——培育出口竞争新优势的微观视角 ［J］. 管理世界，2014（9）：90 – 106.

［4］张杰，郑文平，翟福昕. 中国出口产品质量得到提升了么 ［J］. 经济研究，2014，49（10）：46 – 59.

［5］Amiti M. , Khandelwal A. K. Import Competition and Quality Upgrading ［J］. Review of Economics and Statistics, 2013, 95（2）：476 – 490.

［6］Broda C. , Weinstein D. E. Globalization and the Gains from Variety ［J］. The Quarterly Journal of Economics, 2006, 121（2）：541 – 585.

［7］Fan H. , Li Y. A. , Yeaple S. R. Trade Liberalization, Quality, and Export Prices ［J］. Review of Economics and Statistics, 2015, 97（5）：1033 – 1051.

［8］Hausmann R. , Hwang J. , Rodrik D. What You Export Matters ［J］. Journal of Economic Growth, 2007, 12（1）：1 – 25.

［9］Liu Q. , Qiu L. D. Intermediate Input Imports and Innovations：Evidence From Chinese Firms, Patent Filings ［J］. Journal of International Economics, 2016（103）：166 – 183.

第十三章

企业职工基本养老保险制度
促进经济高质量发展的对策*

内容提要： 企业职工基本养老保险制度能够直接或间接地对创新、协调、绿色、开放和共享发展理念产生影响，进而促进经济高质量发展。近年来，企业职工基本养老保险制度日趋完善，在参保人数、基金累计结余、统筹层次提升、破除"双轨制"、降低企业缴费率和国企利润上缴等方面取得了显著成效。与此同时，企业职工基本养老保险制度也还存在一些主要问题亟待解决，主要表现为基础养老金未能实现全国统筹、个人账户空账运行、多层次养老保险体系亟待完善和老龄化对养老金可持续的严峻挑战等。因此，笔者针对性地提出了相关对策。

关键词： 企业职工基本养老保险制度；高质量发展；老龄化

核心观点：

（1）企业职工基本养老保险制度是国家为确保退休职工的基本生活的强制性制度安排，在有效应对人口老龄化、满足职工对养老生活的美好需要等方面发挥了重要的作用，能够通过直接或间接地影响五大发展理念，进而促进经济高质量发展。

（2）企业职工基本养老保险制度经过多年的改革和完善，制度的公平性和可持续性均得到了较大的提升，主要表现为参保人数逐年递增，养老保险基金累计结余逐年增加，统筹层次逐步提升，推动了企业职工和机关事业单位工作人员养老金制度并轨，降低了养老保险企业缴费率和实现了部分国有资本收益充实养老保险基金。

（3）为更好地促进经济高质量发展，需进一步改革和完善企业职工基本养老保险制度，重点推进以下工作：一是要推动实现基础养老金全国统筹；二是要加快做小做

---

* 本章为国家社科基金青年项目（18CJY009）、湖南省社科基金青年项目（16YBQ030）和湖南省社科成果委员会一般项目（XSP18YBZ147）的阶段性研究成果。

实养老保险个人账户；三是要进一步完善多层次养老保险体系；四是要多渠道拓宽养老保险基金收入。

一、引　言

"老有所养"是每一个中国公民的美好生活向往，也是实现经济高质量发展的应有之义。在全球来势汹汹的"银发"浪潮背景下，中国于 1999 年开始正式步入了老龄化社会。然而，由于计划生育政策的实施和人均预期寿命的延长，中国的老龄化速度相对更快，2018 年全国 60 周岁及以上的人口占比已经高达 17.9%，65 周岁及以上的人口占比也高达 11.9%，如图 13－1 所示。在未富先老、未备先老的严峻挑战下，如何积极有效地应对人口老龄化已经成为社会各界关注的热点话题。企业职工基本养老保险制度作为应对人口老龄化、保障退休职工基本生活的重要举措，在促进实现经济高质量发展的过程中起着重要作用。因此，厘清企业职工基本养老保险制度促进高质量发展的机理，进一步推动企业职工基本养老保险制度改革和完善，具有重要的理论和现实意义。

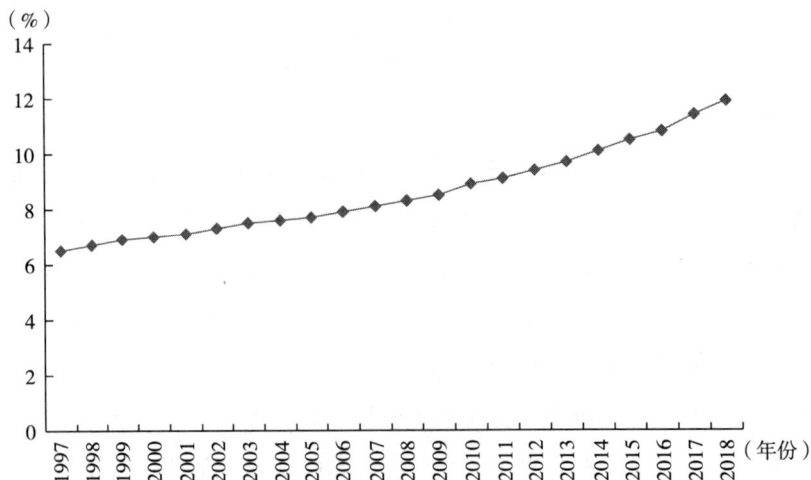

图 13－1　全国 65 周岁及以上人口占比

资料来源：历年《中国统计年鉴》和《2018 年度人力资源和社会保障事业发展统计公报》。

二、企业职工基本养老保险制度促进经济高质量发展的机理

习近平总书记在党的十九大报告中明确指出："我国经济已由高速增长阶段转向高质量发展阶段。"新时代，推动实现经济高质量发展，关键是要以创新、协调、绿色、开放和共享五大发展理念为引领。企业职工基本养老保险制度作为重要的社会保障制度能够直接或间接对这五大发展理念产生影响，其影响机理如图 13 - 2 所示。

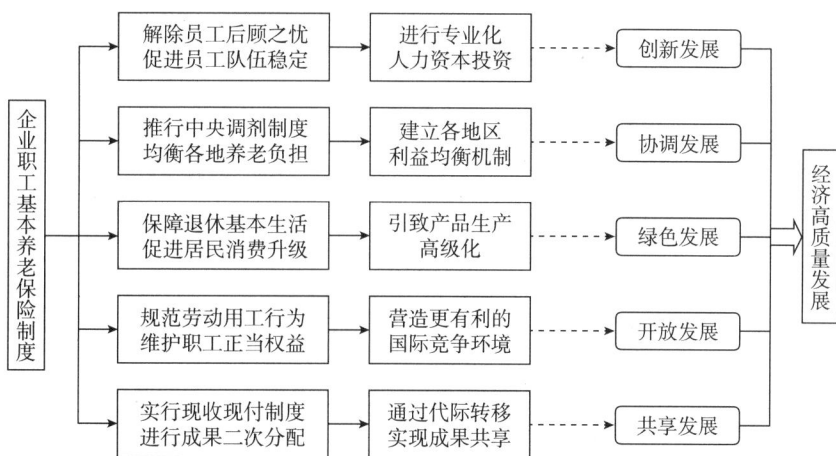

图 13 - 2　企业职工基本养老保险制度促进经济高质量发展的机理

企业职工基本养老保险制度对创新发展的影响。企业是创新最重要的主体之一，推动实现创新发展离不开企业的创新。而人才是企业创新的关键要素，拥有相对稳定的员工队伍是企业进行创新的不可或缺的重要条件。企业职工基本养老保险制度是国家为保障职工未来养老生活而做出的强制性制度安排，企业通过为职工缴纳养老保险费可以在很大程度上解除员工的后顾之忧，进而实现员工队伍的稳定。在此基础上，企业职工才能安心地致力于本职工作，进行专业化人力资本投资，促进分工进一步深化，进而推动企业技术创新和管理创新。

企业职工基本养老保险制度对协调发展的影响。当前，我国企业职工基本养老保险依旧停留在省级统筹阶段，各省级政府对本地区的养老金收支平衡承担兜底责任，导致养老金事实上成了"块块分割"的状态。然而，各省在经济发展水平、财政收入、养老负担、历史债务等方面存在较大差异，导致各省企业承担的养老保险缴费负担

"失衡"，不利于区域协调发展。2018 年 7 月 1 日，企业职工基本养老保险基金中央调剂制度正式实施，中央将各省的养老保险基金收缴一部分集中起来用于在全国范围内进行余缺调剂，实现了养老保险基金在不同省份之间的收入再分配。这在一定程度上均衡了各地区的养老负担，破除了各省养老金"区域分割"的制度樊篱，建立了各地区利益均衡机制，对实现各地区协调发展大有裨益。

企业职工基本养老保险制度对绿色发展的影响。按照永久性收入理论和可持续收入理论，企业职工退休后，如果没有预期的收入来源，其生活水平很可能出现较大幅度下降。企业职工基本养老保险制度为退休职工提供了基本的生活保障，避免了退休后生活水准的大幅下降，如果退休收入足够高，甚至还可能推动居民消费结构升级。这里的原因包括：一方面，退休后的职工有足够多的闲暇时间来享受生活，较在职工作期间更加注重生活的品质，对清新空气、干净饮水、安全食品和优美环境等的需求越来越强烈；另一方面，由于身体机能的老化和健康意识的提高，绝大部分有条件的老年人越来越注重养生，对高质量的产品和服务更加青睐，更加愿意为这些高质量的产品付费。正是在退休职工的这种对高质量产品和服务需求的引致下，企业才更有动力去生产和提供那些更为环保、更为节能、更为符合市场需求的高质量产品和服务，进而推动绿色发展。

企业职工基本养老保险制度对开放发展的影响。随着经济社会的发展，各国越来越重视劳动者的正当权益，并将之视为企业是否正确履行社会责任的重要评判指标之一。企业职工基本养老保险制度作为维护劳动者正当权益的重要工具，对规范企业用工行为、构建全国统一的劳动力市场、增强企业国际竞争力具有重要的意义。其一，企业职工基本养老保险制度能够在一定程度上促进团队合作，凝聚团队力量，增强企业竞争力，为打入国际市场奠定团队基础。其二，企业职工基本养老保险制度的实施进一步规范了国内各类企业的用工行为，其标准更加与国际接轨，有利于"引进来"和"走出去"。其三，规范的企业用工行为可以为企业在国际竞争中赢得良好的声誉，形成良好的"品牌效应"，为其在国际扩张中取得竞争优势。总之，企业职工基本养老保险制度能够为企业营造更加有利的国际竞争环境，助力实现开放发展。

企业职工基本养老保险制度对共享发展的影响。企业职工基本养老保险制度本质上是一种收入再分配制度，旨在保障职工退休后基本生活，促进社会公平正义的实现。当前，我国企业职工基本养老保险制度实行现收现付制和基金积累制相结合的"统账结合"模式，其中，现收现付制是指将当期在职职工缴纳的养老保险费，按照一定的计发标准发放给退休职工，并根据经济社会发展状况进行适度的调整，实现发展成果在在职职工和退休职工之间的二次分配。这种模式就是收入代际转移，让不参与当期生产的退休职工也能够共享经济社会发展成果。加之，这种再分配制度也在一定程度上缩小了退休职工之间的收入差距，预防了老年贫困的发生，促进了社会公平。可以说，企业职工基本养老保险制度的实施有力践行了共享发展的理念。

三、企业职工基本养老保险制度改革的主要成就

自 1997 年正式建立企业职工基本养老保险制度以来，该制度在探索和改革中不断完善，养老保险的公平性和可持续性不断增强，取得了一系列举世瞩目的成就，为推动我国社会保障事业建设做出了卓越贡献。

（一）参保职工人数逐年递增

经历了 20 世纪 80 年代末 90 年代初从国有企业包养老的社会福利制度转向社会保险制度的艰难探索之后，企业职工基本养老保险制度得以最终确立，参保职工逐年递增。1997 年，企业职工基本养老保险制度参保人数仅为 11203.9 万人，其中，参保职工8670.9 万人，离退休职工 2533 万人；经过各级政府 20 多年的不断努力，到 2018 年，企业职工基本养老保险制度参保人数已经高达 41902 万人，增长了将近 4 倍，其中，参保职工和离退休职工也分别达到了 30104 万人和 11798 万人，如图 13 - 3 所示。到目前为止，企业职工基本养老保险制度已经基本实现了对各类性质企业正式职工的制度全覆盖，而且将农民工和自由职业者等也纳入了制度覆盖范围内，这意味着企业职工基本养老保险制度的公平性得到了进一步增强，正发挥着越来越重要的社会养老保障功能。

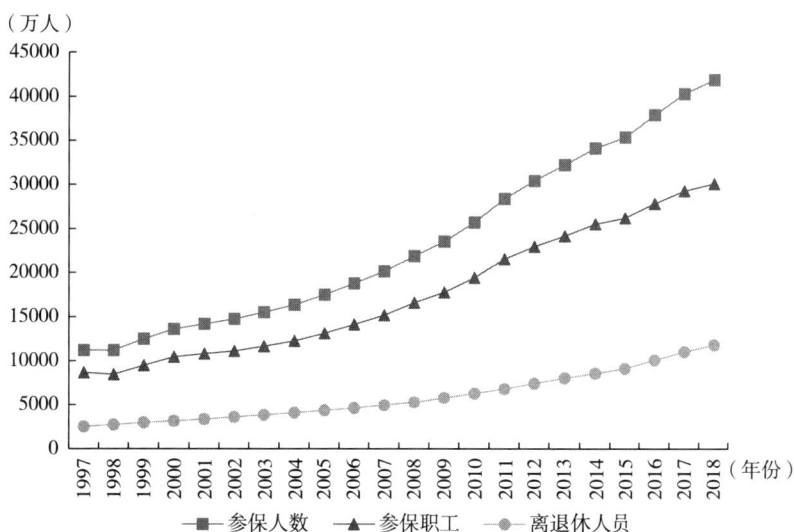

图 13 - 3　1997～2018 年企业职工基本养老保险制度参保人数变化

资料来源：历年《中国统计年鉴》和《2018 年度人力资源和社会保障事业发展统计公报》。

（二）养老保险基金累计结余逐年增多

在企业职工基本养老保险制度参保人数逐年递增的同时，养老保险基金的累计结余也逐年增多。从基金收入来看，1997 年的基金收入仅为 1337.9 亿元，到 2018 年就已经达到了 55005 亿元，足足增加了 41 倍之多；从基金支出来看，也呈现了同样的趋势，1997 年仅为 1251.3 亿元，到 2018 年已经高达 47550 亿元，增长了 38 倍；从累计结余来看，总体上是收入大于支出，并呈现逐年上升的趋势，1997 年仅有 682.8 亿元累计结余，到 2018 年则高达 58152 亿元，足足扩张了 85 倍之多（见图 13 - 4）。在这些不断增加的养老保险基金结余的支持下，企业职工基本养老保险制度的可持续性得到了进一步增强。

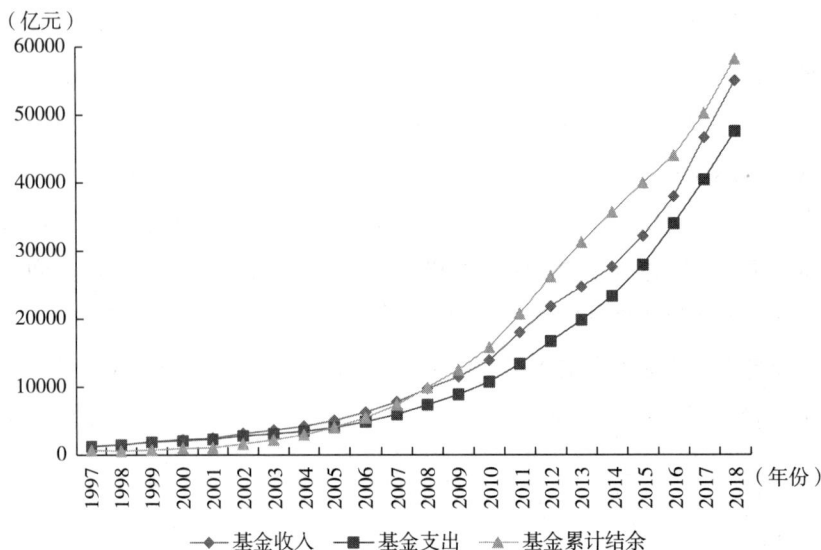

图 13 - 4　1997 ~ 2018 年企业职工基本养老保险基金收支变化情况

资料来源：历年《中国统计年鉴》和《2018 年度人力资源和社会保障事业发展统计公报》。

（三）养老保险统筹层次逐步提升

改革开放以来，企业职工基本养老保险制度的统筹层次大致经历了以下几个阶段：第一阶段从企业统筹向县市级统筹转变。企业职工基本养老保险制度最初是为了配合国有企业改革而建立的，当时，国有企业从政府的计划生产单位转变为自负盈亏的市场主体，由于背上了较为沉重的养老负担，在与其他所有制企业竞争的过程中处于极为不利的地位，因此，国家决定对养老保险制度进行社会化改革，将养老金的统筹单位从国有企业转移到了县市级地方政府，由此在一定程度上均衡了统筹区域的养老保险负担。第二阶段从县市级统筹向省级统筹转变。县市级统筹虽然促进了当地企业养老负担的公平化，但不同县市区之间的养老负担依旧存在较大差异，为此，国家一再呼吁要进一步提高统筹层次，到 2009 年，全国 32 个省级统筹单位均制定了省级统筹制度，基本上从形式上实现了省级统筹。① 第三阶段从省级统筹向中央调剂制度转变。2018 年下半年开始，我国正式实施了企业职工基本养老保险基金中央调剂制度，并对调剂基金的筹集、基金的拨付、基金的管理和中央财政补助等方面进行了详细规定，实现了部分养老保险基金在全国范围内的调剂使用。2018 年调剂的比例为 3%，调剂基金总规模为 2422 亿元。②

（四）推动了企业职工和机关事业单位工作人员养老金制度并轨

20 世纪 80 年代，为适应市场经济体制，企业建立了社会养老保险制度，而机关事业单位未处于市场经济最前沿，仍实行单位养老制度，结果形成了"双轨制"。③ 养老金"双轨制"被人诟病的主要原因为企业职工和机关事业单位工作人员享受的待遇存在较大差异，引发了人们对制度公平性的质疑，即企业职工需要缴纳养老保险费，而机关事业单位工作人员不需要缴纳养老保险费，但机关事业单位退休人员的养老金标准却远远高于企业退休职工。为此，2015 年 1 月 4 日，国务院发布了《关于机关事业单位工作人员养老保险制度改革的决定》（国发〔2015〕2 号），按照"一个统一、五个同步"④ 的改革思路对机关事业单位工作人员养老保险制度进行改革，党政机关、事业单位建立与企业相同基本养老保险制度，实行单位和个人缴费，改革退休费计发办法，从制度和机制上化解"双轨制"矛盾。这样就基本实现了企业职工与机关事业单位工作人员养老保险制度并轨，制度的公平性得到了一定提升。

（五）降低了养老保险企业缴费率

当前，我国企业职工基本养老保险缴费责任主要由企业和个人承担，企业承担不超过企业工资总额 20% 的比例并计入社会统筹账户，个人承担工资 8% 的缴费比例并计入个人账户。企业和个人共计承担 28% 的缴费比例，远远超过了世界平均水平

---

① 值得注意的是，部分省份仅是形式上实现了省级统筹，实际上依旧停留在县市级统筹阶段，并未完全实现省级层面的统收统支，因此，中央政府进一步呼吁在 2020 年之前要实现真正意义上的省级统筹模式。

② 资料来源：《2018 年度人力资源和社会保障事业发展统计公报》。

③ https：//sichuan. scol. com. cn/ggxw/201706/55926999. html.

④ "一个统一"：机关事业单位与企业统一实行社会统筹与个人账户相结合的基本养老保险制度。"五个同步"：机关与事业单位同步；养老与工资改革同步；待遇确定与调整机制同步改革；职业年金同步建立；全国同步启动改革。

（10%），也远远超过了国际警戒线（20%）。尤其是我国企业承担的缴费比例高达20%，明显过高。为有效降低养老保险企业缴费，切实减轻企业养老保险缴费负担，国家分三个阶段降低了养老保险企业缴费率。第一阶段：2016 年 4 月 20 日，人力资源社会保障部和财政部联合发布了《关于阶段性降低社会保险费率的通知》，决定从 2016 年 5 月 1 日起，企业职工基本养老保险单位缴费比例超过 20% 的省（区、市），将单位缴费比例降至 20%；单位缴费比例为 20% 且 2015 年底企业职工基本养老保险基金累计结余可支付月数高于 9 个月的省（区、市），可以阶段性将单位缴费比例降低至 19%，降低费率的期限暂按两年执行。第二阶段：2018 年 4 月 20 日，人力资源社会保障部和财政部再次联合发布了《关于继续阶段性降低社会保险费率的通知》，决定自 2018 年 5 月 1 日起，企业职工基本养老保险单位缴费比例超过 19% 的省（区、市），以及按照《人力资源社会保障部　财政部关于阶段性降低社会保险费率的通知》（人社部发〔2016〕36 号）单位缴费比例降至 19% 的省（区、市），基金累计结余可支付月数（截至 2017 年底，下同）高于 9 个月的，可阶段性执行 19% 的单位缴费比例至 2019 年 4 月 30 日。具体方案由各省（区、市）研究确定。第三阶段：2019 年 3 月 5 日，国务院总理李克强在政府工作报告中明确提出，2019 年要明显降低企业社保缴费负担，下调城镇职工基本养老保险单位缴费比例，各地可降至 16%。至此，企业职工基本养老保险企业缴费率已从原来的 20% 降低至 16%，有效地降低了企业缴费负担。

（六）实现了部分国有资本收益充实养老保险基金

现阶段，企业职工基本养老保险参保人员分为三类，即"老人""中人"和"新人"。其中，"老人"在制度建立之前就已经退休未能缴纳养老保险费；"中人"则在制度建立之前参加工作的年份未能缴费，制度建立后的年份则缴纳了养老保险费；"新人"则在制度建立之后参加工作，按规定在工作期间均缴纳了养老保险费。值得注意的是，"老人"和"中人"视同缴费年限的养老金均需要从社会统筹账户中支付，但在企业职工基本养老保险制度建立之前，两者均未缴纳养老保险费。按照权利和义务对等的原则，"老人"和"中人"在制度建立前未能缴费的部分已经形成了所在单位的国有资本，理应由国有资本收益或变现收入进行弥补。因此，2017 年 11 月 18 日，国务院印发了《划转部分国有资本充实社保基金实施方案》，明确指出，划转部分国有资本，基本目标是弥补因实施视同缴费年限政策形成的企业职工基本养老保险基金缺口，促进建立更加公平、更可持续的养老保险制度。按照该方案，划转比例统一为企业国有股权的 10%。2018 年首先在中国联通等 3 家中央管理企业、中国再保险等 2 家中央金融机构，以及浙江省和云南省开展试点。在试点基本完成的基础上，中央层面又对 15 家中央管理企业和 4 家中央金融机构实施了划转，即中央层面，完成两批 24 家企业的划转工作。2019 年还将对 35 家中央管理企业实施划转，预计中央层面 59 家企业划转国有资本总额 6600 亿元左右。下一步，财政部将会同人力资源和社会保障部、国资委、证监会、社保基金会等有关部门，全力推动全国划转工作。①

四、企业职工基本养老保险制度存在的主要问题分析

虽然企业职工基本养老保险制度改革取得了明显成效，制度运行机制也越来越完善，但不可否认的是，为促进经济实现高质量发展，增强制度的公平性和可持续性，企业职工基本养老保险制度依然存在诸多有待完善的地方。主要表现为以下几个方面。

（一）基础养老金依然未能实现全国统筹

现阶段，尽管我国已经建立了企业职工基本养老保险基金中央调剂制度，实现了部分养老保险基金在全国范围内的调剂使用，但事实上依旧停留在省级统筹阶段，甚至部分省份还未实现真正意义上的省级统筹。省级统筹体制下将会导致诸多弊端，主要表现为：一是不利于构建全国统一、公平的劳动力市场。当前，全国有 32 个省级统筹单位②，实际上造成了养老保险"块块分割"的状态，企业职工从一个统筹单位流动到另一个统筹单位的养老保险转移接续手续相对复杂和烦琐，不利于劳动力资源的自由流动。二是不利于构建企业公平的竞争环境。不同省份的企业所面临的养老保险缴费负担存在较大的差异，往往是那些经济发达、养老负担较轻的省份，企业养老保险缴费负担较轻，如广东和浙江等；而那些经济欠发达、养老负担较重的省份，企业养老保险缴费负担则较重，如黑龙江、吉林等。三是不利于养老保险基金在更大的范围内发挥互助共济的功能。企业职工基本养老保险制度本质上是一种社会保障制度，体现的是公平性、互助性和保障性，在省级统筹体制下仅仅能够在省内发挥一定的收入再分配功能，而不能在全国范围内进行更大限度的再分配，以至于部分省份，如黑龙江省等已经出现了较大的基金缺口，而广东、北京等省份却存在大量养老保险基金结余。四是一定程度上降低了人们对制度公平性的认可。企业职工基本养老保险制度本身应是一种全国性的制度安排，但省级统筹体制导致这一制度出现了地域分割，导致不同省份的企业和职工在缴费和待遇上出现了较大的差别，不利于增强企业职工基本

① https：//www. 360kuai. com/detail？cota＝3&kuai_ so＝1&url＝9754756162b9d429e.

② 包括 31 个省份和新疆生产建设兵团。

养老保险制度的公平性。

（二）养老保险个人账户"空账"运行

按照企业职工基本养老保险制度设计的初衷，采取统账结合的模式就是为了综合现收现付制和基金积累制的优点，统筹账户发挥收入再分配功能，确保制度公平；而个人账户则实行多缴多得，发挥制度激励功能。然而，由于养老金支付压力巨大，加之统筹账户资金和个人账户资金并未实质分开，出现了部分省份在统筹账户支付不足时挪用个人账户资金的现象，导致个人账户"空账"运行。这可能造成两个方面的危害：一方面，由于部分省份养老保险个人账户长期处于空账状态，在职参保职工可能会质疑其退休后的可兑现性，进而影响参保积极性；另一方面，随着人口老龄化越来越严重，社会统筹账户入不敷出，而个人账户空账运行无法兑现时，很有可能导致统账结合模式终结，影响养老保险制度的可持续性。但是从做实个人账户的试点来看，似乎并不成功，2010 年，中央财政特批辽宁省向已经做实的个人账户基金借支发放养老金，在当年颁布的《社会保险法》条款中也回避了个人账户做实的问题，这意味做实个人账户在政策上开始松动。[①] 在党的十八届三中全会的公报中，"完善个人账户"取代了以往的"做实个人账户"提法。如何解决个人账户"空账"问题成为学术界争论的焦点，但从目前来看，政府政策可能更加倾向于实行名义账户制度，即个人账户不再做实，而是只作为个人参保缴费的权益记录，为未来发放提供依据。然而，名义账户制虽然能够在一定程度上缓解财政负担，但却无法从根本上解决个人账户私有性质与社会统筹共济性之间的矛盾。这一做法也意味着统账结合模式回归到了现收现付制，原来实行统账结合模式的初衷未能实现。

（三）多层次的养老保险体系亟待完善

建立多层次的养老保险体系是世界上大部分国家的基本做法，在我国的养老金体系中，基本养老保险制度构成养老保险体系的第一支柱；企业年金和职业年金构成第二支柱；个人储蓄型养老保险和商业养老保险则构成第三支柱。然而，我国基本养老保险一支独大，大约占据了养老金体系资产的80%[②]，导致多层次的养老金体系建设缓慢。根据《2018 年度人力资源和社会保障事业发展统计公报》显示，2018 年全国有8.74 万户企业建立了企业年金，参加职工 2388 万人，仅占参加企业职工基本养老保险制度职工的 7.93%，覆盖面很窄，这表明绝大部分企业职工还是依赖第一支柱支撑未

---

① http://finance.sina.com.cn/money/insurance/bxdt/2017 - 07 - 04/doc - ifyhrxsk1681900.shtml.

② http://market.chinabaogao.com/gonggongfuwu/10312c11R017.html.

来的养老生活，这对有效应对人口老龄化挑战极为不利。

（四）养老金可持续性面临人口老龄化的严峻挑战

虽然企业职工基本养老保险基金累计结余逐年增多，但在来势汹汹的老龄化冲击下，我国养老金的可持续也面临严峻挑战。不少学者对我国企业职工基础养老金的可持续进行了测算，尽管测算的结果存在一定的差异，但总体上未来我国养老保险基金缺口将呈现出不断扩大的趋势。如 Xiao Liu 等（2015）对 2010～2050 年的测算结果表明，养老保险基金缺口规模将在 2038 年达到峰值，高达 13.11 万亿元。又如王晓军和任文东（2013）对 2010～2060 年的累计基金缺口规模进行了估算，这一缺口规模也高达 35.3 万亿元。另外，根据笔者的测算，在不考虑政府补贴等制度外收入的前提下，养老保险统筹账户将在 2030 年出现全国层面的养老金累计收支缺口，到 2050 年将形成高达 84.26 万亿元的累计收支缺口。因此，在严峻的老龄化挑战背景下，如何进一步采取有效措施，提前谋划和准备，以保障未来养老保险基金收支平衡，是摆在当前我国政府面前的重大课题。

五、企业职工基本养老保险制度促进经济高质量发展的对策

进入新时代，我国的社会主要矛盾已经转化为人民日益增长的美好生活需要和不平衡、不充分的发展之间的矛盾。作为保障退休职工对养老美好生活需要的基础性制度，进一步改革和完善企业职工基本养老保险制度对促进经济高质量发展具有重要的意义。针对企业职工基本养老保险制度存在的主要问题，笔者提出以下对策建议：

（一）推动实现基础养老金全国统筹

养老保险基金地方统筹体制下，无论是对企业、对职工个人还是对制度本身均造成了诸多弊端，不利于促进经济高质量发展。要解决这些问题，最为根本的方法就是尽快推动实现基础养老金全国统筹。一是要按照政府既定目标要求，在 2020 年全面实现基础养老金在省级层面统收统支，实现真正意义上的省级统筹。二是要在养老保险中央调剂制度实施的基础上，进一步提高各省养老金上解比例，实现更多的养老保险基金在全国范围内调剂使用，加大养老保险基金收入再分配力度。三是要逐步统一、规范和协调各省级统筹单位出台的养老保险政策，如养老保险缴费率和缴费基数、待

遇计发办法和调整办法、基金管理体制、财政补贴力度等，为推动实现基础养老金全国统筹创造条件。四是要设立明确的时间表和路线图，积极稳妥有序地推进实现基础养老金全国统筹。争取在 2020 年完全实现省级统筹的基础上，再经过 5 年左右的时间，即在"十四五"规划期间实现真正意义上的基础养老金全国统筹。

（二）加快做小做实养老保险个人账户

当前，我国企业职工基本养老保险个人账户"空账"规模已经达到了相当大的规模，虽然现行政策倾向于采取名义账户制，但这显然不是长久之计，也无法发挥个人账户的激励属性。为此，笔者认为，应该加快做小做实养老保险个人账户。一是要明确个人账户基金的私有属性，是员工缴纳的具有一定激励性质的账户，与统筹账户的价值取向存在较大差别，实行的是基金积累制，因此，需要发挥个人账户的这一功能，而不是将之退回到完全的现收现付制。二是鉴于完全按照现有 8% 的缴费比例做实存在较大的困难，建议降低养老保险个人缴费比例，可考虑统一降至 4%，这不仅有利于做实个人账户，而且可以在一定程度上增加职工的可支配收入。三是对于挪用个人账户的部分若短期内无法做实，则应该由国家财政发行相应的政府债券给个人账户持有人进行做实。四是要积极拓宽个人账户的投资渠道，提高个人账户资金的收益率，真正形成个人账户缴费的正向激励机制。

（三）进一步完善多层次养老保险体系

当前，我国养老保险体系中的第二支柱和第三支柱发展缓慢，所发挥的养老保障功能严重不足，必须加快促进第二和第三支柱养老金体系的发展。一方面，对于第二支柱的企业年金和职业年金而言，要加大对企业和用人单位的正向激励，促使更多的企业和单位为员工缴纳企业年金。具体可以考虑：一是进一步降低企业职工基本养老保险企业缴费率，减轻企业本身负担，为第二支柱建立腾出空间；二是出台相应政策为企业和用人单位建立年金计划提供良好的政策条件，如提供税收优惠、财政补贴等；三是加强对企业年金和职业年金计划的宣传，形成正向的示范效应，促进企业和职工的意识转变。另一方面，对于第三支柱而言，应该以税收优惠撬动个人养老保险的发展，增强公民自我养老的经济能力，减轻社会养老保障制度的负担。在充分总结和研究 2018 年在上海市、福建省（含厦门市）和苏州工业园区实施个人税收递延型商业养老保险试点的基础上，进一步扩大试点的覆盖范围，尤其是在中西部地区也应该布局试点，并加快推动这一试点向全国推广。

（四）多渠道拓宽养老保险基金收入

人口老龄化使世界各国的养老金可持续性都面临较大调整，而我国的老龄化速度更快，单纯依靠企业职工基本养老保险制度内的收入很难确保在老龄化高峰期的收支平衡。为此，应该积极拓宽养老保险基金收入的渠道，未雨绸缪，有效应对未来可能发生的支付危机。一是要继续保持政府财政对养老保险基金一定额度的补贴，并形成常态化机制；二是要按照《划转部分国有资本充实社保基金实施方案》，积极推动部分国有资本划转，并按期按质到位；三是可以考虑发行部分政府长期债券来充实养老保险基金，合理确定国债规模和期限结构，熨平养老金缺口波动幅度；四是可以考虑开征特别税种，如遗产与赠与税、特别消费税等充实养老保险基金。

参考文献

［1］郑功成．实现全国统筹是基本养老保险制度刻不容缓的既定目标［J］．理论前沿，2008（18）：12－15．

［2］郑功成．从地区分割到全国统筹——中国职工基本养老保险制度深化改革的必由之路［J］．中国人民大学学报，2015，29（3）：2－11．

［3］郑秉文．改革开放40年：商业保险对我国多层次养老保障体系的贡献与展望［J］．保险研究，2018（12）：101－109．

［4］郑秉文，孙永勇．对中国城镇职工基本养老保险现状的反思——半数省份收不抵支的本质、成因与对策［J］．上海大学学报（社会科学版），2012（3）：1－16．

［5］张松彪．养老保险基金中央调剂的省际再分配效应［J］．企业经济，2019（7）：145－153．

［6］张松彪．全国统筹对化解基础养老金收支缺口的政策效应测算［R］．2019．

［7］王晓军，任文东．我国养老保险的财务可持续性研究［J］．保险研究，2013（4）：118－127．

［8］王晓军，米海杰．养老金支付缺口：口径、方法与测算分析［J］．数量经济技术经济研究，2013（10）：49－62．

［9］刘长庚，张松彪．我国企业职工基本养老保险制度中企业缴费率应降低［J］．经济纵横，2014（12）：112－115．

［10］刘学良．中国养老保险的收支缺口和可持续性研究［J］．中国工业经济，2014（9）：25－37．

［11］何文炯．改革开放以来中国社会保险之发展［J］．保险研究，2018（12）：96－100．

［12］韩喜平，陈茉．党的十八大以来中国完善养老保险制度的实践探索［J］．理论学刊，2019（1）：89－95．

［13］Xiaoxing Liu，Ying Zhang，Lin Fang，Yuanxue Li and Wenqing Pan. Reforming China's Pension Scheme for Urban Workers：Liquidity Gap and Policies' Effects Forecasting ［J］. Sustainability，2015，7 （8）：10876 – 10894.

后 记

　　湖南创新发展研究院（Hunan Institute of Innovation and Development）于 2013 年经由湖南省科技厅批准成立，是湖南科技大学直属的独立科研机构和湖南省委宣传部认定的"专业特色智库"，于 2017 年与上海社科院签订战略合作协议，共建"长江经济带创新发展联合研究中心"。研究院战略定位为：以一流学科建设为中心，立足于湖南地方经济建设，服务国家创新发展战略与创新型湖南建设，打造成为具备较大影响力的国家高端特色专业智库。

　　研究院设有产业经济与绿色创新研究所、区域经济与创新发展研究所，拥有一支由享受国务院政府特殊津贴的专家、国家"万人计划"哲学社会科学领军人才领衔的专业研究团队，专职科研人员 11 人、兼职科研人员 32 人、特邀研究人员 8 人，专职科研人员中教授 3 人、博士生导师 3 人、湖南省"121"创新人才工程第二层次人选 1人、湖南省青年骨干教师 2 人。研究人员结构合理、研究视野宽广、咨询经验丰富。

　　近年来，研究院承担了国家社科基金重大招标项目、国家社科基金一般项目、国家社科基金青年项目、国家自然科学基金面上项目、省部级课题及地方政府、企业委托项目 60 余项；在《管理世界》《中国工业经济》《经济学（季刊）》《经济学动态》《光明日报》《湖南日报》、*Sustainability*、*International Journal of Contemporary Hospitality Management* 等权威期刊和报纸发表论文数百篇。多篇咨询报告获得国家和省部级领导的肯定性批示；咨政成果经专家鉴定为省内领先并被省委宣传部评为"十大金策"及智库优秀成果奖；研究成果获湖南省社科成果一等奖、二等奖。每年主办的"创新发展高层论坛"和发布的"市州创新能力排名"，经新华社、光明网、《科技日报》、《湖南日报》等媒体报道，在国内外引起广泛关注，政府相关部门给予高度评价，社会反响强烈。

这本《创新引领高质量发展》是湖南创新发展研究院集体的智慧结晶，经过多次集体讨论和反复修改最终定稿。在本书的写作过程中，得到了中国社会科学院财经战略研究院、中国社会科学院经济研究所、上海社会科学院、复旦大学经济学院、南京大学经济学院、经济管理出版社、湖南省科技厅、湖南省社科基金规划办、湖南省社科联、湖南省社会科学院以及各市州科技局等多家单位领导和专家教授的指导和帮助，在此表示诚挚的感谢！

坚持把学术研究成果转化为有用的智库政策咨询，是湖南创新发展研究院的立院之本。本书虽为智库研究报告，但实际上也是湖南创新发展研究院研究团队的一本学术合著，各位作者结合自己长期的研究对如何通过创新引领高质量发展做了学术上的探讨，也提出了一些富有启发意义的对策建议。本书各章的作者具体为：第一章，彭文斌、田银华；第二章，曾世宏、刘迎娣；第三章，曾世宏、邹凭佑；第四章，彭文斌、韩东初；第五章，邝嫦娥、尹勇、邝劲松；第六章，赵伟；第七章，成名婵；第八章，郭晓；第九章，刘红峰；第十章，李华金；第十一章，何洁；第十二章，李仁宇；第十三章，张松彪。

由于是合著，每章的写作风格很难统一，尽管我们做出了最大的努力，但是由于水平有限，文中的错误和疏忽在所难免，敬请各位批评指正！我们将在来年的智库研究报告中改正。我们的联系方式是：0731－58290156。

同时也欢迎有志于创新发展研究的青年才俊加盟湖南创新发展研究院，欢迎相关研究和出版机构、政府职能部门与湖南创新发展研究院开展有益的合作！